rowohlt

Bettina Wündrich

Einsame Spitze?

Warum berufstätige Frauen glücklicher sind

Rowohlt

Die Namen der für dieses Buch interviewten Frauen wurden von der Autorin geändert.

1. Auflage Juli 2011

Satz Concorde Berthold PostScript (PageOne)
bei Dörlemann Satz, Lemförde
Druck und Bindung CPI – Clausen & Bosse, Leck
Printed in Germany
ISBN 978 3 498 07380 0

Für meine Nichten Saskia, Franka und Fanny.
Weil sie das große Abenteuer, ihren Weg zu finden,
noch vor sich haben.

Inhalt

Vorwort

Das Schlüsselerlebnis zu diesem Buch war mein Abiturtreffen. Dreißig Jahre nach unserem Schulabschluss trafen wir, die Absolventinnen eines Mädchengymnasiums, uns wieder – nachdem uns die Liebe und berufliche Ambitionen in alle Himmelsrichtungen verstreut hatten. Was ist aus uns, wie sind wir geworden? An diesem Vormittag prallten lauter unterschiedliche Lebensentwürfe aufeinander. Unter den «Ehemaligen» waren Mütter, die aufgehört hatten zu arbeiten, als das erste Kind kam, und die dann den Wiedereinstieg in den Job nie mehr schafften. Anderen – Anwältinnen, Architektinnen und Ärztinnen – war es gelungen, Familie und Beruf zu vereinen, wenngleich mit hängender Zunge. Und es gab eine Handvoll Frauen, die eine Karriere hatten, aber keine Kinder. Auch wegen der Karriere. Wie ich zum Beispiel.

Für Beobachter war es ein heiteres Treffen, ein fröhliches Hallo. Aber für uns standen an diesem Vormittag unsere Lebensentwürfe auf dem Prüfstand. Ich kam mir vor wie das Schreckgespenst, das wir auch aus Zeitschriften, Zeitungen und TV-Serien kennen: erfolgreich, einsam, kinderlos. Erstaunlich, welch schlechtes Image Karriere hierzulande immer noch hat: Karriere macht, dass Frauen die Männer weglaufen. Sie formt uns zu gehetzten, geldgeilen Egoistinnen. Und im Alter, wenn es dann zu spät ist für privates Glück, lässt sie uns verrunzelt links liegen. So entstand die Idee zu diesem Buch: das hartnäckige Klischee der hässlichen «einsamen Spitze» anzugreifen.

Wer keine Familie hat, gerät leicht in den Verdacht, Kinderhasserin zu sein. Oder sich selbstsüchtig vor dem Erhalt unserer Gesellschaft zu drücken. «Warum hast DU eigentlich keine Kinder?» Diese Frage höre ich regelmäßig – übrigens auch häufig von Frauen –, und sie wird mir vorzugsweise dann gestellt, wenn möglichst viele Zuhörer um mich herumstehen. Ja: Unser Land hat eine der niedrigsten Geburtenraten der Welt. Dennoch ist und bleibt es eine private Entscheidung, keine Kinder haben zu wollen. Vielleicht sollten wir auf Partys lieber darüber reden, dass Frauen immer noch nicht das Leben führen können, das sie möchten?

Frauen kämpfen heute nach wie vor um ein selbstbestimmtes Leben. Sie wollen einen guten Job, kommen aber nur schwer dahin, wo es interessant wird. Sie wollen auch Mutter sein, stoßen aber wegen der Kinder an Grenzen der Machbarkeit. Sie wollen ein gleichberechtigtes Leben mit ihrem Partner führen, müssen aber feststellen, dass er das bessere Einkommen hat. Und so entstand ein weiterer Aspekt für dieses Buch. Denn wo es die «hässliche Karrierefrau» gibt, ist die «feige Mutti» nicht weit: Der Frust, die Enttäuschungen von Frauen machen uns auch anfällig für Vergleiche untereinander. Es findet sich immer jemand – auch aus den eigenen Reihen –, der uns sagt, wir sollten doch ein bisschen anders sein: Ehrgeiziger. Kinderreicher. Verheirateter. Häuslicher. Karrierebezogener. Würden wir die Kunst der eigenen Wertschätzung besser beherrschen, fielen die Vorwürfe nicht auf so fruchtbaren Boden. Wir stellen unser Licht immer noch unter den Scheffel.

Jede Frau sollte Karriere machen können. Die Frage ist nur, ob das Karrieremodell, welches die Arbeitswelt Frauen und Männern anbietet, eines ist, das wir wollen. Dieses Modell verlangt männliche Härte und Ellenbogen. Und integriert nicht die Familie. Wenn man die wenigen Frauen, die den Aufstieg geschafft haben, über ihre Karriereeigenschaften reden hört, kommen schnell Zweifel, ob man mit ihnen tauschen möchte: «Außerordentlich hohe Leistungsbereitschaft» bräuchten Frauen, um nach oben zu gelangen, «Durchhaltevermögen», und «Abstriche» im Privatleben müssten sie selbstverständlich auch in Kauf nehmen. Das klingt so sexy wie eine Trainingseinheit im Boot Camp.

Vielleicht ist es ja so: Frauen wollen Karriere machen. Aber auf ihre Art.

Ich habe sehr viele Gespräche geführt. Anfangs mit Frauen, die wie ich zur angeblich «einsamen Spitze» gehören, unverheiratete, kinderlose «Karrierefrauen». Ich wollte wissen: Mit welchen Partnern lässt es sich am besten l(i)eben? Wie meistern beide den Karrierealltag? Gibt es Neid, Missgunst? Ich sprach mit Soziologen, Psychologen, Wirtschaftswissenschaftlern, vertiefte mich in Untersuchungen über die Chancen von Frauen, über den Verhaltenskodex auf Führungsetagen, der ein männlicher ist. Ein Fazit vorweg: Die «gläserne Decke» ist heute aus Beton – und das macht die Frauenquote zur Notwendigkeit.

Mir wurde außerdem bewusst, wie dramatisch heute noch Kinder das Leben einer Frau verändern. Ich diskutierte mit meinen Ex-Klassenkameradinnen, mit Müttern in Führungspositionen, mit Kolleginnen: Wie könnte ein Arbeitsmodell der Zukunft aussehen?

An manchen Abenden führte mich meine Recherche nur ein paar Häuser weiter: zu einer Freundin auf die erdbeerrote Couch, während ihre beiden Kinder schliefen. Dann wieder ergab es sich, dass meine Interviewpartner dort in Deutschland saßen, wo mein eigenes Leben entscheidende Wendungen genommen hatte. Ich besuchte das Gymnasium, auf das ich gegangen war, meine Uni. Stationen eines Lebens, das für meine Generation typisch ist. Die achtziger Jahre haben mich stark beeinflusst; ich wurde sozialisiert im selbstbewussten Klima des Post-Feminismus. Ich lief in lila Latzhosen über den Campus, weil ich mich als ein Teil der Emanzipationsbewegung fühlen wollte – obwohl die schon am Abklingen war. Aber ein bisschen davon blieb trotzdem an mir kleben. Autonomie! Meine Generation war auf dem Weg, ein selbstbestimmtes, gleichberechtigtes Leben zu führen.

Dreißig Jahre später suchen Frauen noch immer danach. Wir Frauen auf dem Abitreffen, wir fühlten uns mit Anfang 20 in einem Punkt besser als die jungen Frauen heute: Wir hatten die Beschränkungen klarer vor Augen. Wir wussten, wo wir an den Verhältnissen scheitern würden. Es gab keine Unikindergärten oder Kitas, keine flexiblen Arbeitszeitmodelle. Das war natürlich nicht gut. Aber wenigstens war uns durch diese Beschränkungen bewusst, dass wir uns nur auf uns selbst verlassen konnten, wollten wir das «Unübliche», das Unkonventionelle: einen erfüllenden Beruf und Kind.

Die herrschende Meinung ist, der Feminismus habe sich inzwischen selbst erledigt. Manch junge Politikerin erschaudert ja schon allein beim Wort, und das Feindbild der männerverschreckenden Emanze geistert wieder durch die Medien. Und eigentlich ist die Gleichberechtigung doch auch schon weitgehend durchgesetzt, oder etwa nicht? Frauen haben doch heute alle Möglichkeiten! In der Tat hören besonders die jungen Frauen dauernd, dass die Wirtschaft sie dringend braucht, so gut ausgebildet und qualifiziert, wie sie heute sind. Aber die Frauen halten sich zurück. Was schreckt sie ab? Das Problem ist: Frauen erhalten widersprüchliche Botschaften. Aus der Politik. Oder wenn sie ihren Gehaltszettel anschauen. Ein paar Gesetze lassen sie auch daran zweifeln, ob sie wirklich gleichberechtigt sind.

Deutschland braucht auch Frauen, die Kinder bekommen. Aber Akademikerinnen bekommen immer weniger Nachwuchs. Um gerade sie zur Familiengründung zu animieren, wurden Vätermonate und Elterngeld eingeführt. Die Bundesregierung verspricht sogar, dass es bis 2013 genügend Krippenplätze für unter

Dreijährige geben soll. Allerdings lohnt sich das Arbeiten für verheiratete Mütter, die länger pausiert haben und mit Schulkind wegen der fehlenden Ganztagsschulen nur mit einem mäßig bezahlten Teilzeitjob wieder einsteigen, sowieso kaum. Wenn ihr Mann besser verdient als sie (was wahrscheinlich ist), kommt sie in die Steuerklasse mit den höheren Abzügen.

Manch kritische Beobachterin sieht Frauen schon wieder in die Vollzeit-Mutterrolle flüchten – zu viele Stolpersteine behindern sie auf dem Arbeitsmarkt. Dann lieber Kuschelecke, auch wenn daneben der Putz- und Windeleimer steht. Wer verheiratet ist, sollte sich allerdings längerfristig gut überlegen, ob das, was heute schönfärberisch «Familienmanagerin» genannt wird, der richtige Weg ist. Es könnte ja sein, dass die Ehe vielleicht doch irgendwann in die Brüche geht – und im Fall einer Trennung möchte der Staat dann doch, dass die Frau arbeiten geht. Um sie zu mehr Eigenverantwortlichkeit zu erziehen, hat er das neue Unterhaltsrecht gemacht. Verkürzt dargestellt sieht das so aus: Nach dem dritten Geburtstag des Kindes ist für eine geschiedene Frau Schluss mit lustig. Legt man das Gesetz streng aus, muss ihr Ex-Mann dann nur Unterhalt für das gemeinsame Kind zahlen, aber keinen Cent mehr an sie – denn sie hat doch einen Beruf erlernt. Ach, sie hat die letzten Jahre wegen der gemeinsamen Kinder pausiert und findet auf dem Arbeitsmarkt keinen Anschluss mehr? Ach was, so schlimm wird es schon nicht werden. Hey, das 21. Jahrhundert ist doch weiblich! Unsere Wirtschaft braucht die Frauen und ihre angeblichen sozialen, einfühlsamen und kommunikativen Fähigkeiten.

Sind Frauen heute glücklich? Wir haben auf jeden Fall Mühe, einen klaren Kopf zu behalten. Und so wissen wir bald selbst nicht mehr, was eigentlich unsere Wünsche sind.

Neulich erzählte mir eine Kollegin, sie habe von ihrem miesepetrigen Chef einen Anraunzer kassiert, weil er nachmittags zwei

Stunden lang keinen Zugriff auf sie hatte: Sie saß mit ihrer kranken Tochter im Wartezimmer eines Arztes und hatte ihr Handy ausgeschaltet.

Wir können uns schon jetzt ausrechnen, welchen Höhepunkten wir im Zuge fortschreitender Globalisierung noch entgegenstreben. Geschäftspartner in anderen Zeitzonen werden schon bald dafür sorgen, dass wir rund um die Uhr «available» sein müssen. «Rein in die Betriebe, Firmen, Büros und rauf auf die Chefsessel! Nur wenn wir das Spiel mitspielen, können wir auch etwas verändern!», lautet der Schlachtruf in vielen Karriereratgebern für Frauen. Ja, ich denke auch, dass es für Frauen essenziell ist, berufstätig zu sein, auf eigenen Beinen zu stehen, eine Position zu haben, in der sie etwas verändern können. Frauen dürfen sich nicht finanziell abhängig machen. Und wenn das doch der Fall ist, weil sie zeitweise Kinder erziehen, sollten sie abgesichert sein. Frauen müssen an wirtschaftlicher und politischer Macht beteiligt werden.

Seit zwanzig Jahren beschäftige ich mich mit dem, was Frauen bewegt, was sie berührt, worüber sie lachen können und was sie ärgert. Ich habe bei verschiedenen Frauenzeitschriften mit unzähligen Frauen zusammengearbeitet – mit Redakteurinnen, Praktikantinnen, freien Journalistinnen, Grafikerinnen, Anzeigenverkäuferinnen, Geschäftsführerinnen … Je höher die Ebene, mit der ich zu tun hatte, desto weniger Frauen saßen mir allerdings gegenüber. Auch in Medienunternehmen befinden sich oberhalb der Chefredaktion fast nur Männer. Ich kenne die Nöte und Bedürfnisse von Frauen gut. Und wer Frauenzeitschriften belächelt, vergisst: Frauen können sich zwar für die neuesten Schuh- oder Handtaschentrends begeistern, aber das ist bei weitem nicht alles. Frauen interessieren sich für positive Leitbilder. Sie wollen nicht mehr hören, dass sie schuld sind: Schuld daran, dass sie weniger als Männer verdienen, weil sie angeblich schlecht verhandeln. Schuld daran, nicht in der Führungsetage zu sitzen, weil sie durchsetzungsschwach sind. Schuld daran, kinderlos zu sein, weil sie sonntags länger ausschlafen wollen.

Können wir unsere Ziele auch gemeinsam mit den Männern verwirklichen? Gerade die jungen Frauen wollen es mit ihren Partnern gleichberechtigt hinkriegen – Beruf, Familie, ein Leben, das ihnen und anderen guttut. Einige sind der Meinung, dass wir dafür einen neuen Feminismus brauchen. Einen, der Männer mit einbezieht, der unseren gesamten Alltag mit einschließt, vom Haushalt bis hin zur Kindererziehung. Ich teile diese Auffassung. Gerade weil in der aktuellen gesellschaftlichen Debatte so getan wird, als sei es eher ein individuelles Problem der Frauen, dass sie nicht in die Puschen kommen. Als sei es kein gesellschaftliches Thema. Kein politisches. Kein strukturelles. Kein juristisches. Noch ein paar Betreuungsplätze mehr, ein paar pseudofeministische Schlachtrufe, dann funktioniert das schon? Ich glaube nicht.

Ich glaube aber, dass es keinen besseren Zeitpunkt gibt als jetzt, um eine selbstbestimmte Zukunft anzupeilen – jetzt, wo man uns so dringend braucht. Das macht es uns leichter, die Bedingungen für ein Leben zu stellen, das wir auch leben wollen. Frauenzeitschriften haben die Chance, ein kritisches Sprachrohr von Frauen zu sein. Wir brauchen Leitbilder, die uns von Schuldgefühlen befreien.

Wäre toll, wenn wir bald unsere eigenen Leitbilder sein könnten.

Bettina Wündrich
München, im Frühling 2011

Sind wir «einsame Spitze»? Berichte von der Loser-Front

«Karriere ist etwas Herrliches, aber man kann sich in einer kalten Nacht nicht an ihr wärmen.»
Marilyn Monroe

Ich bin ein «worst case scenario», der denkbar ungünstigste anzunehmende Fall: Ich bin eine Frau im «mittleren Alter», in der «zweiten Lebenshälfte». Wäre ich eine Filmschauspielerin, käme bald nur noch Bruno Ganz für mich als Partner in Frage. Im Marketing-Jargon bin ich ein «Best Ager». Und ein «Silver Surfer», wenn ich durchs Internet streife. Beruflich habe ich einiges erreicht, aber jetzt habe ich mir eine Auszeit genommen, um dieses Buch zu schreiben. Werde ich danach überhaupt wieder einen Job finden, in meinem Alter? Ich liebe meinen Beruf. Nun, ich habe ja auch sonst nichts: Keine Kinder. Keinen Ehemann. Der richtige Zeitpunkt, eine Familie zu gründen, hat sich nie ergeben. Der Schluss liegt nahe: Ich habe mein Privatleben meiner Karriere geopfert.

Frauen wie mich nennt man gerne «die einsame Spitze» – mit Betonung auf «einsam». Im Schnitt sei jede dritte Führungskraft Single, habe ich gelesen, obwohl sie sich eine Partnerschaft wünscht. Parallel zum Karriereaufstieg steige auch die Chance auf privaten Misserfolg.

Manchmal fühle ich mich wie Liz Lemon in der amerikanischen Comedy-Serie «30 Rock»: Die Verkörperung der chaotischen Single-Karriere-Frau in den Mittdreißigern, deren größte Angst es ist, nach einem langen Arbeitstag allein zu Hause an einem heißhungrig verschlungenen Hühnchenbein zu ersticken. Lemons Boss (ein kongeniales Team: Tina Fey und Alec Baldwin), unter dem sie ein heruntergekommenes Autorenteam für eine TV-Varieté-Sendung leitet, hat gerne Sprüche von der Sorte auf Lager: «Lemon, Frauen in deinem Alter werden eher im Zoo von einem wilden Tier gefressen, als dass sie nochmal heiraten!»

Die «einsame Spitze», sie ist eine willkommene Zielscheibe, auch im Berufsalltag: Mal ist unser Führungsstil zu hart (das handelt uns den Vorwurf ein, wir würden gerade «vermännlichen», und sicher wüchse uns bald ein Bart aufgrund vermehrter Testosteron-Ausschüttung). Dann wieder ist er zu weich («Seien Sie doch nicht immer so nett zu den Leuten!», hat mich mal ein Vorgesetzter ermahnt). Unser Äußeres ist unter ständiger Beobachtung. Wenn uns unser Kollege morgens mit einem breiten Lächeln zuruft: «Oh, schicke Frisur!», vermuten wir dahinter kein Kompliment, sondern die verdeckte Empfehlung, doch mal wieder eine Grauhaar-Kaschierung vornehmen zu lassen. Auch unsere Klamottenwahl sorgt für Diskussionsstoff. Wie oft wurde schon über die Blazer unserer Kanzlerin gelästert? Dabei sind unsere männlichen Politiker auch nicht gerade Dressmen. Wir haben eine höhere Stimme als Männer, das handelt uns schnell den Ruf ein, «hysterisch» zu sein. «Frauen müssen eher aufpassen, dass sie (...) nicht zu schrill werden», weiß unsere Kanzlerin. Und: «Wichtig ist, dass man authentisch ist, in sich selbst ruht und nicht eine Rolle spielt.»[1]

Einfacher gesagt als getan.

Nein, Karriere zu machen ist für Frauen auf den ersten Blick keine attraktive Perspektive. Eine «Karrierefrau» zu sein noch weniger: Das klingt nach hemmungsloser Egoistin, einer, die nur ihren Erfolg im Kopf hat. «Erfolgreich sein»: Männer verstehen darunter beruflichen Aufstieg. Frauen nicht. Sie deuten es eher als «Lebenserfolg», verbunden mit Mann und Nachwuchs. Karriere nicht unbedingt eingeschlossen. Das interessiert mich: Was steckt dahinter?

Abiturtreffen der Ehemaligen eines norddeutschen Gymnasiums. Dreißig Jahre ist es her, dass wir «School's out forever» brüllten. Ohne Jungs, nur Mädchen. Meine Mädchenklasse. Die, die schon immer Wortführerin war, lädt zum Brunch. Was treibt uns, hinzugehen? Wer die Kunst der Verstellung nicht beherrscht, bleibt weg. Wer glaubt, sein Leben ganz gut gepackt zu haben, macht sich auf den Weg. Neugier treibt mich, ich reise quer durch Deutschland. Ich meine, genug Selbstbewusstsein zu haben – hey, sind knapp zwanzig Jahre in Führungspositionen bei Zeitschriften etwa nichts? Ich schmeiße mich also in ein sündteures Outfit und rüste mich für die Schlacht.

Ich hätte es besser wissen müssen.

Sechzig Frauen auf einem Haufen. Ein Gefühl wie damals, als wir noch Teenager waren. Wir reden laut durcheinander, unsere Blicke wandern suchend durch den Raum, bis wir irgendetwas in einem Gesicht entdecken, das uns an eine Person erinnert. Wir spielen das «Bist du nicht …?»-Spiel. Und mustern uns verstohlen: Falten? Figur? Wir schauen dem Alter ins Antlitz, kichern: «Kinder, das gibt's doch nicht, so lange her!»

An diesem Vormittag spielen wir auch das «Schau mal, was ich seither geschafft habe»-Spiel: Ehe- und Brillantringe glänzen, goldene Armreifen klimpern, Handtaschen von Prada und Gucci schaukeln an den Armen, feine Kostümjäckchen hängen locker über den Schultern. Später werden Fotos auf Blackberrys und iPhones herumgereicht: «Guck, meine Kinder, mein Sohn studiert jetzt im Ausland. Mein Mann! Mein Hund! Mein Pferd! Ach, und unser Segelboot – jetzt, wo die Kinder fast aus dem Haus sind, kommen wir endlich dazu, es zu nutzen!» Ein Gefühl weht durch den Raum, breitet sich aus, durchdringt alles, was wir sagen: Die Zeit lässt sich nicht zurückdrehen. Vor dreißig Jahren lag noch alles vor uns, jetzt sind Wege beschritten, Träume gelebt und auch gescheitert, wer bisher keine Kinder hat, wird auch keine Familie mehr gründen, wer noch nicht auf der Karriereleiter klettert, wird das auch nicht mehr tun. Plötzlich teilt sich die Welt in Gewinner und Verlierer. Und wo stehe ich? Mir fallen die mitleidigen Blicke auf. Ein Song von Beck löst sich aus den Tiefen meines Hirns: «I'm a loser baby, so why don't you kill me?»

Ja, ich schneide bei dem «Schau mal»-Spiel schlecht ab: Kinder? Keine. Ehemann? Nö. Nicht mal einen Freund, gerade ist meine mehrjährige Beziehung in die Brüche gegangen. Ich bin die verlassene Hälfte von «Double Income No Kids», die Unterseite eines Brötchens, ein Prinzenrolle-Keks ohne Schoko. Und jetzt auch noch eine «Auszeit», um ein Buch zu schreiben! «Und von was lebst du dann?»

Meine Designer-Schluppenbluse hat inzwischen Schweißränder, die Ankle Boots erweisen sich wegen ihrer 14-cm-Absätze als sogenannte Sitzschuhe. Gut so: Es wird noch mehr Prosecco gereicht, und ich muss mich setzen. Ich erfahre, dass einige meiner Ex-Klassenkameradinnen es schwer verkraften, dass ihre Kinder so nach und nach aus dem Haus gehen. Eine andere hat gerade mit ihrer zweiten Ehe Schiffbruch erlitten. Und schon fühle ich mich etwas besser.

Mir fällt eine Erkenntnis aus der Glücksforschung ein. Als ich noch in der Redaktion eines Psychologie-Magazins arbeitete, haben wir häufig aus den Studien des Nobelpreisträgers Daniel Kahnemann zitiert. Kahnemann hat es sich zur Aufgabe gemacht, Psychologie und Ökonomie zu verbinden. Bei seinen Erklärungsversuchen von menschlichem Verhalten in wirtschaftlichen Situationen fand er heraus, dass der Mensch eher mit sich zufrieden ist, wenn er mehr erreicht als andere. Das «Mehr» muss dabei nicht den Tatsachen entsprechen, es ist eine ganz subjektive Größe. Im Vergleich stärkt der Mensch sein Selbstbewusstsein. Er muss sich immer wieder bestätigen, bisher alles richtig gemacht zu haben.

Aber eigentlich sollten wir doch glücklich sein? Wir, die wir hier sitzen und uns an unseren Prosecco-Gläsern festklammern, wir gehören doch zur ersten Frauengeneration, die ihre Zukunft frei und selbstbewusst wählen konnte. Für die es ganz selbstverständlich ist, einen Beruf zu haben. Sich entfalten zu können. Ich denke an meine Freundinnen, wie sie sich mit und ohne Kinder durch ihren Alltag wurschteln. An meine Kolleginnen. Und mir fällt auf: Frauen sind unzufrieden mit ihrem Leben. Nicht grundsätzlich, aber immer ein bisschen.

Frauen, die keine Kinder haben, stellen sich Fragen wie: Hätte ich nicht doch Kinder bekommen sollen? Und wenn sie Mütter sind: Habe ich meine Ausbildung weggeworfen? Frauen sind sich unsicherer als Männer, ob das Leben, das sie führen, das richtige ist. Ich vermute, das rührt daher, dass Frauen grundsätzlich eine Option mehr haben, ihr Leben zu gestalten als Männer. Was ja erst mal eine wunderbare Sache ist. Nur dass die Option, sich für oder gegen Kinder zu entscheiden, so weitreichende Konsequenzen hat. Weitreichender, als wir es uns träumen lassen.

Heute haben Frauen so viele Entfaltungsmöglichkeiten wie noch nie. Wir sind gleichberechtigt, jedenfalls formal. Die meisten von uns starten mit den besten Voraussetzungen für ein erfülltes, selbstbestimmtes Leben. Aber irgendwann merken wir: Wir können es da draußen keinem recht machen. Wir sind Rabenmütter, verbissene Karrierefrauen, Nur-Hausfrauen, dumme Girlies, alte Jungfern. Wundert es da, dass wir es auch uns selbst nicht recht machen können?

Ich will wissen, warum wir heute noch so sehr an uns zweifeln. Warum wir noch so viele Schuldgefühle mit uns herumschleppen. Weshalb wir uns so verunsichern lassen. Was uns daran hindert, ein glückliches Leben zu leben. Wir machen es uns auch gegenseitig schwer; unsere Feinde kommen aus dem eigenen Lager. Wir stehen unter einem ständigen Rechtfertigungsdruck. Das muss sich ändern. Sind wir womöglich zu bequem, zu faul, um das Beste aus uns herauszuholen? Man hat uns Frauen schon oft vorgeworfen, wir trauten uns zu wenig zu, scheuten den rauen Wind des Arbeitsmarktes. Sollten sich gerade die Jüngeren unter uns zusammenreißen? Solchen Gedanken und Fragen ist dieses Buch gewidmet.

Frauen befinden sich heute in lauter Widersprüchen. Das fängt schon bei den vielen Appellen an, die wir von überall her empfangen und die sich auch noch widersprechen. Immer sind Frauen die Adressaten, selten die Männer. Fangen wir an, das Knäuel zu entwirren. Beginnen wir mit den Außenseitern des Klassentreffens. Beginnen wir mit der «einsamen Spitze».

Erfolgreich, einsam, kinderlos: Der schlechte Ruf der Karrierefrau

Niedrige Geburtenrate. Demographische Verschiebung. Singleisierung der Gesellschaft. Klar war der Kampf um Gleichberechtigung wichtig, und niemand würde heute Frauen Rechte aberkennen wollen – aber irgendjemand muss dennoch den Schwarzen Peter kriegen. Die Emanzipation hat, wie Kritiker behaupten, auch Kollateralschäden hinterlassen. Sie hat Egoistinnen hervorgebracht, Karrierefrauen auf dem Selbstverwirklichungstrip, die diesen auf dem Rücken ihrer gebärenden Geschlechtsgenossinnen austragen. Immer wieder drohen Politiker (und Politikerinnen), «den Kinderlosen» zugunsten der Familien einen höheren Rentenbeitrag abzufordern.

Die arme junge Generation, der wir mit unseren Gehhilfen und geriatrischen Pharmazeutika auf der Tasche liegen werden!

Aber es wird uns schon noch dämmern, was wir davon haben: Mutterseelenallein werden wir im Alter auf der Parkbank sitzen (oder, noch schlimmer, die Krankenbetten belegen), und keiner wird uns besuchen, unsere nie geborenen Kinder nicht, und auch unsere Männer haben aus Angst vor uns Karriereweibern schon lange Reißaus genommen. Schuld ist natürlich der Feminismus, der uns zu Gebärstreik und Männerfeindschaft verführt hat. Wir schreiben das Jahr 2011. Sich gegen ein Leben mit Kindern zu entscheiden, ist immer noch kein akzeptiertes Modell.

Seit vier, fünf Jahren beschäftigt sich auch die Arbeitsmarktforschung intensiver mit den «Frauen an der Spitze»: Nur 53 Prozent der Frauen in Führungspositionen sind verheiratet, hingegen 73 Prozent der Männer. Mehr als die Hälfte der Frauen in Führungspositionen haben Kinder, jedoch ist die Anzahl der Kinder geringer als bei ihren männlichen Kollegen (umgekehrt leben 44 Prozent der Frauen in Führungspositionen ohne Kinder, aber nur 23 Prozent der Männer). Die traditionellen Rollenvorstellungen sind in den Ehen sehr verbreitet, hat die Soziologin Dr. Corinna Kleinert herausgefunden; für Männer in Führungspositionen gilt die Familie nicht als Spagat, sondern als notwendiger Rückhalt. Karrierefrauen teilen ihr Leben lieber mit Partnern, die einen ähnlich verantwortungsvollen Job haben wie sie. Bei Männern ist das anders: Die Frauen von Chefs mit Familie arbeiten häufig nicht – oder in Teilzeit.[2]

Mir fällt eine Szene ein, die ich bei der Adventsfeier des Unternehmens, für das ich einmal arbeitete, beobachten konnte: Der Firmenboss hatte die Führungskräfte des Hauses samt Anhang zur vorweihnachtlichen Sause in frischer Winterluft eingeladen. Der Platz, auf dem man sich traf, war hübsch geschmückt, Weihnachtsmusik lag in der Luft, zartes Glockengeläut. Ein paar Holzbuden waren aufgestellt, Glühwein und Sprudelndes wurde ausgeschenkt, man gab sich rustikal. Die Führungskäfte: Gutaussehende Kerle mit zurückgegelten Haaren in Woolridge-Parkas, die ihren Nachwuchs wie Trophäen auf den Schultern tragen. Sie putzen Rotznäschen, gehen mit den Jüngsten Pipi machen oder zum Dosenwerfen. Ihre Ehefrauen haben an diesem Tag mal frei. Sie unterhalten sich mit den wenigen weiblichen Führungskräften, von denen einige sogar Kinder haben: Eine (alleinerziehend) kommt in Begleitung ihres Bruders, eine andere (alleinerziehend) hat den Nachbarn gebeten, mitzukommen. Eine lebt schon in Trennung, der Ehemann ist dennoch dabei, um den Schein einer glücklichen Familie mit zwei Töchtern zu wahren. Die, die wie ich allein gekommen sind, werden von den Ehefrauen immer mal wieder verstohlen von der Seite angeschaut. Und von den Kolleginnen übrigens auch.

Aber vielleicht bilde ich mir das auch nur ein.

Es gibt derzeit einen deutlichen Widerspruch: Dem schlechten Ruf der «einsamen Spitze» steht der Bedarf an Frauen, die Karriere machen sollen, gegenüber. Frauen waren schon immer die Reservekräfte der Wirtschaft: «Mit unglaublicher Geschwindigkeit» sieht Thomas Sattelberger, Personalvorstand der Deutschen Telekom, die als erstes Dax-Unternehmen die Frauenquote einführte, die Lücke zwischen Bedarf und tatsächlicher Verfügbarkeit von Fachkräften größer werden. Der weibliche Nachwuchs ist begehrt wie nie.

Dann wären da noch die besseren Bildungsabschlüsse der Mädchen oder die vielzitierte Studie von McKinsey, dass Firmen mit einem hohen Frauenanteil an der Spitze besser abschneiden. Und die Furcht vor der Gier korrupter Manager: Handeln Frauen nicht weniger selbstbezogen und umsichtiger als Männer, weil weniger testosterongesteuert? Männlicher Eroberungsdrang hat die Banken jedes Maß verlieren lassen, gerade noch hat unsere Wirtschaft die Kurve gekriegt. Jetzt brauchen wir Spitzenkräfte mit Feingefühl und Teamgeist. Endlich – das Zeitalter der Frauen ist angebrochen! Wenn da bloß dieser Knick in der Kurve nicht wäre, den Statistiker ausgemacht haben. Ungefähr bis zum dreißigsten Geburtstag steigen die Erwerbskurven von jungen Frauen und Männern noch parallel. Aber dann halten die Mädels nicht mehr Schritt, die Linie bewegt sich unbeirrbar nach unten. Schließen sich Top-Karriere und Kinder heute noch weitgehend aus?

Stellt man Frauen vor die Wahl, ob sie sich für Kind oder Karriere entscheiden wollen, wird sich die Mehrheit immer fürs Kinderkriegen entscheiden. «Boom Baby!» titelte die Süddeutsche Zeitung, weil die Zahl der Geburten in den ersten neun Monaten in 2010 so angestiegen ist wie seit zehn Jahren nicht mehr. Noch ist es ein vorläufiger Trend, aber es wird bereits gejubelt: Endlich! Mit 1,38 Kindern pro Frau hat Deutschland eine der niedrigsten Geburtenraten der Welt. Vorsichtig werden die neuen Zahlen interpretiert: Es gibt aufgrund der demographischen Verschiebung zwar weniger potenzielle Mütter. Aber diese wenigen gebären mehr Kinder – und das immer später. Die, die jetzt Babys bekommen, bekommen sie mit Mitte, Ende dreißig, wenn nach einer langen Ausbildungszeit auch der Berufseinstieg geschafft ist. Und dann? Ich fürchte, sie werden sich ähnlich mit der Entscheidung quälen müssen wie die Generation vor ihnen. Ich behaupte sogar, dass es meine Generation einfacher hatte: Wir taten uns leichter mit Zukunftsentscheidungen, weil man uns nicht vorgaukelte, dass theoretisch alles möglich sei. Dass wir nur zu wählen bräuchten, wie aus einem Supermarktregal.

Die Zahlen hat man kinderlosen Frauen schon oft um die Ohren gehauen: Circa jede vierte westdeutsche Akademikerin ab 40 Jahren hat keinen Nachwuchs, insgesamt 28 Prozent.[3] Kinder sind ein Karrierehindernis, das kann man definitiv sagen:

«Hier der Beruf, dort die Familie. Hier das eigene Geld, die finanzielle Unabhängigkeit, die Freunde und Kollegen. Dort die geliebte Familie, die Kinder und Partner, die Eltern und Großeltern. Im Beruf fehlt die Familie, in der Familie fehlt der Beruf. Irgendwie geht das nicht zusammen, hier in diesem Land», schreibt die Soziologin Jutta Allmendinger, die sich in ihrer aktuellen Studie «Verschenkte Potenziale?» mit den Wiedereinstiegschancen von Frauen beschäftigt. Berufstätige Frauen, die Kinder haben, sind überwiegend in Teilzeit beschäftigt. Natürlich nicht als Führungskräfte, denn für die gilt nach wie vor: Chef wird nur, wer immer da ist. Schlechte Karten dürfte auch eine junge, verheiratete Frau ohne Kinder haben: Schon die bloße Vermutung, dass sie im passenden Alter ist, Kinder in die Welt zu setzen, lässt sie für leitende Funktionen nicht mehr in Betracht kommen, so Corinna Kleinert in «Frauen an der Spitze».

Aber wollen Frauen überhaupt in die Führungsetagen? In Frankreich, dem Land der berufstätigen, emanzipierten Frauen, hat die Philosophin Elisabeth Badinter beobachtet, dass viele junge Frauen sich lieber dafür entscheiden, zu Hause zu bleiben, um sich ganz der Kindererziehung zu widmen, statt arbeiten zu gehen. Dabei gilt Frankreich als Musterland der erwerbstätigen Mütter. Badinter kritisiert diesen Trend, bewertet ihn als einen gefährlichen Rückschritt in der Emanzipationsbewegung. Ist er eine Reaktion der Töchter darauf, dass sie hautnah mitbekamen, wie sich ihre Mütter zwischen Kind und Karriere aufrieben? Sie wollen es anders machen, es ruhig angehen lassen, ihren Babys lange die Brust geben, statt ganz früh abzustillen, um gleich wieder ins Büro zu hasten. Es ist eine Entscheidung für die klassische Mutterrolle, einen bewussten Konservatismus. «Es mag legitim sein, es ist aber auch gefährlich», so Badinter. «Gefährlich, weil es eben eine nur sehr kurzsichtige Vision für das Leben einer Frau ist.»[4]

Die, die in den vergangenen dreißig Jahren für die Emanzipation gekämpft haben, raufen sich die Haare: Statt das mühsam Erkämpfte nun weiterzuführen und die Macht auch mit beiden Händen zu ergreifen, mäkeln die Töchter herum. Während ich dieses Buch schreibe, streitet sich gerade die Galionsfigur der Emanzipationsbewegung, Alice Schwarzer, mit der 35 Jahre jüngeren Familienministerin Kristina Schröder, bekennende Nichtfeministin, darüber, was Feminismus ist.

Vielleicht gibt es ja eine neue Definition. Für dieses Buch habe ich mit vielen jungen Frauen gesprochen, die ihre eigenen Vorstellungen haben: von einem Feminismus, der ihre Partner mit einbezieht, der auch ein anderes Karrieremodell vorsieht – und zwar nicht nur für Frauen, sondern auch für Männer. Dass Frauen heute solche Überlegungen anstellen können und sie gemeinsam mit ihren Partnern auch gerade versuchen, sie zu realisieren, ist toll. Tatsache ist: Solche Ideen können nur aus einer gewissen Freiheit heraus geboren werden. Vor mehr als dreißig Jahren, als Alice Schwarzer die Zeitschrift Emma gründete, wären sie undenkbar gewesen.

In lila Latzhose auf Entdeckungsreise

Wie wäre mein Leben verlaufen, hätte ich Kinder? Ich wäre nicht in der Lage gewesen, die Karriere zu machen, die ich gemacht habe. Nach Studium und Journalistenschule bekam ich die Chance, Redakteurin bei der größten Frauenzeitschrift im Lande zu werden, nach einem Umzug ans andere Ende von Deutschland baute ich ein Jugendmagazin auf und leitete es, schließlich wurde ich Stellvertreterin, später Chefredakteurin von mehreren Frauenzeitschriften – insgesamt zwanzig Jahre in leitenden Positionen. Im Nachhinein denke ich: Ich konnte das deshalb so vorbehaltlos, weil ich in meinem Inneren die Kinderfrage schon sehr früh beantwortet hatte, was dann zu einer großen Entschlossenheit führte. Die meisten Frauen meiner Generation wären gar nicht auf die Idee gekommen, beides zu wollen. Dieses Modell schien uns so gut wie nicht realisierbar. Es sei denn, man entschied sich für ganz unkonventionelle Lebensweisen.

Geprägt bin ich von den siebziger und achtziger Jahren mit ihren gesellschaftlichen Umbrüchen, den Nachwirkungen der 68er und den Ausläufern des Feminismus. Als ich klein war, gab mein Vater gern mit seinen drei Töchtern an – ich bin die Älteste von dreien –, schleppte uns auf den Fußballplatz, zu seinen Treffen mit Kumpels und sogar ins Büro. Meine Mutter erzog uns sehr liebevoll, gab uns aber auch zu verstehen, dass sie ein Anrecht auf ein eigenes Leben und eigenes Geld hatte. Sie arbeitete regelmäßig in kleineren Nebenjobs. Und als die Jüngste zur Schule ging, nahm sie wieder eine feste Halbtagsstelle an.

Meine Schwestern und ich lasen die klassischen Mädchenbücher, Enid Blytons «Hanni und Nanni»-Bände, sogar ein paar «Pucki»-Ausgaben aus dem Bestand meiner Großmutter: den Krieg ignorierende Geschichten aus den Dreißigern, die von der Förstertochter Pucki handelten, die «neue Streiche» erfand und in den darauffolgenden Bänden zur «glücklichen Braut» und dann zum «Mütterchen» wurde. Puckis Leben wurde immer öder, fand ich, die Bücher immer langweiliger.

Meine Jugend verlief denn auch so gar nicht mädchenbuchgemäß. Mir stand der Sinn nach Aus- und Aufbruch: Mit 16 zog ich von zu Hause aus. Mein Vater musste aus beruflichen Gründen die Stadt wechseln, ich aber wollte das Gymnasium vor dem Abitur nicht mehr verlassen. Meine Eltern überließen mir die Entscheidung, und ich kann mich nicht erinnern, dass ich die neue Freiheit fürchtete.

Mit welcher enormen Geschwindigkeit sich die Welt in den vergangenen fünfzig Jahren verändert hat, wird mir bewusst, wenn ich mit meinem Multifunktionshandy SMS verschicke, per Laptop mit einer Freundin in Sydney skype oder auf dem iPad durch mehrdimensionale Bilderwelten spaziere. Das, was wir das «Informationszeitalter» nennen, war noch vor dreißig Jahren reine Science-Fiction. Ich kann mich noch gut an unser elfenbeinfarbenes Bakelittelefon mit Wählscheibe zu Hause erinnern, an unsere Musiktruhe mit Holzdeckel, an Schellackplatten und an den Kauf meiner ersten Single, «Popcorn» von Hot Butter, revolutionäre Synthi-Musik. Meine Mutter hatte beim zweiten Baby noch keine Waschmaschine, nur eine Wäscheschleuder, und kochte die Windeln in einem großen Kessel im Keller. Als Teenager bekam ich von meinen Eltern einen Mono-Kassettenrecorder geschenkt, den Gipfel des Fortschritts. Samstagnachmittags nahm ich die Hitparade mit dem Mikro auf, meine Schwestern mussten mucksmäuschenstill sein (was sie natürlich gerade deshalb nicht waren). Die Digitalisierung der Welt war damals so unvorstellbar wie es die Mondlandung in den Vierzigern war. Im Mathematikunterricht stanzten wir binäre Codes in Lochkarten, und unser Lehrer behauptete, hier läge die technologische Zukunft. Bis 1977 hätte mein Vater meiner Mutter per Gesetz verbieten können, berufstätig zu sein. Der Kuppelei-Paragraph, der denjenigen unter Strafe stellte, der unter seinem Dach Unverheirateten Gelegenheit zum Sex gab, wurde zwar 1969 abgeschafft, aber es war in den Siebzigern immer noch anrüchig, in «wilder Ehe» zusammenzuleben. Erst 1973 wurden Homosexualität und Kuppelei für weitgehend straffrei erklärt.

Alice Schwarzer und ihre legendäre Aktion mit dem Stern 1971 war die Initialzündung für gesellschaftliche Veränderungen zugunsten von Frauen. Schwarzer gelang es, prominente Frauen wie Romy Schneider oder Senta Berger zu dem Bekenntnis oder Statement «Wir haben abgetrieben» zu bewegen. Eine geniale, öffentlichkeitswirksame Idee von ungeheurer Sprengkraft. Als ich knapp zehn Jahre später zur Uni ging, war ich die erste Generation, für die eine freie Bildungswahl eine Selbstverständlichkeit war.

Als ich 1979 mit dem Studium begann, hatte von allen beschäftigten Frauen nur knapp jede zweite eine Berufsausbildung (heute sind es immerhin 68 Prozent, die eine Qualifikation nachweisen können). Nur 27 000 Akademikerinnen gab es zu jener Zeit, heute sind es fünfmal so viele.[5] In meiner Familie war ich die Erste, die studierte. Meine Mutter hatte die Handelsschule besucht und arbeitete danach als Sekretärin, mein Vater machte seine Ausbildung zum Kontakter in der Werbeagentur meines Großvaters, wo er auch sein Geld verdiente, als ich geboren wurde. Meine Eltern unterstützten mich darin, eine Universität zu besuchen – aber vorher mussten ein paar Rechnungen angestellt werden. Unser Deal: Für die Hälfte meines Studiums sollte ich selbst aufkommen, mit BAföG und Nebenjobs. Und spätestens ab 25 sollte ich auf eigenen Füßen stehen können. Über das Schicksal meiner zwei Jahre jüngeren Schwester entschied ich mit: Für ein zweites Studium war erst mal kein Geld da. Ich war privilegiert. Meine Zukunft war mir von niemandem aus meinem Umkreis vorgelebt worden. Die Gebrauchsanweisung für mein Leben musste ich selber schreiben.

In den ersten Wochen und Monaten des Studiums dominierte vor allem ein Gefühl, das Freiheit oft mit sich bringt: Orientierungslosigkeit. Ich war von Bremen nach Hamburg gezogen, auch, weil ich in einer Stadt leben wollte, von der man schließlich behauptete, sie sei das «Tor zur Welt», was Bremen mit seiner überschaubaren Anzahl an Kneipen, Kinos und Theatern meiner Meinung nach so gar nicht war. An der Uni war vor allem eins Programm: Es wurde gestreikt. Und sich gewehrt: Jede Woche stand eine Demo an. Meine Kommilitoninnen und ich marschierten gegen Pershing-II-Raketen und für Abrüstung. Wir warnten vor einem drohenden Atomkrieg und Atomkraftwerken. An unsere Parkas, die wir trugen, weil es irgendwie antimilitärisch war, die Bekleidung der Bundeswehr modisch umzudeuten, steckten wir «AKW nee»-Plaketten. Wir waren bewegt – auch von den vielen Möglichkeiten der Liebe (viel Erfahrung hatten wir ja noch nicht) oder von der Frage, wie mehr Geld in die Kasse käme, damit wir uns endlich ein Auto leisten konnten. Mit der Losung der Emanzipationsbewegung – «Gleiche Chancen, bessere Bildung, gebt uns die Hälfte der ökonomischen Macht im Lande!» – konnten wir wenig anfangen. Wir waren noch zu naiv, zu jung, um Ungleichheit erfahren zu haben. Bis jetzt hatten wir beschützt und wie in einer Blase gelebt, das Leben, die Liebe, sie fingen für uns ja jetzt erst richtig an!

Eine Erklärung, weshalb uns der Feminismus damals nicht so richtig packte, könnte diese sein: Die feministische Filmemacherin Helma Sanders-Brahms, deren «Deutschland, bleiche Mutter» wir 1980 in den Programmkinos sahen, ist der Meinung, dass der Feminismus ursprünglich die Idee hatte, «dass Frauen mit Kindern gleichberechtigt alle gesellschaftlichen Belange mit bestimmen». Sie meint, der Feminismus habe also ursprünglich Kinder und Muttersein mit einbezogen, damals wohl zentrales Thema der Frauenbewegung. Mit der Paragraph-218-Kampagne von Alice Schwarzer änderte sich nach Sanders-Brahms die Grundthematik der Frauenbewegung und wurde «einseitig»: Sie sei dann «zu sehr auf ein Opfer/Täter-Geschlechterverhältnis gedreht» worden, zu «unpolitisch, mit vielen falschen Feindbildern».[6]

Dann, Anfang der Achtziger, hauchte die Emanzipationsbewegung ihre starke gesellschaftsverändernde Kraft aus. Jetzt ging es um Innerlichkeit: Wer bin ich als Frau? Es gab Frauenwochen, Frauencafés, Frauenbuchläden, und Männer mussten draußen bleiben (die akzeptierten das auch ganz brav und zogen später mit ihren «Männergruppen» nach). Wir kritzelten lustige Sprüche wie «Als Gott den Mann schuf, übte sie nur» oder «Eine Frau ohne Mann ist wie ein Fisch ohne Fahrrad» an Klotüren und taten so, als ginge es uns nicht mehr darum, Männern zu gefallen. Wir steckten unsere Körper in weite Malerlatzhosen aus dem Berufsbekleidungsgeschäft, verzichteten auf (auffällige) Schminke, führten immer unser Strickzeug mit uns und machten es uns in den Frauencafés so richtig «gemütlich». Wer waren wir, wo wollten wir hin? Ein paar Freundinnen entschieden sich dafür, zeitweise lesbisch zu werden, und gründeten mit anderen Frauen eine WG auf dem Land, um dort selber Gemüse zu ziehen. Uns schien nichts unmöglich. Aber mit den vielen Möglichkeiten, die wir jenseits der Uni vermuteten, stieg auch die Wahrscheinlichkeit, eine falsche Entscheidung zu treffen. Vorbilder hatten wir keine; leider hatte uns der Feminismus keine geliefert. Unterdrückung durch den Mann in der Partnerschaft? Ich wünschte mir sehr wohl einen Mann an meine Seite, ich wollte verliebt sein und ausprobieren, welche Art Beziehung mir lag. Zusammenleben? Erst mal nein. Ich wollte frei sein. Treue? War wichtig, aber, na ja, andererseits verliebte man sich schnell …

Ich jobbte nachts in einer Pizzeria und verdiente genug, um mit dem Fiat nach Italien fahren zu können. Meine Freundinnen und ich fühlten uns immer stärker. Langsam verflogen die Unsicherheiten, und wir fanden Geschmack an der Kraft der Unabhängigkeit, tapezierten selbst, dübelten Regale in die Wände und schlossen Lampen an. Die Unterstützung der Männer wurde allenfalls beim Hochschleppen der Bier- und Weinkisten eingefordert.

Ich suchte keinen männlichen Versorger. Wir verliebten uns in Musiker, Graphiker, in kreative, unabhängige Männer, das fanden wir inspirierend. Als potenzielle Väter kamen sie alle nicht in Frage. Hauptsache, man konnte mit ihnen nächtelang über die Filme von Jean-Luc Godard oder Pier Paolo Pasolini diskutieren. Für das frisch gegründete Zeitgeist-Magazin Tempo sperrte sich ein Reporter tagelang in einen Keller ein, um Isolationshaft zu simulieren, andere recherchierten in den USA obskuren Hip-Hop-Bands hinterher. Darüber redeten wir auch. Gemeinsame Zukunftspläne? Wir wollten Inspiration. Ein Kind kriegen? Viel zu früh. Die Uni machte es uns leicht, Kinder auszublenden: Da standen keine Kinderwagen herum, es gab keine Kitas oder Spielplätze, Väter oder Mütter, die ihre Babys in die Seminarräume mitnahmen.

Ich begann, Artikel für eine Stadtillustrierte zu schreiben. Immerhin habe ich mein Studium zu Ende gebracht, mit Hängen und Würgen, aber: Wozu? Ich wollte nicht als Soziologin, sondern als Journalistin meine Brötchen verdienen. Ich war 27, als ich eine Zusage von der Journalistenschule bekam. Vor mir lagen nun zwei weitere Jahre Ausbildung. Nicht, dass mich das gestört hätte. Ich fand es herrlich, nur für sich selbst verantwortlich zu sein! Das war bisher allein den Männern vorbehalten gewesen. Das Lebensgefühl der Siebziger und Achtziger hat die Kinderfrage verdrängt. Andererseits: Wo wäre denn überhaupt Platz gewesen für ein Kind? Wo eine Betreuungsmöglichkeit? Erst mal die Ausbildung zu Ende machen. Erst mal Geld verdienen. Es gab keinen Mittelweg.

Die Kinderfrage. Und warum wir sie uns nicht stellen müssen

«Wer frei von der Seele weg gesteht, er wolle keine Kinder in die Welt setzen, schafft sich keine Freunde.»
Corinne Maier, Mutter von zwei Kindern und Autorin des Buches «No Kid. 40 Gründe, keine Kinder zu haben»

«Mutter sein ist einfach nur großartig!»
Barbara Schöneberger in Bild

Eine kleine Geburtstagsparty einer Kollegin im Münchner Glockenbachviertel, die sich so auch im hippen Prenzlberg in Berlin oder im gepflegten Hamburg-Eppendorf abspielen könnte, Treffpunkte der «Macchiato-Mütter» und «Bugaboo-Väter». Die Kollegin hat einen siebenjährigen Sohn, und einem Naturgesetz folgend, ziehen Eltern andere Eltern an, so auch bei diesem Anlass. Gewählt wird ein Lokal mit breiten Holztischen und robustem Gestühl, damit die Kleinen möglichst wenig kaputt machen können. Turnhallengroß ist das Lokal auch, man braucht ja Platz für die Kinderwagen, Traktoren, Buggies. Als Frau ohne Kinder bleibt man solchen gemütlichen Veranstaltungen besser fern – oder man wird zur Zielscheibe. Es dauerte exakt zwei Bier, bis ein Vater, Sozialpädagoge und im Elternbeirat der Kita, seinen Pfeil in meine Richtung schoss: «Warum hast DU nochmal ...», zack, alle Köpfe in meine Richtung, «... KEINE Kinder?» Ich bildete mir sogar ein, dass sein Baby plötzlich aufhörte zu schreien, als die gesamte Runde auf meine Antwort wartete.

Diese Frage ist deshalb so sinnlos, weil keine Frau sie einfach beantworten kann. Und sie ist anmaßend. Warum sollte ich mich für eine private Entscheidung rechtfertigen müssen? Außerdem gibt es keine einfache Antwort, es sei denn, natürlich, es liegt eine biologische Ursache vor, und die will man ja auch nicht jedem auf die Nase binden. Wie in meinem Fall wird es immer ein Bündel an Gründen sein, das sich aus privaten Überlegungen und strukturellen Gegebenheiten zusammensetzt. Eine Zeitlang dachte ich, ich hätte einfach das Pech, ausgerechnet dann den Falschen zu lieben, wenn es ein günstiger Zeitpunkt für eine Schwangerschaft gewesen wäre. Oder den Richtigen, wenn ich dummerweise wieder irgendwo eine neue Aufgabe übernommen hatte. So richtig gepasst hat es nie. Inzwischen bin ich aber der Meinung, dass Frauen sich Männer aussuchen, die in ihr Lebenskonzept passen. Ich will es mal so sagen: Mich hat der Cowboy immer mehr interessiert als der Farmer. Ein Leben, das ich frei gestalten kann, war mir sehr viel wert.

Natürlich ist aber etwas dran an dem Gefühl, dass der «richtige Zeitpunkt» in Deutschland so schwer auszumachen ist. Schuld sind auch unsere langen Ausbildungszeiten. Bei den im Jahr 1960 Geborenen sind 23 Prozent der Frauen kinderlos,[7] beim Jahrgang 1965 ist es jede dritte Frau. Heute entschließt sich, wer schwanger werden will, immer später dazu: Das Durchschnittsalter für das erste Kind liegt in Deutschland bei über 30 Jahren, medizinisch gesehen sind wir also ein Land voller Spätgebärender. Die Journalistin Susanne Gaschke schreibt in ihrem Buch «Die Emanzipationsfalle» vom «Erst-mal-Prinzip», «wonach Kinderkriegen eine Leitersprosse ist, die man definitiv erst nach allen Examina und nach gelungenem Berufseinstieg erklimmt». Gaschke ist 1967 geboren, Redakteurin bei der Zeit und Buchautorin. Ihre Schwangerschaft war ungeplant, mit 23, und hätte sie das «Erst-mal-Prinzip» nicht per Zufall ausgetrickst, erzählt sie mir, als wir uns bei einer Diskussionsrunde kennenlernen, vielleicht wäre sie «ein Opfer der typisch deutschen Berufsverläufe» geworden. Sie hätte die Kinderfrage womöglich so lange aufgeschoben, bis sie sich auf ein Leben ohne Kind eingestimmt hätte. Gaschke geht in ihrem Buch der Frage nach, weshalb sich viele Akademikerinnen heute gegen Kinder entscheiden. Ihre These: Die Emanzipationsbewegung hatte ihren Preis. Gebildete Frauen entscheiden sich bewusst gegen Kinder, um ihre berufliche Entwicklung und ihre Freiheit nicht zu gefährden. Das klingt, als wolle sie Frauen wie mir einen Schuldkomplex einreden. Oder, Frau Gaschke? «Überhaupt nicht», sagt sie. «Die emanzipierte Karrierefrau – ich verurteile das nicht als Lebensform. Es ist ja MEINE Lebensform. Wer weiß, wenn es bei mir nicht so gekommen wäre, wie es gekommen ist, hätte ich vielleicht heute auch keine Kinder. Ich habe damals noch studiert, der Vater meines Kindes hatte schon einen Job, so ging es finanziell. Später habe ich noch promoviert, es war eine sehr anstrengende Zeit. Wir schieben auf und schieben auf und schieben auf ... Dessen muss sich jede Frau bewusst sein, den richtigen Zeitpunkt für ein Kind zu finden, ist so gut wie unmöglich.» Und wenn man sich gegen Kinder entscheidet? «Ich bin nicht der Meinung, dass alle Frauen Kinder kriegen sollten. Aber ich will, dass Frauen die Möglichkeit haben, ein Kind zu kriegen und sich dennoch beruflich entfalten können.»

Viele Frauen, mit denen ich studierte, teilen sich in zwei Gruppen: Die, die sehr früh Kinder bekamen, mit Mitte zwanzig, und das «aus Versehen», weil ein Kondom «geplatzt» war, ein Diaphragma verrutscht oder sie nicht wieder eine Abtreibung über sich ergehen lassen wollten. Und jene, die wie ich kinderlos sind, darunter auch welche, die das bedauern. Die Furcht davor, sich durch ein Kind die so verheißungsvolle Zukunft mit ihren vielen Möglichkeiten zu verbauen, war einfach zu groß. Beruf und Kind – ich hätte mir das auch nie zugetraut. Es gab auch keine guten, selbstbewussten Vorbilder, die Mut gemacht hätten. Die,

die ihr Kind allein großzogen, taten das aus der Not heraus, weil der Vater des Kindes sich verdrückt hatte oder sich nicht in der Lage sah, die Rolle eines Familienvaters einzunehmen.

Eine Ausnahme ist meine Freundin Gaby. Gaby, bis heute meine treue Weggefährtin, lernte ich in den Achtzigern in dem Bistro eines Programmkinos beim Kellnern kennen. Sie studierte Amerikanistik und Romanistik und wollte wie ich Journalistin werden. Wir gründeten bald eine WG und feierten Partys in unserer Altbauwohnung, die samstagmittags begannen und sonntagabends aufhörten. Ein paar Jungs brachten ihre Gitarren und Verstärker mit und machten Musik, unsere Weinflaschen kühlten wir in der Badewanne. Wir standen auf die lässige Coolness von Patti Smith und das Spaßbekenntnis von Cindy Lauper, banden uns abgeschnittene Strümpfe ins Haar wie Madonna in «Desperately Seeking Susan» oder ließen unseren Pony so über die Augen fallen wie Chrissie Hynde von den Pretenders. Und als wir den Film «Working Girl» im Kino sahen, über den Aufstieg einer Sekretärin (Melanie Griffith), die ihre Chefin (Sigourney Weaver) vom Sessel kickte (und auch noch ihren Freund dazu bekam, gespielt vom damals unwiderstehlichen Harrison Ford), wären wir nie auf die Idee gekommen, uns zu fragen, weshalb die Frauen im Film keine Kinder hatten.

Als ich von Hamburg nach München zog, trennten sich Gabys und meine Wege. Mit 33 Jahren bekam Gaby einen Sohn, aber davon hörte ich nur. Auch, dass sie sich von dem Vater ihres Kindes getrennt hatte, dass es ihr aber gutging und sie dann mit ihrem kleinen Sohn, als er zwei war, für ein Jahr kreuz und quer durch Neuseeland gezogen sei. Und ich las Gabys Artikel in modernen «Zeitgeist»-Magazinen. Heute sehen wir uns oft, immer mit größter Freude, wir leben wieder in derselben Stadt und haben denselben Beruf. Gabys Sohn ist 17, und während ich in ihrer kleinen Küche sitze, mit der es keine Kneipe der Welt aufnehmen kann (von der Gemütlichkeit her und auch was den Inhalt ihres

Kühlschranks betrifft), überspielt er, auf dem Fußboden hockend, Fotos von seinem Surfurlaub an der Atlantikküste auf den Computer. Gaby war immer klar, dass sie Mutter sein möchte:

«Ich kann mich immerhin an drei Frauen erinnern, die alleinerziehend waren. Das waren aber keine Akademikerinnen, die kannte ich nicht von der Uni, sondern vom Kellnern und aus Krefeld, wo ich herkomme. Diese Frauen hatten Unterstützung, weil sie in WGs, auch in Häusern auf dem Land lebten, ihr Lebensmodell war nicht von vornherein so festgezurrt: Papa, Mama, Kind, Eigenheim. Eine hat später noch in der Abendschule ihr Studium nachgeholt. Dass diese Frauen das so cool angingen, hatte bei mir zur Folge, dass ich das auch entspannter sah. Als ich meinen Sohn bekam, lebte ich auch mit einer Freundin und deren Tochter zusammen. Aber es stimmt: An der Uni kannte ich niemanden, der auch nur davon geredet hätte, Kinder kriegen zu wollen.

Dabei habe ich schon ab Mitte zwanzig gedacht, ich hätte nichts dagegen, sofort ein Kind zu kriegen. Mir fehlte nur der Mann. Mit über dreißig musste ich mich dann ranhalten, es hieß, in dem Alter sei es für eine Frau auch biologisch höchste Zeit. Der Vater meines Kindes ist nicht der ‹Versorgertyp›, aber den habe ich auch gar nicht gesucht. Insofern fiel ich auch nicht aus allen Wolken, als die Beziehung zerbrach. Ich fühlte mich dazu in der Lage, mein Kind auch wirtschaftlich selbst zu versorgen.

Existenzängste hatte ich nicht, als mein Sohn klein war. Wir hatten in den Neunzigern keine großen Befürchtungen um unsere Jobs, ich wusste immer, es würde weitergehen. Das bewahrheitete sich ja auch. Ich fühlte mich stark. Als ich 1993 zu meinem damaligen Chefredakteur bei Tempo ging und ihn fragte, ob ich wegen des Babys auf zwanzig Wochenstunden reduzieren könnte, hat der nur kurz hochgeblickt und freundlich gesagt: ‹Ja, klar. Aber vielleicht schaffst du ja auch dreißig, das bekommst du dann extra honoriert.› Heute kann man sich so eine Reaktion von einem Arbeitgeber nur schwer vorstellen. Dabei sollte es gerade umgekehrt sein.

Ein Kind zu haben, hat meine Freiheit nicht eingeschränkt. Vielleicht hat es meinen Horizont sogar erweitert. Wenn ein Kind klein ist, kann man viel mit ihm machen: Als mein Sohn zwei war, zogen wir beide ein Jahr durch Neuseeland, das Geld verdiente ich mit Reisereportagen für deutsche Magazine. Die Doppelbelastung habe ich nicht immer als schwer empfunden. Manchmal fand ich es toll zu spüren, dass ich beides schaffen kann.»

Gabriela, 51, Autorin und Journalistin, ein Sohn (17)

Wir sterben trotzdem nicht aus

«Kinderlose sind vor allem eines: schuld», schreiben die Autoren Günter Keil und Gisela Bruschek. Das Paar, das sich bewusst gegen Kinder entschieden hat, recherchierte für sein Buch «Generation Kinderlos», wofür Kinderlose heute alles in die Verantwortung genommen werden. Ein paar Schlagzeilen und Horrorszenarien aus den Medien: «Baby-Schock! In zwölf Generationen sind wir ausgestorben!» «Zu viele Singles, zu wenig Nachwuchs», «Deutschland vergreist», «selbstverliebte Wohlstandsgesellschaft», «das Versagen einer Generation vor dem Leben», «Wo früher Kinder tobten, werden Alzheimer-Patienten in Rollstühlen sitzen. Schieben wird sie keiner mehr: Wo heute Kinder ausbleiben, fehlen morgen die Eltern», «Was ist nur mit den Frauen los?»

Die Ängste, die da geschürt würden, seien nicht gerade die besten Voraussetzungen, hochmotiviert zur Tat zu schreiten, stellen Keil und Bruschek trocken fest. Auch für die Profilierungsnöte von Politikern müssen Kinderlose herhalten. Immer wieder findet sich jemand in der Politik, der durch das Modell «Umschichtung» einen Anreiz zur Familiengründung schaffen will: Kinderlose sollen (noch) höhere Abgaben leisten, Eltern weniger in die Rentenkasse einzahlen, aber später mehr bekommen. Der Anreiz zur Familiengründung soll also durch die Beiträge Kinderloser geschaffen werden, die ohnehin die höchsten Steuersätze zahlen. Wenn das kein Zwei-Klassen-Denken ist!

Das weisen Keil und Bruschek nach: Kinderlose leben nicht auf Kosten derjenigen, die Kinder haben. Sie zitieren aus Untersuchungen, die belegen, dass das sozioökonomische Wachstum sogar zurückgeht, wenn die Geburtenraten steigen. Kinderlos wird unser Land auch in Zukunft nicht sein: Mindestens drei Viertel der volljährigen Deutschen werden weiterhin eigene Kinder haben. Bei der Interpretation von Statistiken würden systematisch positive Faktoren ausgeblendet, simple logische Zusammenhänge übersehen, reine Zukunftsberechnungen als Wirklichkeit verkauft – «Hauptsache dramatisch», so Professor Gerd Bosbach, Professor für Statistik und Empirische Wirtschafts- und Sozialforschung an der Fachhochschule Koblenz. Was die oft beschworenen Untergangsszenarien anbelangt: 1975 brachte zum Beispiel jede bundesdeutsche Frau zwischen 15 und 45 im Schnitt 1,5 Kinder auf die Welt, berichtete der Spiegel im März 1975. Trotzdem hat sich Deutschland zu einem der wirtschaftlich stärksten Länder der Welt entwickelt. In den USA und England gibt es inzwischen sogar eine «childfree»-Bewegung von Menschen, die sich selbst «kinderfrei» statt kinderlos («childless») nennen. So wollen sie zeigen, dass sie eine bewusste Entscheidung getroffen haben – und keine «Opfer» sind.

Die Deutschen WOLLEN Kinder – zu diesem Schluss kommt auch eine Studie des Berlin-Instituts für Bevölkerung und Entwicklung vom Juni 2007. Danach sind es nur acht Prozent der 25- bis 59-jährigen Deutschen, die freiwillig kinderlos sind, also keine Kinder haben und bisher auch den Wunsch danach nicht verspürten. Über ein Drittel, nämlich 36 Prozent, sind ungewollt kinderlos oder wünschen sich Babys (eingerechnet auch die, die schon Nachwuchs haben, aber mehr wollen), hochgerechnet sind das rund 12,8 Millionen Menschen. Der meistgenannte Grund für Kinderlosigkeit ist, noch nicht den richtigen Partner gefunden zu haben. An zweiter und dritter Stelle stehen berufliche und finanzielle Ursachen.

Immerhin 1,4 Millionen Männer und Frauen geben an, dass es bei ihnen mit dem Kinderkriegen nicht klappt, obwohl sie es mehr als ein Jahr lang «probiert» haben. Als einen Weg, die sinkenden Geburtenzahlen aufzufangen, schlägt die Studie des Berlin-Instituts eine finanzielle Förderung der Reproduktionsmedizin vor. Die gesetzlichen Krankenkassen übernehmen seit der Gesundheitsreform nur noch 50 Prozent der Kosten für maximal drei Behandlungen. Früher wurden vier Behandlungen voll gezahlt.

Für diejenigen, bei denen es aus medizinischen Gründen nicht klappt, ist das Klischee von den egoistischen Kinderlosen eine schmerzhafte Spitze. Sie fühlen sich durch solche «Umschichtungs»-Diskussionen gekränkt, sogar diffamiert. Und die Rate der Paare, die sich vergeblich Kinder wünschen, steigt.

In Deutschland schwankt die Geburtenrate zwischen 1,36 bis 1,38 Kindern pro Frau. In der Schweiz und in Italien ist sie kaum höher, in den anderen europäischen Ländern liegt sie zwischen 1,85 (Finnland) und 2,0 (Frankreich).[8] In öffentlichen Diskussionen wird auch mantraartig darauf hingewiesen: Erst bei mindestens 2,1 Kindern pro Frau ist eine Gesellschaft in der Lage, die einheimische Bevölkerungszahl stabil zu halten. Die Geburtenrate in Deutschland sinkt allerdings nicht erst seit ein paar Jahren, sondern seit 1967, der Einführung der Pille in Deutschland. Die Journalistin Iris Radisch antwortete mit ihrem Buch «Die Schule der Frauen» 2006 auf Frank Schirrmachers «Methusalem-Komplott» und die damit losgetretene Medienkampagne gegen Frauen, die keine Kinder wollen. Radisch hält dagegen: «Wenn es einen Schuldigen an unserem demographischen Sinkflug gibt, dann ist es die Antibabypille» – über deren Einsatz auch Ehemänner, Geliebte und Lebensabschnittspartner sehr froh waren.

Pille mit Nebenwirkungen

Im Jahr 1971 trat der Stern mit der schon erwähnten Kampagne auf dem Cover («Wir haben abgetrieben!») eine Diskussion über die Liberalisierung des sogenannten Abtreibungsparagraphen los. Drei Jahre später beschloss der Bundestag die sogenannte «Fristenlösung», die eine Abtreibung bis zur 14. Schwangerschaftswoche straffrei möglich machte – was schnell wieder zurückgenommen wurde. Seit 1993 ist die Indikationslösung wirksam: Nach wie vor ist Abtreibung verboten. Der Paragraph 218 des Strafgesetzbuches liest sich so: «Wer eine Schwangerschaft abbricht, wird mit Freiheitsstrafe bis zu drei Jahren oder mit Geldstrafe bestraft.» Nur wenn besondere Indikationen vorliegen – also beispielsweise eine untragbare persönliche Situation, eine medizinische Indikation oder eine Vergewaltigung –, ist sie erlaubt. Will eine Frau abtreiben, ist sie verpflichtet, sich beraten zu lassen.

Eine Abtreibung war nichts, was man in den Achtzigern leichtfertig in Kauf nahm. Wie schmerzhaft und belastend so ein Eingriff sein konnte, bekam ich bei einigen Freundinnen mit, die durch Verhütungspannen schwanger wurden. Wer die Pille vertrug, entschied sich lieber dafür. Natürlich machte die Pille die Emanzipation der Frau erst richtig möglich. Sie legte aber auch die Verantwortung für die Verhütung komplett in die Hände der Frauen. Die Männer, mit denen wir schliefen, fragten meist erst nach dem Sex: «Aber du nimmst schon die Pille, oder?» (Und daran hat sich bis heute nichts geändert.) Die Pille bewirkte aber auch noch etwas anderes in unserem Denken: Sie gab der Entscheidung *für* ein Kind eine ganz besondere Tragweite. Wenn ich mich für ein Kind entscheide, dann muss ich meine Sache auch besonders gut machen!

Ich selbst stellte eine Menge Überlegungen an: Tauge ich überhaupt als Mutter? Wäre ich dem Ganzen gewachsen? Eine Karriere, die ich Schritt für Schritt planen konnte, schien mir kalkulierbarer.

Krieg der Mütter

Es muss nicht immer der hedonistische Single sein, der Mütter aufbringt. Manchmal zerfleischen sie sich auch gegenseitig. In Amerika gibt es die «mommy wars», Kriege zwischen «stay at home moms» und «career moms». Auf der einen Seite die konservativen, «guten Mütter», die in dieser hochtechnisierten Welt ihren Instinkten vertrauen und ihre «ureigene Rolle der Aufziehenden» übernehmen wollen (was natürlich angreifbar ist: Auch bei den Urvölkern waren die Frauen nicht allein für die Kinderbetreuung, sondern auch für die Nahrungsbeschaffung zuständig). Auf der anderen Seite die «schlechten Mütter». So eine «schlechte Mutter» ist zum Beispiel die Schriftstellerin Ayelet Waldman, die es gewagt hatte, in der New York Times 2005 den Satz zu formulieren: «Ich liebe meinen Mann mehr als meine Kinder.» Über Waldman ergoss sich ein Schwall an Hass-Mails und -Briefen, in der beliebten Talkshow von Oprah Winfrey wurde sie von aufgebrachten Müttern angebrüllt und fast verprügelt. Waldman, eine ehemalige Strafverteidigerin, hat sich daraufhin ihren Frust von der Seele geschrieben: «Böse Mütter» handelt von ihrem eigenen misslungenen Versuch, statt Karrierefrau die perfekte Mutter sein zu wollen. Waldmans Bekenntnis: So richtig haben Frauen die Rolle, mit der sie glücklich sind, noch nicht gefunden. Wie sie es auch drehen und wenden – sie schleppen immer noch Ladungen von Schuldgefühlen mit sich herum. Und wieso? «Weil Frauen den Anspruch haben, unbedingt perfekt sein zu wollen. Wem wollen wir es eigentlich immer beweisen?», fragt Waldman. Ich vermute: Wir wollen es vor allem unseren Geschlechtsgenossinnen beweisen. Den Männern fällt es ja nicht mal auf, wozu wir im Alltag so alles imstande sind.

Machen Kinder glücklich? Die jüngere Elterngeneration hat gerade der Mut zur Ehrlichkeit gepackt. Was diese Mütter und Väter schreiben oder lesen, nennt sich nicht mehr fröhlich «Frag mich, Schatz, ich weiß es besser!» oder «Papas Schwangerschaftskalender», sondern «Bitterfotze» oder «Kinderkacke». In «Kinderkacke» des Elternpaars Julia Heilmann und Thomas Lindemann ist von hängenden Brüsten die Rede und von seltsamen Geräuschen beim Geschlechtsverkehr – wenn man überhaupt welchen hat. Kurz: von allen Schattenseiten des Elterndaseins.

«Eine Bitterfotze ist für mich eine Reaktion auf eine kranke Gesellschaft», sagt die schwedische Autorin Maria Sveland, «sie ist das Gegenteil einer Märtyrerin, einer Frau, die Schmerz und Ärger herunterschluckt, während die Bitterfotze die Nase voll hat und auf die Barrikaden geht.» Sveland tat, wovon ungezogene Mütter am Ende eines langen Tages träumen: einfach abzuhauen, Kind und Mann zurückzulassen und auf einer einsamen Insel wieder zu sich zu kommen.

Der französischen Bestseller-Autorin Corinne Maier, zweifache Mutter, fielen in ihrem Buch «No Kid» gleich 40 Gründe ein, kein Kind zu kriegen – wohl weil ihr klar war, dass man schon gut munitioniert sein muss, um den Zuckerguss vom Glückliche-Eltern-Klischee anzukratzen. Maier geht es um Gesellschaftskritik, um eine Revolte gegen die «Diktatur des Kindes», gegen eine Gesellschaft, die uns unter Gebärdruck setzt: «Babys werden gehätschelt, aber sobald sie zu Jugendlichen heranwachsen, zeigt sich die Gesellschaft eher unfreundlich. Sie werden nur dazu gebraucht, sich in Produktionsketten einzureihen – wenn sie überhaupt einen Job finden.»

Glücksforscher sagen, die Frage «Machen Kinder glücklich?»

könne man so schon mal gar nicht stellen. Unser Gehirn neigt dazu, in der Erinnerung die schönen Momente den weniger schönen vorzuziehen. Klein Sofies selbstgemaltes Bildchen für Mami wiegt auf, dass sie sich eben noch auf dem Weg zum Kindergarten schreiend auf dem Boden gewälzt hat. Man kann es auch so sehen wie der Harvard-Psychologe Daniel Gilbert, selber Vater: «Kinder sind ein großer Quell der Freude – aber sie werden zum einzigen, weil sie so viel Zeit in Anspruch nehmen. Kino, Theater, Partys, Freunde treffen – all das verschwindet aus dem Leben von Eltern. Wenn die ihnen sagen, meine Kinder sind der größte Glücklichmacher, dann gibt es dafür eine einfache Erklärung: Wenn man nur eine Sache hat, die einen glücklich macht, dann wird die wohl der größte Glücksbringer sein.»[9]

Das New York Magazine machte im Sommer 2010 eine große Geschichte draus: «I love my child – but I hate my life», – ich liebe mein Kind, aber ich hasse mein Leben. Das Magazin der Zeit nahm sich dieses Trends zur schonungslosen Offenheit von Müttern kurz darauf an. Tenor des Artikels: Das passt heute alles nicht mehr zusammen. Die Art, wie wir leben wollen, mit einer demonstrativ zur Schau gestellten Lässigkeit. Unser übervoller Arbeitsalltag. Unser Mütteralltag mit einem Kleinkind, das sich ganz unlässig in einem vollen Zugabteil die Windel vom Leib reißt, aus Leibeskräften brüllend. Gibt es einen Ausweg aus dem Dilemma? Noch nicht – solange weiterhin Arbeitsalltag und Familie als getrennte Bereiche nebeneinander existieren. Und wir versuchen, in jedem Bereich perfekt zu sein.

Eine ganze Reihe von Untersuchungen belegen, dass Kinder zwar das Leben bereichern. Wer aber darauf hofft, insgesamt glücklicher zu werden, wird enttäuscht. Bei mehr als einem Kind steigt sogar die Wahrscheinlichkeit, dass sich die Lebenszufriedenheit spürbar verschlechtert: doppelt so viel Freude, aber nur halb so viel Spaß. Eine der bekanntesten Untersuchungen ist die des schon erwähnten Psychologen Daniel Kahnemann, der berufstätige Frauen in Texas fragte, wie sehr sie bestimmte Tätigkeiten schätzen – Kinderbetreuung erreichte nur Platz 16, weit hinter Freizeitbeschäftigungen wie Fernschauen, Telefonieren oder sogar Hausarbeit.

Der niederländische Soziologieprofessor Ruut Veenhoven hat die größte «Glücksdatenbank» der Welt aufgebaut. Aus der Menge an Umfrageergebnissen kann er verschiedene Kurven ableiten: Bei Alleinlebenden zum Beispiel bewegt sich die Kurve ganz gefährlich nah am Abgrund. Bei Menschen, die heiraten, steigt sie fast senkrecht in die Höhe. Aber dann, wenn Kinder kommen: oje. Veenhoven meint, dass Kinder deshalb einen negativen Einfluss auf die Glückskurve von Eltern haben, weil diese schlicht nicht vorbereitet sind auf die Mühen, die Kinder mit sich bringen. Sogar die eigenen Mütter halten mit der Wahrheit hinterm Berg, weil sie vielleicht gerne Großmütter werden wollen. Auf Dauer hilft also nur gegen die elterliche Schockstarre, ruhig auch mal rumzujammern vor anderen.

Manchmal leiste ich meiner Freundin Clara auf dem Spielplatz Gesellschaft. Dort habe ich beobachtet, wie leicht Kinder Objekte des Ehrgeizes ihrer Mütter werden: Die Kleinen werden gehätschelt und ausgestattet, als wäre die Rutsche ein Laufsteg.

Clara, die morgens die beiden Kleinen aufs Fahrrad schnallt, dann auf dem Weg zur Arbeit erst zum Kindergarten radelt, bis mittags arbeitet, dann wieder zurückradelt und schließlich die Kinder bis zum Zubettgehen um- und versorgt, hasst diesen Mütter-Wettbewerb, weil er sie immer wieder aufs Neue spüren lässt, dass sie es besser machen könnte. Sie fragt sich: Vielleicht stelle ich mich besonders doof an, dass ich schon seit Wochen nicht mehr die Zeit finde, zum Friseur zu gehen? Oder mir eine neue Jeans zuzulegen, die nicht so verbeult ist und nach Spielplatz aussieht? Während sie sich bisweilen wie ein abgehetzter Haus-

und Feldsklave fühlt, kann sie in Zeitschriften lesen, wie locker Promi-Mütter das alles wuppen: «Mutter sein ist die schönste Erfahrung – in einem Augenblick wirst du stark!» (Katie Holmes). Ganz zu schweigen von den Begeisterungsschreien von Germany's Next Top-Mutter Heidi Klum. Diese Frauen führen anderen Müttern vor, dass man trotz Kindern «etwas aus sich machen kann». Doch immer dem perfekten Leben hinterherzurennen, kann lähmend sein. Vollzeit berufstätig? Undenkbar, wenn man schon bei der Hälfte der Zeit das Gefühl hat, es niemandem recht machen zu können.

«‹Du hast es gut!› Fast jeden Tag um 14 Uhr, wenn ich das Büro verlasse, höre ich diesen Satz von meinen Kollegen und Kolleginnen. Und fast jeden Tag würde ich dann am liebsten losschreien. Mache ich aber nicht. Inzwischen sage ich einfach ganz galant: ‹Du aber auch!›
Denken die wirklich, ich verabschiede mich nach fünf Stunden Arbeit ins fröhliche Nichtstun? Und wissen sie eigentlich, dass ich jeden Morgen, wenn sie gegen halb zehn Uhr eintrudeln, schon über drei Stunden wach und beschäftigt bin? Selbst meine Arbeitswege sind durchgetaktet – als Einkaufs- und Erledigungsfahrten. Yoga, Kosmetik, Kaffeetrinken, mit einem Buch auf der Bank? Mit zwei kleinen Kindern und einem Mann, der beruflich meistens unterwegs ist, ist das nicht mehr drin. Seit sechs Jahren bin ich fremdbestimmt: Kinder, Termine, Notwendigkeiten diktieren meinen Stundenplan. Kaum eine Minute habe ich für mich – außer abends ab acht, und da bin ich müde bis komatös. Ich will nicht bemitleidet, nur endlich geachtet werden. Als berufstätige Mutter hat man zwei Jobs – und es ist alles andere als einfach, die miteinander zu organisieren. Nicht nur wegen der Termine, auch wegen der sehr unterschiedlichen emotionalen Ansprüche, die diese Aufgaben haben. Als Mutter bist du ein mitfüh-

lendes, umsichtiges, hochsensibles Wesen, im Job musst du die coole Nuss sein, pragmatisch. Und dann gibt es auf beiden Seiten immer dieses leicht kritische Unverständnis. Für mich war immer klar, auch als Mutter zu arbeiten. Weil ich meinen Beruf liebe, er ein Teil meiner Persönlichkeit ist und weil ich, wenn die Kinder größer sind und Mami nicht mehr das Zentrum ist, auch noch mitmachen will – im echten Leben. Aber dieses Gehetze zwischen der Arbeits- und der Familienwelt geht mir auf die Nerven und an die Substanz. Aber ich wollte ja beides! Und jetzt habe ich den Schmarrn – bin weder die Mutter, die ich gern wäre, noch die erfolgreiche Journalistin, die ich mal war und bleiben wollte. Stattdessen: Gehetze, Zweifel, Unzufriedenheit. Wenn andere Mütter auf dem Spielplatz bunte Brotzeitdosen mit geschälten Äpfelchen und Rübchen für ihre Kleinen ausbreiten, krame ich zwischen meinen Arbeitsunterlagen eine zerquetschte Semmeltüte vom Bäcker hervor. Wann bitte sollte ich Obst schnippeln? Manchmal schaffe ich ja nicht mal meinen Einkauf – wenn's im Büro länger dauert. Meine Kinder sind übrigens die einzigen, die keinen extra Tanz-, Musik- oder Malkurs besuchen – weil ich es nicht schaffe. Wir machen auch keine spontanen Ausflüge, wenn das Wetter danach schreit. Das Büro schreit immer lauter. Bin ich nun eine schlechtere Mutter? Ich bin auf jeden Fall eine gehetztere Mutter – das gefällt mir gar nicht. Und das alles dafür, dass ich arbeite, ‹drin›bleibe, keine Lücken im Rentenbescheid habe? Denn Erfüllung, Respekt, Bewunderung erfährt man als Teilzeitkraft seltener – oft wird man nur anteilig ernst genommen – eben so, als würde man als Teilzeitkraft nur mit einem Teil des Hirns zur Arbeit kommen. Manchmal wünsche ich mir, ich hätte die Chuzpe gehabt, meinen Job zu schmeißen und mich voll auf Kinder und Familie zu konzentrieren, mit Freude und ohne schlechtes Gewissen, bis die Kinder ins Gymnasium gehen. Vielleicht ein kleines bisschen nebenbei arbeiten. Und erst dann wieder voll einsteigen. Komplett unrealistisch, grummelt mein Mann. Leider hat er da wohl recht.»

Clara, 46, Redakteurin, zwei Kinder von 6 und 3 Jahren

Wie haben unsere Mütter das bloß alles hingekriegt? Blicken wir noch einmal viele Jahre zurück. Meine Mutter behauptet tatsächlich, bei ihr sei der Spaß trotz drei kleiner Kinder nicht zu kurz gekommen – was auch daran lag, dass in den Sechzigern und Siebzigern auch das bockigste Kind keine Chance hatte, etwas gegen das enorme Nachholbedürfnis der Kriegsgeneration – meine Mutter ist 1939, mein Vater 1935 geboren – auszurichten. Sie erzählt:

«Ich habe mit 17 meinen Mann kennengelernt und mit 20 geheiratet, wir wollten Familie – aber wir wollten auch ein Leben. Wir mussten so viel nachholen! Die Sechziger waren ja auch besonders heiß, da waren alle im Aufbruch. Wir waren so neugierig! Wir trafen uns mit Freunden, hörten laut Musik, gingen tanzen. Immer war etwas los, und es wurde viel gelacht. Wir waren auch unbedarft, machten uns nicht so viele Gedanken. Die Kleinen schleppten wir überall hin mit oder ließen sie auch mal abends alleine. Kinder liefen so nebenbei. Vielleicht bin ich auch egoistischer als andere Frauen. Im Familienleben wurde viel improvisiert, es war vieles unorganisierter, nicht perfekt. Und wenn man ein Buch gelesen hat und die Kinder wollten einen belagern, hat man schon mal gerufen: Jetzt nicht! Ich wollte mein Refugium haben.»

Eltern verstanden sich damals gut darauf, sich abzugrenzen. In den Sechzigern wurde bei uns, wie in vielen Familien, das Zuhause zweigeteilt. Es gab eine Kinder- und eine Erwachsenenzone, und es gab Zeiten, die wir gemeinsam verbrachten – nämlich alle Mahlzeiten und den Sonntag –, und solche, die nur meinen Eltern gehörten. Diesem Gesetz folgend erschien es mir nur logisch, dass ich das Wohnzimmer nur zum Fernsehen betreten durfte, das Elternschlafzimmer möglichst nie und das Esszimmer nur an Sonntagen. Wenn Besuch kam, durften wir Kinder nicht stören. Meine Mutter war 20, als sie mich bekam, eineinhalb Jahre später wurde meine Schwester geboren, sechs Jahre später kam dann das dritte Mädchen. Von Vorteil war unser Garten. Sobald wir uns allein fortbewegen und beschäftigen konnten, wurden wir nach draußen geschickt. Meine Mutter fing ziemlich früh wieder an zu arbeiten. Wenn sie zu Hause kleinere Jobs als freie Schreibkraft annahm, machte sie uns unmissverständlich klar, dass sie absolut nicht belästigt werden wollte, es sei denn, eine von uns hätte sich beim Herumtoben den Kopf aufgeschlagen. Meine Mutter sah sich nicht als «Muttertier»; sie wollte ein eigenes Berufs- und Sozialleben, und mein Vater wollte das ebenfalls. Sosehr sich beide Kinder gewünscht hatten (für meinen Vater hätten es sogar noch mehr sein können), so klar war es auch, dass sie deshalb nicht aufs Ausgehen und Freunde verzichten wollten. Heute gilt diese Abgrenzungspraxis als egoistisch. Kinder haben den letzten Winkel der Wohnung und die Privatsphäre ihrer Eltern komplett erobert. Oder sind Eltern einfach zu faul, Grenzen zu ziehen?

Candace Bushnell, die 52-jährige amerikanische Kolumnistin und erfolgreiche Autorin von «Sex and the City» und «Lipstick Jungle», hat auf die Frage «Wollten Sie nie Kinder haben?» geantwortet: «Nein. Ich konnte mir das nie vorstellen, nicht mal, als ich selbst noch ein Kind war. Ich weiß nicht, warum, ich wollte einfach eine andere Art Leben führen.»

Die Schriftstellerin Thea Dorn («Die neue F-Klasse. Warum die Zukunft von Frauen gemacht wird»), zwölf Jahre jünger als Bushnell, fiel es ebenso wenig schwer, sich gegen Nachwuchs zu entscheiden, dies aber aus intellektuellen Gründen: Ihr geht es um Selbstoptimierung. Als emanzipierte Frau will sie sich nicht über Männer oder Kinder definieren, sondern über das, was sie erreicht hat. Ihr Ziel: «Ich bin genau das, was ich sein will.» Sich so selbstbewusst gegen Kinder zu entscheiden, ist unüblich. Frauen «spüren» oder «fühlen» heute keine Lust auf ein Baby, So schreiben Frauen zum Beispiel in einem Brigitte-Online-Forum: «Wenn man diesen Wunsch nicht mal spürt, dann erübrigt es sich doch, nach Argumenten für ein Kind zu suchen»; «Mein Mann und ich haben beschlossen, dass wir keine Eltern sein wollen, zumal ich nie einen Kinderwunsch verspürt habe»; «Ich hatte nie das Gefühl, dass da eine Leere ist in meinem Leben, die ich ausfüllen muss.»

Vielleicht stimmt es ja: Es gibt keinen eingepflanzten Kinderwunsch. Der sei jedenfalls schwer nachzuweisen, behauptet die amerikanische Anthropologin Susan Hrdy. Selbst Mutter von drei Kindern, antwortet sie auf die Frage, warum sie Nachwuchs hat: «Ich kann es nicht sagen. Mein Mann wollte welche. Ich liebe ihn sehr.» Hrdy, die intensiv über die weibliche Fortpflanzung geforscht hat, kam zu der Überzeugung, dass Sex zwar (auch) passiert, um Nachwuchs zu zeugen – aber die emotionale Komponente interpretieren wir selbst hinein. Die Anthropologin sagt sogar, dass sich jede Mutter innerhalb von 72 Stunden nach der Geburt ohne hohe emotionale Kosten vom Kind trennen könne. Starke Gefühle entwickle die Frau meist erst in den Tagen und Wochen danach.[10] Die britische Soziologin Kristin Park, die mit bewusst Kinderlosen Tiefeninterviews führte, kam zu einem ähnlichen Ergebnis:[11] Ihre Interviewpartnerinnen gaben an, schlicht keine Lust auf Kinder zu verspüren oder Kindern generell gegenüber einfach desinteressiert zu sein. Eine wichtige Rolle spielen auch die Lebensmodelle, die das engste soziale Umfeld uns vorlebt, so Park. Unser Umfeld wirkt prägend auf unsere Wünsche. Ich bin da selbst ein gutes Beispiel: Seit ich 20 bin, lebe ich in einem «kinderlosen» Umfeld. An der Uni: kinderfreie Zone. Ebenso an der Journalistenschule. Und erst recht beim Jugendmagazin. Mal davon abgesehen, dass sich unser ganzer Arbeitsalltag generell ohne Kinder abspielt.

Will ich Kinder oder nicht? Frauen müssen diese Entscheidung jeden Tag aufs Neue fällen – oder spätestens immer wieder vor dem Sex. Gefühle sind da ein schlechter Berater, finde ich. Die Diskussionen um das Nichtvorhandenseins eines «Instinkts» helfen uns zwar insofern, als dass sie zumindest einräumen, dass durchaus «normal» ist, wer sich gegen Kinder entscheidet. Ich fürchte nur, Gefühle sind ein zu schwaches Argument, um darauf eine so folgenreiche Entscheidung aufzubauen. Will ich Kinder oder nicht? Ich bin für eine ganz rationale Beantwortung dieser Frage. Dazu gehört auch, sich ohne Scham einzugestehen, welche Prioritäten man im Leben setzen will. Und es ist vollkommen legitim, sich für eine andere Aufgabe als die der Mutter zu entscheiden. Oder für ein komplett selbstbestimmtes Leben.

«Mit Kindern kann man nicht mehr die Wochenenden durchfeiern. Man ist plötzlich gebunden, spießig. Das wollen viele nicht», war kürzlich im Rahmen eines Interviews zur Familienpolitik in der Frankfurter Allgemeinen Sonntagszeitung zu lesen. Das klingt, als würden Frauen sich wegen solcher Banalitäten gegen Mutterschaft entscheiden. Wir sollten aufhören, solche Klischees zu produzieren.

Männer haben auch nicht mehr Kinder als Frauen

«Die Diskussion um den Geburtenrückgang lässt die Männer außen vor», stellte die Journalistin Meike Dinklage 2005 in ihrem Buch «Der Zeugungsstreik» fest. Das ist unverändert so: Wenn es um den Geburtenrückgang geht, wird er als Frauenthema diskutiert. Und was ist mit den Männern? Diese stehen den Frauen in nichts nach, und das, obwohl sie keinen Knick in der Karriere befürchten müssen: Fast ein Viertel der 20- bis 49-jährigen Männer will einer Umfrage zufolge ganz auf Nachwuchs verzichten.[12] Ein weiteres Ergebnis: Frauen wünschen sich Partner, die ihnen Mut machen und die sie nicht auch noch in ihren Zweifeln bestätigen. Wollen Männer keine Kinder, steht im Vordergrund das Geld. Ein klares «Ja» bringen die meisten nur über die Lippen, wenn sie drei Dinge geregelt wissen: eine feste Partnerschaft, ein ausreichendes Einkommen und einen sichereren Arbeitsplatz.[13] Das ist heute immer schwieriger und später zu realisieren. Die existenziellen Unsicherheiten machen sie zu großen Zweiflern. Dabei könnten sie ruhig mehr auf ihre Partnerinnen bauen: Gerade die jungen Frauen fordern ja, dass sich bei Männern diese starken Rollenfixierungen auflösen. Meike Dinklage sieht aber noch ein anderes Motiv hinter dem Zögern der Männer: Bequemlichkeit. «Viele Männer erwarten von ihren Frauen ein eindeutiges Ja zum Kind. Nur dann stimmen sie einem Kind zu, denn das Ja impliziert auch die uneingeschränkte Bereitschaft, sich um das Kind zu kümmern», schreibt Dinklage. Wenn Männer sich Karrierechancen ausrechnen, sind sie am wenigsten dazu bereit, ihre Karriere zugunsten eines Kindes zurückzustellen.[14] Zusammengefasst bedeutet das: Ganz klar hätten wir mehr Kinder in Deutschland, wenn sich auch Männer in dieser Frage sicherer wären.

Wie sieht ein guter Mann zum Kinderkriegen aus? Ich weiß nur, wie er nicht aussieht. Lasse ich die Männer, mit denen ich längere, ernsthafte Beziehungen hatte, doch mal kurz Revue passieren: J. war Journalist, in ihm schlug ein Reporterherz. Er war häufig undercover unterwegs, davon angetrieben, Missstände anzuprangern. Die Kinderfrage ging unter in den Gesprächen über unsere beruflichen Leidenschaften, unsere Pläne, was wir in dieser Welt noch bewegen wollten. Dann H.: ganze sechzehn Jahre älter als ich und das Gegenteil von getrieben: Entspannt konnte er schon auf ein paar berufliche Erfolge zurückblicken –

und darauf, bereits zwei Kinder gezeugt zu haben. Noch eine Familie? Kam für ihn nicht in Frage. Darauf nahm ich Rücksicht, es hätte unsere Beziehung gefährlich verändert, zu sehr genoss er das Kontrastprogramm. JC.: ambitionierter Filmproduzent, bevorzugt in internationalen Krisengebieten unterwegs und gerade dabei, seine eigene Firma aufzubauen. Familiengründung? Dafür hätte ich in seinem Schneideraum übernachten müssen. A.: ebenfalls Journalist, der gerade das Joch der Ehe abgestreift hatte. Dass er sich ein Motorrad, Cowboyboots und eine E-Gitarre kaufte, hätte mich alarmieren müssen. Solche Männer schwingen sich ganz gern im Morgengrauen, wenn noch alles schläft, auf ihre Harley. Und plötzlich war ich 40. Aber ich fühle mich nicht als Opfer von männlichem Egoismus. Wer sich Kinder wünscht, sollte sich auch den Partner danach aussuchen.

Die Kinderhasserin

> «Seit Jahren beobachte ich bei vielen Frauen in meinem Netzwerk, wie ihnen das Leben im Job schwergemacht wird, sobald sie schwanger werden (…) Nun bin ich schwanger und erwarte mein erstes Kind. Bei uns im Büro sind es vor allem die kinderlosen Kollegen zwischen 45 und 55, die schwangeren Frauen das Leben schwermachen. Das gilt vor allem für die kinderlosen Damen in Führungspositionen. Der Geschäftsführer hingegen ist bereits auf mich zugekommen, um den Wiedereintritt ins Berufsleben zu besprechen. Er ist Familienvater.»
>
> *Antonia, in einem Leserbrief an die Frankfurter Allgemeine Sonntagszeitung, 19.09.10*

Es ist nur ein willkürlich herausgegriffenes Beispiel, der subjektive Eindruck einer Leserbriefschreiberin, die ich nicht kenne. Aber in den Ruf zu geraten, Kinder nicht ausstehen zu können, wenn (oder gerade weil) man selber keine hat, geht ganz schnell.

Egozentrismus nennt man die Neigung, die eigene Person als Mittelpunkt zu betrachten und alles von dieser Perspektive aus zu bewerten. Manche Mütter neigen dazu. Sie behaupten zum Beispiel, Frauen, die ihr Leben ohne Kinder verbringen wollen, würden das nicht freiwillig tun. Oder sie glauben: Immer wenn Kinderlose Schwangere sehen, reißen Wunden wieder auf. Kinderlose flüchten sich in Führungspositionen und lassen andere ihren Frust spüren. Tatsache ist: Je griffiger ein Klischee, desto mehr Anhänger findet es. In einem Artikel in der Frauenzeitschrift myself erzählt eine kinderlose, erfolgreiche Pianistin, auch nicht vorurteilsfrei: «Bei Frauen, die sich nur über ihre Kinder definieren, spüre ich oft Neid. Nicht auf meine Unabhängigkeit, sondern weil sie ihre Identitätssuche abgebrochen haben und Wünsche und Sehnsüchte auf ihre Kinder projizieren.» Und eine kinderlose Persönlichkeitstrainerin sagt: «Frauen reagieren mitunter vergrätzt, wenn ich von meiner Beziehung schwärme, ohnehin gönnen sie einander Erfolg, gutes Aussehen, Lebensglück nur mit knirschenden Zähnen. Ich werde nur von Frauen gefragt, warum ich keine Kinder will.»

Auf der einen Seite die Mütter, die das Gefühl haben, auf sie werde arrogant herabgeblickt. Auf der anderen Seite kinderlose Frauen wie ich, die, wenn sie einem Vorurteil begegnen, natürlich auch nicht an sich halten können.

Vor einigen Wochen besuchte ich ein Klavierkonzert. Der Pianist beugt sich für ein Pianissimo besonders hingebungsvoll über die Tasten. Plötzlich ein Flüstern hinter mir. Dann eine Kinderstimme, schon etwas lauter. Wieder Flüstern. Eine Mutter gibt ihrem ungefähr achtjährigen Sohn hinter meinem Rücken einen Grundkurs in klassischer Musik. Ich kann es mir nicht verkneifen, der Mutter zu verstehen zu geben, dass mich das ungeheuer nervt. Es entspinnt sich ein kleiner, zickiger Dialog, bis die Mutter ausholt zu ihrem stärksten Satz, für alle vernehmbar: «Sie …

Sie haben wohl selbst keine Kinder!» Was erwidert man darauf? Mir fiel nichts Besseres ein als: «Doch! Zwei! Und die liegen brav zu Hause und schlafen!»

An anderer Stelle habe ich die «mommy wars» erwähnt – es ist also nicht mal so, dass sich Mütter untereinander vorurteilsfrei begegnen. Im Gegenteil: Weil viele so hohe Ansprüche an sich selbst haben, erwarten sie das von anderen Müttern auch. So erzählt eine Texterin einer PR-Agentur, die nach ihrer Elternzeit wieder in ihre alte Stellung zurückwollte:

«Ich habe eine Mutter als Chefin, deren zwei Kinder im Teenager-Alter sind. Ihr Mann ist selbständig, er kann sich tagsüber gemeinsam mit einer Zugehfrau darum kümmern, dass zu Hause alles läuft. Als es nach meiner Schwangerschaft darum ging, wann und wie ich zurückkehre in meinen Job, als Abteilungsleiterin, fand ich meine Chefin keineswegs entgegenkommend oder offen. Im Gegenteil: Sie hat mir klar und deutlich zu verstehen gegeben, dass ich meine Arbeit nicht mehr so gut machen kann, wenn ich nur noch eingeschränkt da bin. Ich denke, mehr Unverständnis und Konkurrenz als zwischen Kinderlosen und Müttern gibt es zwischen berufstätigen und nicht berufstätigen Müttern. Da ist der Graben richtig tief.»

Sissi, 42, Texterin in Teilzeit in einer Presseagentur, verheiratet, ein Kind, 3 Jahre

Wir sind eine Familie

Mütter gegen Kinderlose, Singles gegen Verheiratete, Berufstätige gegen Nichtberufstätige – kommen wir so weiter? Es fehlt uns an gegenseitigem Verständnis und Selbstkritik. Die Journalistin Julia Karnick, die in einer Kolumne in der Zeitschrift Brigitte ihr junges Familiendasein beschreibt, singt ein Loblied auf ihre kinderlose Single-Freundin: «Die Letzte, die ich anrufen kann, wenn ich dringend ausgehen möchte, die Letzte, die nicht ständig auf die Uhr guckt, weil sie am nächsten Tag früh aufstehen muss, die Letzte, die mich daran erinnert, dass meine Art zu leben nicht die einzig mögliche ist. Wie kommen Singles darauf, dass Paare mit Kindern sie nicht brauchen, nicht hineinlassen wollen in ihr Leben? Ich brauche B. gerade, weil sie so anders lebt als ich.» So könnte es doch auch sein.

Kommen wir zu den Vorurteilen, die Arbeitgeber gegenüber werdenden Müttern pflegen: häufig krank. Mit den Gedanken schon am Wickeltisch. Hormonbedingte Unzurechnungsfähigkeit. In meinem beruflichen Alltag habe ich die gegenteilige Erfahrung gemacht und Frauen, die schwanger wurden, sehr schätzen gelernt: ihre Loyalität, ihr Engagement. Es war eben nicht so, dass mit der Botschaft «Ich bekomme ein Kind» schlagartig der Einsatz für das Unternehmen aufhörte, sogar im Gegenteil: Meine Mitarbeiterinnen waren sehr darauf bedacht, zu zeigen, dass eine Schwangerschaft sie nicht zu anderen Menschen macht und schon gar nicht zu jemandem mit Handicap. Manche fühlten sich gar so energiegeladen wie nie. Sie wollten selber nicht das Gefühl haben, sich wegen eines Babys aus der Welt zu katapultieren. Und manche konnten sich das auch gar nicht leisten: Heute werden Kinder in viel ungewissere Lebensumstände als noch vor zehn Jahren geboren, Partnerschaften sind emotional und finanziell längst nicht mehr so stabil. Bei diesen Frauen war immer die Bereitschaft da, sich weiter für das Unternehmen zu engagieren. Anders übrigens die Männer, deren Frauen schwanger wurden: Hier habe ich beobachtet, dass diese das Gefühl haben, sie müssten jetzt unbedingt mehr verdienen. Sie beginnen, ihre Fühler nach einem besser dotierten Job auszustrecken – anderswo. Statistiken besagen, dass Männer häufiger den Job wechseln. Frauen sind die loyaleren Mitarbeiterinnen. Wenn Frauen schwanger werden, löst das beim Arbeitgeber sofort den «Oje»-

Reflex aus – und eine panische Assoziationskette, die mit einem leeren Stuhl endet. Dabei wäre es viel sinnvoller, so früh wie möglich gemeinsam, sogar unter Beteiligung des werdenden Vaters, über Perspektiven zu verhandeln.

Auch Männer müssen mehr in die Verantwortung genommen werden. Mögliche Mütter UND mögliche Väter sollten vom Arbeitgeber schon bei Jobantritt signalisiert bekommen, dass ein Interesse daran besteht, gute Mitarbeiter/innen, auch wenn ein Kind kommt, zu halten. Ich bin der Meinung, beide müssen für die Betreuung des Nachwuchses in die Pflicht genommen werden. Väter sollten also ebenso wie Mütter dazu aufgefordert werden – bzw. die Möglichkeit haben –, flexible Arbeitsmodelle zu nutzen, und zwar längerfristig. Und Frauen muss klargemacht werden: Sich über viele Monate, gar Jahre komplett aus dem Berufsleben herauszuziehen, bedeutet, die eigene Zukunft aufs Spiel zu setzen. Das 2007 geänderte Unterhaltsgesetz fordert Frauen dazu auf, sich im Falle einer Scheidung nach dem dritten Lebensjahr des Kindes wieder einen Job zu suchen. Geschiedene Frauen sind dann, streng genommen, verpflichtet, für sich selbst zu sorgen. So muss es nicht kommen. Aber es kann. Oder so: Der Hauptverdiener fällt plötzlich aus, sei es krankheitsbedingt oder weil er seinen Job verliert. Davon abgesehen gibt es auch viele immaterielle Gründe, die dafür sprechen, sich beruflich zu engagieren. Mütter empfinden ihren Einsatz zu Hause und bei der Erziehung selten als ausreichend gewürdigt. Selbstbestätigung, die Honorierung der eigenen Fähigkeiten erlangen wir im Beruf. Sind wir nicht sogar dazu verpflichtet, unsere Talente auszubauen und zu fördern? Wir laufen Gefahr, das, was wir uns mühsam und über Jahre an Fähigkeiten angeeignet haben, aus dem Fenster zu werfen. Es gibt vieles, das dafür spricht, den Beruf nicht aus den Augen zu verlieren.

Aber es gibt leider auch eine Menge Fakten, die dagegen sprechen.

Erfolg macht glücklich. Vor allem Männer

«Wenn du etwas erklärt haben willst, frag einen Mann. Wenn du etwas erledigt haben möchtest, frag eine Frau.»
Margaret Thatcher, ehemalige britische Premierministerin

«Früher haben die Frauen auf ihrem eigenen Boden gekämpft. Da war jede Niederlage ein Sieg. Heute kämpfen sie auf dem Boden der Männer. Da ist jeder Sieg eine Niederlage.»
Coco Chanel, Modeschöpferin

Wie finden wir Lebensglück? Offenbar ist das eine Frage, die uns so beschäftigt, dass daraus ein ganzer Industriezweig entstanden ist: Eine Flut von Glücksratgebern überschwemmt seit Jahren Buchläden und Bestsellerlisten. Inzwischen gibt es auch Glücks-Kabarett, Glücks-Bonbons, Glücks-Geschenk-Boxen, Glücks-Training, sogar das Schulfach Glück. Wir wissen: Wer glücklich ist, lebt länger, wird seltener krank, wirkt attraktiv, hat mehr Freunde und die Aussicht auf den besseren Job.

Glücksforscher sagen, dass der Beruf eine wesentliche Quelle für Glück sein kann, besonders dann, wenn man darin auch eine gewisse Autonomie erfährt. Tägliche, kleine Herausforderungen bergen sogar die Möglichkeit, «Flow» zu erleben (geprägt hat diesen Begriff der ungarische Sozialwissenschaftler Mihaly Csikszentmihalyi). «Flow» muss man sich wie eine Art Trance vorstellen, die durch eine totale Konzentration des Geistes auf eine Aufgabe entsteht. Wir erleben «Flow», wenn wir mit einer Tätigkeit total verschmelzen; wir blicken vom Schreibtisch auf und bemerken, dass schon der Morgen dämmert oder wir ganz vergessen haben, etwas zu essen. Bedingung ist immer das Gefühl, eine kleine Herausforderung gemeistert zu haben. Dass wir uns ein kleines bisschen anstrengen mussten und unsere Kreativität gefordert war. Dann die Befriedigung ... aaah, fertig! Csikszentmihalyis Untersuchungen ergaben sogar, dass Frauen Berufstätigkeit positiver erleben als Männer: Frauen berichteten über mehr positive Gefühle, wenn sie am Computer arbeiteten, Konferenzen abhielten, telefonierten oder berufsbezogene Texte durcharbeiteten.

Auch ich liebe den Adrenalin-Kick, den ich erlebe, wenn ich im Job eine Aufgabe erfolgreich abschließen kann. Wenn ich gemeinsam mit Kollegen plötzlich auf eine Lösung komme oder etwas nach viel Arbeit endlich ins Rollen kommt, etwas «funktioniert». Wenn das, was vorher nur ein Gedanke war, Form annimmt.

Ein Beruf kann auch ein wunderbarer Antreiber sein, ein ständiger Ansporn, die eigenen Grenzen auszuloten und zu überwinden. Mich hat mein Job von Bremen nach Hamburg, dann nach Miami (auch der Liebe wegen), zurück nach Hamburg, nach München, auf einen Abstecher nach Berlin, dann wieder nach Bayern geführt. Er hat meine Neugier auf andere Menschen, auf Spielarten der Kreativität angefacht. Ich durfte hautnah in Lebenswelten blicken, deren Hauptdarsteller ich sonst nie getroffen hätte, beispielsweise den Vater, der über seine Leidenszeit im KZ nie mit seinem Sohn geredet hat – bis unser Magazin das Gespräch moderierte. Das Mädchen, das sich von seiner unheilbaren Krankheit nicht einschüchtern ließ und sogar mit ihrer Sauerstoffflasche in die Disco ging. Die Frau, die ihren Mann immer noch liebt, obwohl er eine Pistole auf sie abgefeuert hatte. Frauenzeitschriften zu machen hat mir auch auf amüsante Weise gezeigt, dass auch Profanes eine Botschaft haben kann: das Innere von Frauenhandtaschen oder Schuhschränken zum

Beispiel. Ich habe die motivierende Kraft und den Zusammenhalt von Teams erfahren. Freundschaften sind entstanden. In Konfliktsituationen habe ich mich selbst besser kennengelernt – auch meine unangenehmen Seiten. Ich habe gelernt, über meinen Schatten zu springen. Zu kämpfen, mich für eine Sache einzusetzen. Die Hefte, die ich gemeinsam mit anderen erdacht und auf den Markt gebracht habe, nenne ich gerne «meine Babys».

Es heißt oft, Frauen sei Geld bei ihrer Arbeit gar nicht so wichtig, sie seien stärker durch Inhalte motiviert. Wenn das so ist, müssen wir lernen, Geld zu schätzen. Für mich waren Geld und Inhalt immer miteinander verknüpft: Der Beruf war nicht nur dafür da, meine Lebenszeit mit etwas zu verbringen, das mich ausfüllt, sondern auch ein Mittel, mein Leben so zu gestalten, wie ich es mir erträume. Je weiter oben eine Frau auf der Karriereleiter ist, desto größer ihre Arbeitszufriedenheit, sagen Psychologen, denn mit der Position geht eine größere Gestaltungsfreiheit einher. Umso einfacher ist es auch, Kind und Karriere zu vereinbaren, weil die finanziellen Mittel da sind. Und umso besser ist auch die Zukunftsperspektive: Geld macht unabhängig.

So weit, so gut.

Das Märchen von der Chancengleichheit

Aber auch die engagierteste Businessfrau wird es demotivieren, wenn sie erfährt – mit Betonung auf «wenn» –, dass ihr Kollege, der keinen Hauch besser qualifiziert ist als sie, mehr verdient. Es ist gerade mal dreißig Jahre her, dass ein Gesetz verabschiedet wurde, das Frauen gleichen Lohn für gleiche Arbeit zusichert. Leider ist es definitiv so, dass Frauen immer noch spürbar weniger als Männer in entsprechenden Positionen verdienen.

Obwohl Deutschland eines der wirtschaftlich am weitesten entwickelten Länder ist, gehört es unter den Mitgliedsstaaten der

Europäischen Union zu den Nationen, die eine der größten Ungleichheiten bei der Bezahlung von Frauen aufweisen. Nur in 5 von 27 Ländern, nämlich in Österreich, den Niederlanden, Zypern, Tschechien und Estland, sind die Unterschiede zur Bezahlung von Männern noch größer. Das stellte die EU-Kommission im März 2010 noch einmal deutlich fest. Frauen in Deutschland verdienen im Durchschnitt 23,2 Prozent weniger als Männer, während der EU-Durchschnitt bei einer Differenz von 18 Prozent liegt. «In der derzeitigen Krisensituation kann sich Europa eine solche Lohndifferenz nicht leisten», sagt die EU-Kommissarin Viviane Reding.[15] Was sind die Gründe für die Ungleichheit? Zum einen die hohe Teilzeitquote von Frauen. Hinzu kommt ein hoher Frauenanteil in niedrig bezahlten Jobs. Und natürlich der Fakt, dass vielen Frauen trotz sehr guter Ausbildung häufig der Zugang zu den gut dotierten Führungspositionen verwehrt bleibt. Arbeitsmarktexperten stellen sogar alarmiert fest, dass sich seit zehn Jahren die Verdienstunterschiede zwischen Männern und Frauen in Deutschland weder bei den Führungskräften noch insgesamt signifikant verringert haben! Bemerkenswert: Das ist so, obwohl es eine freiwillige Vereinbarung zur Förderung der Chancengleichheit von Frauen und Männern gibt, die 2001 zwischen der Bundesregierung und der freien Wirtschaft vereinbart wurde!

Da zurzeit viele Statistiken über die Gehaltsunterschiede zwischen Frauen und Männern herumschwirren, darunter auch Stimmen, die sagen, es sei doch alles halb so wild, ein paar Argumente für die nächsten Gehaltsverhandlungen:

– Wenn von «Gender Pay Gap» die Rede ist, ist damit «der prozentuale Unterschied im *durchschnittlichen* Bruttostundenverdienst von Männern und Frauen» gemeint (also die bereits zitierten 23 Prozent). Italien weist zwar auch Gehaltsunterschiede auf, hat aber den niedrigsten GPG: rund 5 Prozent.[16]

– Der bereinigte GPG, wenn also der Bruttostundenverdienst vergleichbarer Arbeit ermittelt wird, liegt in Deutschland bei etwa 8 Prozent. Das bedeutet, dass Frauen im Durchschnitt auch dann weniger als Männer verdienen, wenn sie mindestens gleich qualifiziert sind und einer vergleichbaren Tätigkeit nachgehen. Hierzu gibt es eine aktuelle Studie vom Statistischen Bundesamt (destatis), veröffentlicht 2010. Berücksichtigt man, dass Studien immer wieder belegen, dass Frauen zunehmend besser qualifiziert sind als Männer und an Schulen und Universitäten die besseren Abschlüsse machen, dann erscheinen auch die bereinigten 8 Prozent doppelt empörend.

– Der Verdienstunterschied auf Führungsetagen ist noch eklatanter: Unter den in Vollzeit angestellten männlichen und weiblichen Führungskräften in der Privatwirtschaft liegt dieser bei rund einem Viertel. Erst in den obersten Führungspositionen gleichen sich die Unterschiede wieder an. Dies geht aus den jüngsten Daten des Sozio-ökonomischen Panels (SOEP) hervor. Darüber hinaus erhalten Männer auch höhere jährliche Sondervergütungen, Gewinnbeteiligungen, Gratifikationen etc. Diese liegen im Durchschnitt um 36 Prozent über denen der Frauen.[17]

Selbst schuld! So heißt es immer wieder, wenn öffentlich über die Lohnunterschiede diskutiert wird. «Selbst schuld»-Argument Nummer eins: Frauen verhandeln schlechter. Das ist eine Behauptung, die objektiv noch nie gemessen wurde. Mir fallen übrigens sofort einige Frauen ein, die ich in Verhandlungssituationen als sehr tough erlebt habe.

«Selbst schuld»-Argument Nummer zwei: Frauen steigen zu spät wieder in den Beruf ein. Je kürzer der Ausstieg aus dem Erwerbsleben wegen der Kindererziehung, desto niedriger falle auch die Einkommenslücke aus. Alles schöne Theorie – die die Verantwortung wieder an die Frauen und nicht etwa an die Arbeitgeber zurückdelegiert. Viele Mütter können mit einem kleinen Kind nicht gleich Vollzeit wieder einsteigen, weil es in ihrem Umkreis nur ein mangelhaftes Betreuungsangebot gibt. Ich habe mit Frauen gesprochen, die erzählten, ihr Arbeitgeber habe sich gar nicht bemüht, ihnen ein attraktives, schnelles Wiedereinstiegsangebot zu machen. Stattdessen sei die Haltung eher abwartend gewesend: Mal sehen, ob Sie überhaupt wiederkommen!

«Selbst schuld»-Argument Nummer drei: Frauen setzen noch zu sehr auf frauentypische, geringer bezahlte Ausbildungs- und Berufswege. Neue Zahlen berichten da aber das Gegenteil: So ist der Anteil der Studentinnen in Studiengängen, die für Managementposten qualifizieren, stark gestiegen.

EU-Kommissarin Viviane Reding räumt ein, dass das Gehaltssystem wenig transparent ist; Frauen wissen selten, was ihre männlichen Kollegen verdienen. Besonders Frauen, die in Spitzenjobs vorstoßen, in denen vorher nur Männer waren, fehlen die Maßstäbe. «Dies gilt insbesondere für leitende Positionen, die neben dem Grundgehalt hohe leistungsbezogene Anteile haben. Da das Thema Geld tabuisiert ist, kann man das auch nicht einfach von Kollegen erfragen», erzählt mir Prof. Dr. Jutta Allmendinger, die als erste Frau auf den Präsidentenstuhl des Wissenschaftszentrums Berlin für Sozialforschung gewählt wurde. Zumal Frauen ja Männer fragen müssten: «Mit diesen Schwierigkeiten haben Männer weniger zu kämpfen, weil sie in Netzwerken mit anderen Männern in Führungspositionen sind. Die reden dann abends bei einem Glas Wein darüber.»[18] Frauen halten ihr tendenziell niedrigeres Gehalt also für «gerecht», weil ihnen das Gefühl für den finanziellen Rahmen fehlt – nicht etwa, weil sie es gerecht finden, weniger zu bekommen. Es wird wohl keine einzige Frau geben, die wissentlich niedriger honoriert werden will als ihr Kollege.

Nur wenige kommen durch

Warum gibt es so wenige Frauen in Top-Führungspositionen? Interessant wäre es doch, hierzu jene zu befragen, die es nach ganz oben geschafft haben, dachten sich Gabriele Stahl und Nicole Mühling von der Frankfurter Unternehmensberatung Odgers Berndtson. Sie veranlassten 2009 eine Untersuchung: «Deutschlands Chefinnen. Wie Frauen es an die Unternehmensspitze schaffen». Die Studie ist insofern erwähnenswert, als sie meiner Kenntnis nach momentan die einzige aktuelle Untersuchung ist, in der Deutschlands Top-Managerinnen so gebündelt zu Wort kommen. Groß war die Untersuchungseinheit nicht: In der obersten Führung der 500 umsatzstärksten Unternehmen in Deutschland befanden sich zum Zeitpunkt der Befragung gerade mal 49 Frauen (das entspricht 2,4 Prozent der Vorstands- und Geschäftsführungspositionen, Stand: Juni 2009), 32 nahmen an der Studie teil. Wie ist es diesen kostbaren Unikaten gelungen, so weit nach oben zu gelangen? Haben sie etwas, das sie vor anderen auszeichnet? «Es gibt kein ‹Jein› zur Karriere als Top-Führungskraft», sagt die 51-jährige Dr. Angelika Dammann, 2009 noch im Vorstand von Unilever (seit Juli 2010 ist Dammann die erste Frau im Vorstand von SAP, dem größten Software-Hersteller Europas). Das heißt: Frauen müssen akzeptieren, dass sie Abstriche machen müssen, dass der Partner, die Kinder, Freunde, Hobbys zu kurz kommen. Dammann, Mutter eines Sohnes, beobachtet jedoch, dass viele Frauen diese Opfer nicht in Kauf nehmen wollen. Fazit: Wer an die Spitze will, sollte nicht nur sein Privatleben perfekt organisieren, sondern auch ohne Bedauern beharrlich seinen Weg gehen. Dammann macht auch die Erfahrung, auf ihrem Karriereweg immer wieder Vorurteilen zu begegnen: «Oft wird erst mal geschaut, wie man aussieht, bevor einem zugehört wird.»

Und wie überwindet man die Vorurteile? Durch «außerordentlich hohe Leistungsbereitschaft» und «enormes Durchhaltevermögen».

Fast jede zweite der von Odgers Berndtson befragten Chefinnen hat übrigens Kinder. Und keine sieht die Vereinbarkeit von Familie und Beruf als Karrierehemmnis. Das verwundert insofern nicht, als es diesen Frauen finanziell leichtfällt, für eine Rund-um-die-Uhr-Kinderbetreuung zu sorgen. Und würden sie es als schwierig erachten, hätten sie es womöglich gar nicht bis nach oben geschafft: Sie haben schon von vornherein das Talent, ihr Leben perfekt zu organisieren. Aber auch die Spitzenfrauen sehen noch deutliche Karrierehindernisse: Von den Unternehmen fordern sie «Rückhalt bei der Bewältigung der Doppelrolle durch flexiblere Arbeitszeiten und Kinderbetreuungsmöglichkeiten in Notfällen». Und einen Bewusstseinswandel bei den männlichen Vorgesetzten: Wenn Männer Kinder haben, wird es positiv bewertet. Bei Frauen ist es leicht ein K.-o.-Kriterium.

Die 53-jährige Petra Hesser leitet ein Unternehmen mit 14 000 Beschäftigten und 3,34 Milliarden Euro Jahresumsatz. Die Geschäftsführerin von Ikea Deutschland hat keine Kinder. Das hat die Sache vereinfacht, sagt Hesser: «Ich musste nicht Familie und Kinder organisieren.»[19] Ihr Karriereweg verlief schnurgerade. Von Petra Hesser wird gern die Anekdote berichtet, wie sie durch ein Warenhaus in der Provinz schlenderte, ihr es dort sehr gefiel, und sie sich sagte: «Ich will einmal Chefin werden.» Hesser hat auf ihr Ziel hingearbeitet, schon mit 24 kam die Betriebswirtin zu Ikea. Sie erzählt, sie habe selten an sich gezweifelt, sondern ja gesagt zu neuen Aufgaben und mehr Verantwortung. Und sie habe zwei Mentoren gehabt, die sie förderten.

Und wie bekommen wir nun mehr Frauen in die Top-Etagen? Nötig sei, da sind sich Deutschlands Chefinnen einig, ein uneingeschränktes Ja zur Karriere seitens der Frauen. Und gezielteres Netzwerken: Frauen haben immer noch Hemmungen, ihre Kontakte nicht nur für soziale, sondern auch für berufliche Belange zu nutzen. Sinnvoll sind auch die Einführung einer Frauenquote (weil eine gesetzliche Regelung temporär hilfreich wäre, um den Frauenanteil in deutschen Führungsgremien spürbar zu erhöhen), Führungskräfte- und Mentoring-Programme und ein Image-Wandel: Berufstätige Frauen und Mütter sollten nicht mehr so vielen Vorurteilen wie heute begegnen müssen.

Mich wundert übrigens nicht, dass die Spitzenfrauen angeben, sie vermissten bei Frauen häufig den eindeutigen Willen zur Karriere: Ihre eigene Erfahrung hat sie geprägt. Das kann im Umkehrschluss aber nicht heißen, dass, wer es nicht nach oben in die Festung schafft, einfach zu faul oder zu ängstlich ist. Jene mögen vielleicht nur nicht ebenso viel geben wollen wie Männer. Übrigens liegt der Frauenanteil in den Vorständen der 100 umsatzstärksten Unternehmen inzwischen bei unter ein Prozent – er ist sogar rückläufig.[20]

Der Wunsch ist der Weg

Frauen planen selten, lassen sich lieber treiben und folgen bei ihrer Ausbildung eher ihrem Gefühl und nicht dem Arbeitsmarkt, so heißt es immer wieder. Obwohl Absolventinnen von mathematischen und naturwissenschaftlichen Fächern beste Jobaussichten haben, meiden sie diese Fächer. Aber siehe da: Die aktuelle OECD-Studie 2010 (Organisation for Economic Co-operation and Development) dokumentiert, dass Frauen gar nicht (mehr) so kurzsichtig sind: Die Studie hat die zehn beliebtesten Studien nach Erstsemestern ausgewertet. Es studieren mehr Frauen als Männer Betriebswirtschaftslehre, Rechtswissenschaften, Mathematik und Medizin. In Germanistik ist der Anteil der Männer verschwindend gering, in den Wirtschafts- und Sozialwissenschaften ist das Verhältnis ziemlich ausgewogen. Und das Hamburger Abendblatt fasst im Oktober 2010 einen Bildungsbericht von 2008 so zusammen: «Man kann Frauen nicht mehr vorwerfen, dass sie sich in den Geistes- und Kulturwissenschaften verschanzen.» Über 50 Prozent studieren Fächer, die als klassische Startposition für eine Managementkarriere gelten!

«Das von Frauen am häufigsten genannte Karrierehindernis sind seit 1986 die Vorurteile gegenüber Frauen als Führungskräfte», sagt die Hamburger Betriebswirtschaftsprofessorin Sonja Bischoff. Seit 25 Jahren forscht sie über Männer und Frauen in Führungspositionen. Bischoffs Argumentation rankt sich im Wesentlichen um einen Kernpunkt: Frauen haben auf dem Weg nach oben mit sehr viel mehr Widerständen als Männer zu kämpfen. Bischoff kritisiert die Frauen aber auch: Würden sie etwas planvoller und zielgerichteter handeln, lösten sich diese Widerstände schneller auf. Bischoffs Studien belegen, dass vor Studienbeginn doppelt so viele Männer wie Frauen wissen, dass sie eine Führungsposition erreichen wollen.

Als Prof. Dr. Sonja Bischoff 1967 Betriebswirtschaft in Hamburg zu studieren begann, saß sie mit vier anderen Frauen im Hörsaal – der Rest waren Männer. Was folgte, ist eine klassische Wissenschaftskarriere: 1971 Abschluss des Studiums, dann Assistentin am Lehrstuhl für Allgemeine Betriebswirtschaftslehre, 1975 wurde sie Hochschullehrerin, 1986 Professorin. Ein gutgeplanter Lebenslauf also? «Da war natürlich auch Zufall im Spiel», sagt die 63-Jährige in norddeutschem Tonfall und lacht. Wir sitzen in ihrem Professorenzimmer an der Hamburger Uni, eingezirkelt von Regalen, aus denen Papierstapel ragen, Bücher und Kartons, randvoll mit Unterlagen. Sie hat sich schon am Telefon dafür entschuldigt, einige Umbauten sind gerade im Gange. Sonja Bischoffs akkurate Erscheinung steht im genauen Gegensatz zu ihrer Umgebung: das schwarze Outfit, kombiniert mit schwarzen Pumps, dem leuchtend lila Schal als Hingucker und dem farblich abgestimmten Lippenstift. Dazu ihre Markenzeichen: die große Brille im Porsche-Design, die akkurat gescheitelten Haare, die vorderen Strähnen jeweils zu einer exzentrischen Rolle umgeschlagen. Eine Frau, die aussieht, als würde sie die Dinge nur ungern dem Zufall überlassen.

«Man kann nicht alles planen», sagt sie dann auch, «aber man kann alles wollen, das ist das Entscheidende. Wenn ich etwas will, dann entwickle ich auch eine gewisse Energie, das durchzusetzen. Im Sinne einer self fulfilling prophecy passiert's dann auch.»

Sonja Bischoff sitzt entspannt in ihrem Sessel, die Beine übereinandergeschlagen, sie spricht leise, aber bestimmt. Hin und wieder löst sich der Blick vom Gegenüber und schweift hinaus aus dem Fenster im fünften Stock, in die Ferne. Und in die Vergangenheit: Wie war das noch, damals? Wann fing sie an, etwas so zu wollen, dass sich Chancen wie von selbst ergaben?

Ihr Berufsweg beginnt mit einer erzieherischen Fehlentscheidung: Ihr Vater wollte, dass seine Tochter, die immer gut in Mathe war, Handelslehrerin wird. «Er meinte, das sei ein toller Beruf für mich.» Sie kann sich noch gut daran erinnern, wie sie sich durch die ersten Wochen des Studiums quälte, durch die verhasste Wirtschaftspädagogik, und dann doch widerstrebend ein Referat hielt. Das löste bei ihr dann endgültig die Erkenntnis aus: «Ich wusste, das geht nicht. Ich kann kein Leben vor mir haben, in dem ich an der Schule vierzig Jahre Buchhaltung unterrichte. Nein, wenn einem etwas nicht attraktiv erscheint, darf man's auch nicht machen.» Nach dem Referat ging sie schnurstracks zum nächsten Papierkorb und schmiss das verhasste Pädagogikbuch hinein und alle Unterlagen hinterher. Aber dann, noch bevor sie andere Pläne fassen konnte, starb plötzlich ihr Vater. Bischoff wurde über Nacht Unternehmerin: Alleingeschäftsführerin des familiären Omnibusunternehmens. «Ich hatte ja keine Wahl, an der Firma hing so viel dran.» Also fuchste sie sich rein in Finanz-, Lohn- und Kreditorenbuchhaltung und «blickte in finanzielle Abgründe». Die Firma war in einem schlechteren Zustand als vermutet, aber Bischoff biss sich durch, bekam sogar einen Verkauf hin. «Ich nahm mir vor: Das passiert dir im Leben nicht nochmal.» So knapp am finanziellen Desaster vorbeigeschlittert zu sein, wurde zum Schlüsselerlebnis: «Ich finde gerade für Frauen die finanzielle Unabhängigkeit absolut wichtig. Das ist Freiheit.»

Was dann folgt, ist eine Botschaft an junge Frauen, an jene, die laut Brigitte-Studie «auf dem Sprung» sind und beides wollen: finanzielle Unabhängigkeit und Zeit für die Familie. «Das funktioniert nicht», sagt Bischoff. «Man muss Prioritäten setzen, und das muss man den jungen Frauen auch klarmachen: Erst Geld verdienen. Und wenn das geregelt ist, dann kann man an das andere denken. Wer gut verdient, kann sich auch eine gute Kinderbetreuung leisten. Aber beides auf einen Schlag – das ist ein Modell, welches scheitern muss.» Sie selbst hat keine Kinder – hätte aber gerne welche adoptiert. («Wenn ich schon meine Zeit dafür einsetze, dann für Kinder, die schon da sind und denen es nicht gut geht.») Aber ihr Lebensgefährte wurde krank, und so musste sie den Plan aufgeben.

Aus Sonja Bischoff spricht die Ökonomin, jemand, der sich genau überlegt, was er tut und wie sich der Aufwand zum Ergebnis verhält. Für sich hat sie jedenfalls die Erfolgsformel gefunden: Gerade ist ihre fünfte Studie «Männer und Frauen in Führungspositionen der Wirtschaft» erschienen, sie hält Vorträge in ganz Deutschland, zum Beispiel unter dem Titel «Frauen führen. Können. Wollen. Sollen».

Was treibt Bischoff an? «Als ich die Idee für die erste Studie hatte, sagte ein Kollege: Hast du das nötig? So viel Arbeit und reich wird man ja auch nicht damit. Aber ich habe mir immer neue Arbeitsfelder gesucht und geschaut, was es noch nicht gab.» Neugier paart sich mit Zielgerichtetheit. An der Hamburger Uni hat sie das Masterprogramm Entrepreneurship gegründet, das sie bis heute leitet und wo sie unternehmerisches Denken und Handeln lehrt.

Wir brauchen mehr Anreize: Wäre in Firmen das Unternehmerinnenmodell – auch für angestellte Führungskräfte – populärer, sagt Bischoff, könnten Frauen Beruf und Familie viel leichter vereinbaren. Und so könnte es aussehen: leistungsabhängige Gehaltsmodelle, Ergebnisorientierung im Sinne des Unternehmens, gleichzeitig aber eine hohe Eigenverantwortlichkeit. Zahlen belegen, dass jene, die auf die Gestaltung ihrer Arbeit Einfluss nehmen können, glücklicher sind – und damit auch erfolgreicher: «Meine Vorstellung von der Zukunft ist, dass jeder Mensch, egal ob Mann oder Frau, das ausübt, was er am besten kann und was ihm am meisten Spaß macht. Und dann kriegen wir auch die Leistung, die wir brauchen.» Und wie gehen wir nun mit den Vorurteilen um, die Frauen auf jeder Ebene begegnen?

Bischoff ist gegen die Einführung einer Frauenquote. «Frauen müssen gut sein», sagt sie. Qualität setzt sich durch. Auf Dauer. Müssen wir dann noch Jahre warten, bis mehr Frauen die Spitze erklimmen? Mit der Quote zu arbeiten, findet Bischoff riskant: Jeder Job erfordere eine andere Persönlichkeit – und daran solle man sich halten: «Wenn auf Qualität gesetzt wird, ist es falsch, das fachfremde Kriterium Geschlecht anzuwenden.» Eine Diskriminierung der Männer sei ebenso verwerflich. Da ist er dann auch wieder, ihr Hinweis auf die sich selbst erfüllende Prophezeiung: «Ich rede nicht gern über Vorurteile, obwohl sie natürlich ein großes Thema sind. Aber in dem Moment, in dem wir darüber reden, begegnen sie Frauen auch.» Vorurteile lähmen, schüren Angst.

Das klingt alles wahnsinnig anstrengend, nach mühsamer Rackerei: Frauen müssen gut sein. Frauen müssen wollen. Frauen müssen fordern. Wieso sollten Frauen das auf sich nehmen?

«Wir müssen den Einkommensnachteil beseitigen.» Mit zunehmendem Einkommen steigt der Anteil zufriedener Frauen. «Und mit Geld sind Frauen durchaus zu locken.»

Auf dem Heimweg laufe ich von den Wirtschaftswissenschaftlern quer über den Campus zu dem Gebäude, in dem ein Teil der Bibliothek der Soziologen untergebracht war. Hier recherchierte ich für meine Diplomarbeit. Jetzt befindet sich dort ein Studentencafé. Aber das Programmkino nebenan, in dem ich «Deutschland, bleiche Mutter» sah, gibt es noch. Daneben die Pizzeria, in der ich gejobbt habe. Wann soll man anfangen, seine Karriere zu planen?

Ich kann mich noch erinnern, dass ich als junges Mädchen meine Zukunftsplanung mal so richtig in die Hand nehmen wollte. Ich ging zum Arbeitsamt, wo mir eine resolute Dame versuchte, den Wunsch, Journalistin zu werden, auszureden. Und damit auch ein Germanistikstudium, das ich ursprünglich geplant hatte. Besser sei doch Soziologie: Da könnte ich auch noch Lehrerin werden, wenn es mit dem Journalismus – leider eine brotlose Kunst! – nicht klappen würde. Meine Freundin im Nebenraum, die sich dort über die Arbeit einer Bild- oder Fotoredakteurin informieren wollte, stieß bei ihrem Berater auf das Missverständnis, sie suche einen Job bei der größten Boulevardzeitung. Eltern, so hat das Institut Forsa ermittelt, sind für Jugendliche die wichtigsten Ratgeber bei der Berufswahl. Aber nur 37 Prozent der Teenager orientieren sich an der Mutter. Auch Mädchen nehmen sich eher den Vater als berufliches Vorbild. Das muss sich ändern.

Die kanadische Psychologin Susan Pinker vermutet, dass es die Berufsbilder gar nicht gibt, die all den Fähigkeiten, Begabungen und ehrgeizigen Wünschen von Frauen entsprechen. Pinker hat sich in ihrer Forschung auf Verhaltensunterschiede von Geschlechtern spezialisiert. Auf dem Campus oder in ihrer Nachbarschaft begegnete die 53-jährige vielen Frauen, die mitten in einer verheißungsvollen wissenschaftlichen Laufbahn kündigten, um stattdessen Grundschullehrerin zu werden oder als Ingenieurin plötzlich auf Fitnesstrainerin umzusatteln. Pinker wertet das als ein Zeichen der Emanzipation: Die Frauen seien meist zufriedener als zuvor. «Am Anfang ihrer Karriere versuchen viele dieser leistungsstarken Frauen, den Erwartungen anderer zu entsprechen. Das stellt die alte feministische These, Frauen würden die gesellschaftlichen Geschlechterrollen leben, auf den Kopf. Nicht mehr die patriarchalische Ansicht, sie gehörten ins Haus, versklavt Frauen – sie werden von Erwartungen darüber eingeengt, welche Art bezahlter Arbeit wertvoller ist.»[21] Pinkers These ist, dass unsere Gesellschaft von einem männlich geprägten Standardmodell ausgeht. Je mehr auf männliche Fähigkeiten zugeschnitten, desto angesehener sind diese Berufe, und sie sind auch besser honoriert. Frauen sind nicht zu faul oder zu antriebslos einer Karriere gegebenüber. Es gibt schlicht zu wenig perspektivreiche, gut bezahlte Berufe, die auf sie zugeschnitten sind. Überspitzt formuliert heißt das: Warum soll ich zum Beispiel IT-Managerin werden, wenn dieser Job wenig teamorientiert ist, die Kollegen um mich herum sich am liebsten in ihre Computer vertiefen und ich auch viel Nachtarbeit auf mich nehmen muss? Es ist schon nachvollziehbar, weshalb Frauen auf solche Jobs wenig Lust haben.

Wir unterschätzen uns. Noch

«Wenn du mich mit 19 Jahren gefragt hättest, wie ich mich zehn oder zwanzig Jahre später sehe, hätte ich gesagt: Family, Kinder, Mann, das klassische Programm. Und natürlich auch einen Beruf. Dass aus mir eine Karrierefrau werden würde, das hätte ich dementiert. Ich hätte mir das auch nie zugetraut. Alles im Job kam so nach und nach. Ich hatte auch einige

Rückschläge, aber ich habe mich immer wieder schnell berappelt und habe mich auf etwas Neues eingelassen. Wenn eine Tür zufiel, ging eine neue wieder auf.»

Daniela, 47, Leiterin Public Relations eines Autokonzerns

«Der Zufall ist auffällig oft mit denen, die starken Willens sind», schreibt Thea Dorn in «Die neue F-Klasse». Das ist deshalb ein schöner Satz, weil er darauf hinweist, dass wir manchmal unsere eigene Kraft unterschätzen. Oft schreiben wir dem Zufall eine große Macht zu – aber es gehört auch Willen und Mut dazu, durch die Türen, die sich unvorhergesehen öffnen, auch hindurchzugehen. Leider werden wir nicht alle mutig geboren. Aber Angst kann auch ein Wegweiser sein. Ich war gerade Redakteurin bei einer jungen Frauenzeitschrift geworden und tippte etwas über Spliss-Haare in einen der ersten, kastenförmigen Apple-Computer, der heute bestimmt im Museum steht. Meine Haltung zum Leben: Gerade nach einem dreivierteljährigen Aufenthalt aus Florida zurückgekehrt, wo ich in einer Art erweitertem Ferienjob als Reiseleiterin gearbeitet hatte, wollte ich jetzt meine vernachlässigte Wohnung in Hamburg aufhübschen, endlich mal Bilder an die Wand nageln und sesshaft werden. Ich freute mich richtig darauf. Dann klingelte das Telefon, dran war mein ehemaliger Ressortleiter, der gerade in München ein neues Heft machte. Man habe ihn gebeten, doch jemanden für die Entwicklung und Leitung eines Jugendmagazins vorzuschlagen. Ob das nichts für mich sei? Ein Traumjob, nach dem sich alle jungen Journalisten die Finger lecken. Aber ich spürte nur Horror vor dem Ungewissen: neue Stadt, neues Unternehmen, neue Kollegen, neue Aufgabe. Als läge vor mir ein dunkler, großer Wald, den man zwar pfeifend durchqueren kann, aber trotzdem mit schlotternden Knien. Und dann stellte ich mir vor, wie es wohl wäre, wenn jemand anders an meiner Stelle den Job machen würde, während ich den Vorhangstoff für meine Wohnung aussuchte. Das verjagte die bösen Geister schlagartig.

Angst setzt Energien frei. Jeder, der einmal auf der Kirmes Achterbahn gefahren ist, kennt das Hochgefühl, wenn die Angst nachlässt. Wer Angst hat, zu versagen oder ins Mittelmaß abzurutschen, arbeitet härter und ausdauernder. Es heißt oft, Männer seien furchtloser, würden Herausforderungen kalt lächelnd entgegentreten. Dabei sind auch erfolgreiche Männer überraschend hasenfüßig, berichtete der Spiegel in einer Titelgeschichte über das «Lob der Angst»[22]: Der Regisseur Steven Spielberg verkroch sich als Kind bei unheimlichen Geräuschen sofort im Bett seiner Mutter oder rannte in Panik aus dem Biologieunterricht und übergab sich, weil er einen Frosch sezieren musste. Der Microsoft-Gründer Bill Gates verschanzte sich als Bub im Keller und wurde von seinen Eltern zum Psychologen geschickt, weil er so schutzbedürftig und schüchtern war. «Man muss ängstlich sein, um Großes zu vollbringen», so der Angstforscher Dr. Borwin Bandelow. Angst setzt gewaltige Mengen Energien frei. Viele männliche Künstler geben zu, unter peinigenden Panikattacken zu leiden. Vielleicht finden Männer eher ihre Nische, in der sie ihre Angst produktiv umwandeln können? Wer einmal die Angst vor dem Ungewissen besiegt hat, den verfolgt sie so schnell nicht wieder.

Da, wo die Angst sitzt, geht der Weg lang – das ist ein besseres Motto als jede Angstvermeidungsstrategie. Wir sollten es uns zu eigen machen.

Meine ehemalige Kollegin Susanne Fischer bildet heute im Libanon unter Lebensgefahr Journalisten aus und bekam für ihren Mut gemeinsam mit ihrem Team den begehrten Henri-Nannen-Preis. Sie kennt die Angst vor der realen Gefahr. Aber die Leidenschaft für ihren Beruf ist so groß, dass sie gelernt hat, dieser Angst zu trotzen. Als ich Redaktionsleiterin bei jetzt war, dem Jugendmagazin der Süddeutschen Zeitung, brach Susanne nach München auf und stand plötzlich mit ihrem Rucksack vor meinem Schreibtisch. Sie kündigte an, hier unbedingt arbeiten zu wollen. Das hat mir imponiert. Vor kurzem habe ich ihr gemailt: «Susanne, hast du den Rucksack noch?» «Ja!», schrieb sie aus Beirut: «Es gab bisweilen ähnliche Situationen in meinem Leben, ich habe auch diverse Male feste Stellen gekündigt, ohne zu wissen, was danach kommt, was sich im Nachhinein immer als goldrichtig erwiesen hat. Ich glaube, viele Lebensläufe, die sich an einem bestimmten Punkt lesen wie perfekt strategisch geplant, sind in Wahrheit, wenn man die vielen kleinen Weggabelungen ansieht, eine Mischung von Zufällen, Wünschen, richtigen und manchmal natürlich auch falschen Entscheidungen.»

Die Arbeitswelt ist männlich

«Ich bin nicht scharf drauf, unbedingt die Nummer eins zu sein.»
Magdalena Neuner, Biathletin, 5 Weltcupsiege, 3 WM-Titel, Sprint und Weltcup

«Ich finde es spannend, was ich alles bewegen kann. Ich weiß aber auch, dass diese Macht immer geliehen ist, dass man nur auf Zeit so viel Einfluss hat – und übrigens auch den Dienstwagen.»
Regine Stachelhaus, erste Frau im Vorstand von E.ON

Es hat mich immer amüsiert, zu beobachten, wie unterschiedlich Männer und Frauen mit dem umgehen, was man «Insignien der Macht» nennt. Wie viel Zeit Männer allein auf die Bestellung ihres BMW X6 verwenden, wie sorgfältig jedes Detail durchgeplant wird: Sportfahrwerk? Reifen 10 oder 12 Zoll? Multisoundsystem? Auch die Ausstattung mit dem richtigen Smart Phone und Laptop ist essenziell; darüber machen sich Männer gerne schon Gedanken (und die neue Sekretärin verrückt), noch bevor der neue Job überhaupt angetreten ist. Ohnehin werden Sekretärinnen gern auch mal für private Zwecke in Anspruch genommen: Ich habe schon beobachten dürfen, wie ein Chef seiner Assistentin eine Sporttasche mit schmutzigen Unterhosen in die Hand gedrückt hat. Der Assistentin war es so peinlich, damit in die betriebseigene Reinigung zu gehen, dass sie seine Unterwäsche heimlich zu Hause in ihrer Maschine wusch.

Ein Verlagsgeschäftsführer hat mir einmal erzählt, dass er mit

Männern regelmäßig über die Größe ihres künftigen Zimmers und die Anzahl der Türen verhandeln muss. In Amerika macht das corner office mit zwei Fensterfronten die Hierarchien klar, und es gibt natürlich auch Bücher, die solche Titel tragen: «Nice Girls Don't Get The Corner Office».

Macht. Ihre Symbole ...

Als ich Chefredakteurin von Glamour war, ergab es sich, dass der Chefredakteur des Männermagazins GQ genau über mir residierte, in einem identisch geschnittenen Zimmer mit identischem Firmenmobiliar. Ich konnte der Verlockung nicht widerstehen, in Glamour eine Fotoreportage über geschlechtsspezifische Büroeinrichtungen und ihre unterschiedlichen Botschaften zu machen. Im Büro des Chefredakteurs: hinter dem Schreibtisch als Blickfang ein großes Bild von einem Meer, das sich im Horizont verliert. An die Wand gelehnt ein nagelneues chromblitzendes Mountainbike. In der Ecke eine lässig hingeschleuderte Louis-Vuitton-Reisetasche, Marke Weltenbummler. Wenige, aber sehr ausgesuchte Fotografien in Mahagoni-Rahmen auf dem Schreibtisch: eine Porträtaufnahme des Vaters in Schwarzweiß. Die Ehefrau mit Kind, von einem berühmten Fotografen in Szene gesetzt, sicher der Patenonkel des Kleinen. Daneben und im Licht der minimalistischen Designerlampe ein paar wenige ausgesuchte Andenken von Fernreisen, alle aus schweren Materialien, ein Jadeelefant, ein Briefbeschwerer aus Lavagestein. Aber das Auffälligste war ein gähnend leerer Schreibtisch. Die Botschaft sollte wohl lauten: Leute, hey, ich habe meine Arbeit im Griff. Und wenn ihr mir doof kommt, verwirkliche ich einfach einen alten Männertraum: Die Welt ist meine Heimat!

Mein Zimmer sah komplett anders aus. Auf dem Schreibtisch Papier- und Zeitschriftenstapel, (für mich) erkennbar mit System angeordnet, mit vielen Post-its als Lesezeichen. Eine stilvolle Schale für Stifte. Hinter dem Schreibtischstuhl, über dessen

Lehne ein graues Kaschmirtuch hing: eine große Pinnwand, darauf sorgsam angeordnet Fotos der Freundinnenclique aus Studientagen, mehrere Schnappschüsse von Designern, die den Arm um mich legen, das Polaroid des kleinen Hundes einer Freundin. Viele Ausrisse aus Zeitschriften, Stimmungsbilder. Karten mit schwungvollen Widmungen: «xxxxlove! Stella» oder «Happy Birthday! Karl». Ein spanischer Fächer von einer Künstlerin aus Barcelona. Eine große Originalzeichnung eines bekannten amerikanischen Illustrators. Auf dem kleinen Konferenztisch: eine Duftkerze der Marke Diptyque, Duftrichtung Amber. Die Message des ganzen Raumes: Die Welt ist meine Inspiration. Die Form einer Wolke, die Farbe eines Steins, das Lächeln eines Kindes – alles fließt ein in meine Kreativität. Diese Sensibilität ist die Voraussetzung für meine Produktivität. Und ich bin immer produktiv. Bitte nicht stören! (Ein Kollege schwor sogar, die Zimmer aller Chefredakteurinnen des Verlags mit geschlossenen Augen «erriechen» zu können, wegen der vielen Duftkerzen.)

Wir inszenieren Macht nicht nur durch unser Verhalten, sondern auch in dem Raum, der uns umgibt. Wir dokumentieren, ob wir den Überblick behalten, gut vernetzt sind (natürlich mit den Wichtigen dieser Welt) oder uns auf internationalem Parkett gut bewegen können. Ich fand es immer etwas albern, sich so bewusst wie meine Kollegen mit den Insignien der Macht auszustatten: Mein erster Dienstwagen war ein Fahrrad, dann ein Mini Cooper. Ich entschied mich auch, in ein Arbeitszimmer neben dem Klo zu ziehen, weil in den Raum, der eigentlich mir zugedacht war, drei Mitarbeiter passten, die sich anderswo hätten stapeln müssen. Dass das zumindest in den Augen meines Chefs etwas zu viel des Guten war, habe ich erst gemerkt, als er witzelte, mir den «Mutter Teresa»-Orden verleihen zu wollen – was in seinen Augen natürlich keine angemessene Auszeichnung für eine Führungskraft war.

... und ihre Rituale

In einem Zeitschriftenverlag, für den ich arbeitete, fanden in regelmäßigen Abständen Meetings statt, um gemeinsam zu «brainstormen» und «nach vorne» zu denken. Der Kreis, in dem das Meeting stattfand, war ein ausgewählter. Zugegen waren meist ein Vorstandsmitglied und rund zehn Führungskräfte des Hauses, und mir wurde auch die Ehre einer Einladung zuteil. Muss ich betonen, dass ich die einzige Frau in der Runde war? Ein typisches Treffen: Brötchen mit Wurst und Käse, Hackbällchen und Wein stehen auf dem Konferenztisch bereit, denn unser Meeting ist open end gedacht. Die Atmosphäre ist entspannt, ein, zwei der Anwesenden sind besonders müde, frischgebackene Väter. Es ist nicht so, dass ich mich unwohl fühle in dieser Runde. Die Kollegen sind mir gegenüber besonders höflich. Einer rückt mir den Stuhl zurecht, ein anderer gießt mir Weißwein ein, ein dritter lächelt nett herüber, ich lächle zurück. Ich zücke meine Mappe, habe mich vorbereitet, mir Notizen gemacht, Wichtiges angestrichen. Der Kollege links neben mir drückt auf seinem Blackberry herum, rechts wird in Magazinen geblättert, und mein Gegenüber bekommt einen Anruf, er geht wortlos aus der Tür und kommt nicht wieder. Wer ist hier der Wichtigste? Ihn erkennt man daran, dass er ein Ritual der Macht perfektioniert hat: sich entspannt zurückzulehnen und zu genießen, dass der ganze Quatsch nur seinetwegen geschieht. Im weiteren Verlauf des Meetings spielen sich die Jungs die Bälle zu. Der Abend zieht sich hin, weil jeder zusieht, sich im richtigen Moment in Position zu bringen. Ich habe Mühe, dem Spiel zu folgen: Wieso behauptet Kollege X denn jetzt das, er hat mir doch vorhin was ganz anderes erzählt? Warum schaltet sich denn Y plötzlich in die Diskussion ein, der hat doch die ganze Zeit telefoniert? Ich stehe am Rand des Spielfeldes mit meinen Fleißkärtchen und kann nur noch zugucken. Und wenn ich mich dann doch noch aufraffe, ein Wort in die Runde zu werfen, fällt es wenig machtvoll aus. Frauen haben von Natur aus dünnere Stimmen, und meine hat sich im Laufe des Abend in ein hässliches Quietschen verwandelt.

Männliche Machtrituale: Jedes Jahr kommen neue Bücher heraus, die noch mehr Zaubertricks beschreiben, wie Frauen die von Männern geprägten Regeln überwinden können. Und so doof die Buchtitel und häufig auch der Inhalt sind – mal sind es die «märchenhaften Strategien» von Aschenputtel, das Uschi-Prinzip oder der Diva-Trick, mit denen wir die Männer überlisten können –, sie alle haben einen wahren Kern: Es ist nun mal die machthabende Gruppe, die die Regeln macht. Diese entsprechen natürlich nicht dem Ideal der Frauen. Müssen sich Frauen wirklich diese Regeln aneignen und sie im Berufsalltag mit Männern verwenden, um an Stärke zu gewinnen?

Meine Freundin Meike, Journalistin wie ich, hat gerade das «Arroganz-Prinzip» für eine Frauenzeitschrift getestet. Mir kommt das absurd vor: sich ein Verhalten anzutrainieren, das einem vollkommen wesensfremd erscheint. «Du kannst diese Rituale lächerlich finden – es wird dir nur wenig nützen», sagt Meike. «Genauso gut könntest du Englisch lächerlich finden. Es ist nun mal die Weltsprache. Und um sich im Business-Kosmos zu verständigen, kommt man nicht darum herum, mehrsprachig zu sein.» Meike ist fast zwei Meter groß, blond, schlank – und weit davon entfernt, in Männerrunden unsichtbar zu sein. Hat das Training etwas gebracht, knackt sie jetzt die Codes? «Es hat mir zumindest eine amüsierte Aufmerksamkeit auf die Spielchen gebracht.» Meike grinst ihr breitestes Lächeln. «Jetzt, wo ich darauf achte, merke ich: Die laufen wirklich überall. Auch in den Redaktionen, die sich aufgeklärt geben. Ja, ich denke, dass ich in Konfliktsituationen schon das ein oder andere Mittelchen zücken würde.»

Wie könnte man diese «Mittelchen», die Rituale der Macht definieren? Es sind – auch nonverbale – Kommunikationsregeln, die sehr hierarchisch gestaltet sind: bewusste, raumgreifende Körpersprache. Wenig lächeln. Wenig «Bitte». Lieber zu wenig sprechen als zu viel. Vor allem: nicht zu intellektuell. Wer einmal in Männerrunden saß, kennt das. Auch Frauen verfügen über eine Körpersprache. Köpfchen schief legen. Augenaufschlag. Von unten nach oben blicken. Lächeln. Und noch einmal lächeln. Wieder eine Frauenfalle: Dieses Verhalten signalisiert Unterwerfung. Stellen wir uns eine Gruppe von Männern vor, beim Geburtstag eines Kollegen oder in der Kaffeepause. Wer ist der Chef? Klar zu erkennen, der, um den alle herumstehen. Sind Frauen untereinander, neigen sie dazu, ihr Verhalten non-hierarchisch anzulegen: Die Chefin ist nicht der Mittelpunkt, alle amüsieren sich gleich. Die Kommunikationsregeln der Männer richten sich nicht explizit gegen Frauen – aber wenn Frauen, die eine andere Art der Kommunikation bevorzugen, sie nicht befolgen, können sie ihre Arbeit sehr blockieren.

Zwei weitere Beispiele: Eine junge, selbstbewusste Kollegin wurde vom Boss eines Familienunternehmens angeheuert, um eine neue Sparte aufzubauen. Sie sollte die Potenziale der Abteilungen prüfen, eventuell zusammenführen, und, wie es so schön heißt, Synergien nutzen. Die Leiter der Abteilungen waren ausnahmslos Männer. Am verstörendsten sei gewesen, erzählt die Kollegin, wie sehr diese sie durch einen einfachen Trick versuchten, auszubremsen: Die Männer schlossen sie von ihrer Kommunikation aus. Anfangs griff sie noch arglos zum Telefonhörer, um sich Durchblick zu verschaffen und ihre Informationslücken zu füllen, «aber da fiel ich ganz schön auf die Schnauze». Man verwies sie wie auf einer Behörde zwar freundlich, aber bestimmt, an andere Mitarbeiter. Bei Tagungen ließ man sie in den Pausen alleine mit ihrem Brötchenteller stehen, und wenn sie sich dann frech einfach irgendwo dazustellte, schaute man sie wortlos an. Wie sie ihr Problem gelöst hat? «Ich bin sehr, sehr hartnäckig.»

Männer können auch sofort jede kommunikative Klippe mit einem Vorgesetzten mit dem Thema Fußball überwinden. Da finden sie immer einen lockeren Anknüpfungspunkt. Aber stellen wir uns einmal eine Frau vor, die beispielsweise im Fahrstuhl auf ihren Chef trifft und die Atmosphäre mit der lässigen Frage auflockern will, ob Bayern-Spieler Toni Kroos zwar torgefährlich, aber nicht doch etwas schwach ist im Defensivverhalten – versprochen, sie kassiert gleich eine Bemerkung: Oho, eine Frau interessiert sich für Fußball! Und plötzlich wirkt sie gar nicht mehr locker, sondern anbiedernd. Obwohl sie mehr von Fußball versteht als mancher Kollege.

Die Unternehmensberaterin Marion Knaths ist mit ihrer Hamburger Firma, die sie kämpferisch «sheboss» getauft hat, eine der prominentesten Trainerinnen, die Frauen in Durchsetzungskraft schulen. Ihr Buch «Spiele mit der Macht» hatte ich mir vor einiger Zeit einmal in einem Flughafenkiosk gekauft. Es hat genau die richtige Länge für einen Businesstrip, gewährt einem auf unterhaltsame Weise einen Einblick in männliches Imponiergehabe und beschreibt Strategien, wie Frauen sich trotzdem durchsetzen können, zum Beispiel mit der Regel: «Wie Sie etwas sagen, ist entscheidender, als was Sie sagen.» Knaths verspricht: «Mit der richtigen Art zu kommunizieren können Sie die ‹gläserne Decke› durchstoßen, ohne sich dabei eine blutige Nase zu holen.» Die 43-jährige Wirtschaftswissenschaftlerin hat das Führungsverhalten aus nächster Nähe erlebt, als sie selbst einen Spitzenjob beim Otto Versand hatte. Zunächst hätte sie das einfach netter gefunden, wenn in den Meetings ein paar mehr Frauen gesessen hätten, des ungezwungenen Austauschs wegen, in den Pausen oder auf dem Weg zum Damenklo. Bald aber beobachtete sie, dass die wenigen Kolleginnen, die zugegen waren, ins Hintertreffen gerieten. Heute coacht sie ausschließlich Frauen.

Frauen sind oft zu nett und rücksichtsvoll, behauptet Knaths, eben so, wie es sie ihre gute Kinderstube gelehrt hat, nach dem Motto: «Sei freundlich und bescheiden, dann kann dich jeder leiden.» Männer hingegen lernen von klein auf andere Glaubenssätze, etwa: «Haste was, biste was.» Und das gilt nun mal in unserer Gesellschaft mehr. Knaths will mit ihren Coachings «mehr Frauen in die Spitze entwickeln.» Sie will Frauen ermöglichen, die unsichtbaren Regeln, die in den Organisationen herrschen, besser zu verstehen, um sich dann bewusst dazu verhalten zu können.

Ich möchte von Marion Knaths wissen, ob sie nicht dadurch, dass sie Frauen dazu anhält, das Spiel mitzuspielen, das System festigt. Wie groß ist die Chance auf Veränderung, wenn wir selbst nichts verändern? Auf meine Mail, ob sie Zeit für ein Gespräch hätte, kommt postwendend eine knappe, freundliche Antwort mit zeitnahem Terminvorschlag. Effiziente, schnelle Kommunikation, da hat sie manchen etwas voraus. Ihr Büro liegt ganz in der Nähe der Alster, an einem Kanal. Hamburg zeigt sich hier von einer seiner schönsten Seiten. In dem Raum, in dem wir sitzen, finden sonst Coachings statt. Keine überflüssige Dekoration, jede Ecke ist genutzt: ein Flipchart, ein paar Wasserflaschen auf einem Tablett, ein Bücherregal und auf dem Tisch eine Thermoskanne mit Kaffee. Nichts an den Wänden oder auf dem Tisch, was uns ablenken könnte. Knaths kommt in Jeans, Cowboyboots und Bluse, die Atmosphäre ist locker, aber konzentriert. Ich erzähle ihr von meinem peinlichsten «Regelbruch»:

Managementtagung. Alle Führungskräfte des Hauses sind versammelt, davon maximal ein Drittel Frauen. Dominierender Dresscode bei den Männern: Zurückgegelte Haare, Anzug, die besonders Mutigen tragen rosafarbene Hemden, sogar einer mit einem grasgrünen Kaschmirpulli wird gesichtet. In meiner Einfallslosigkeit bin ich in meine Nadelstreifenkombi geschlüpft. Das, was man bei Frauen als businesstauglich empfindet, orientiert sich an dem begrenzten männlichen Styling-Repertoire. Wir versammeln uns im Veranstaltungssaal, einer Art Audimax. Vorne begibt sich ein Manager nach dem anderen zur Präsentation der Jahresbilanzen ans Pult: Die Zukunftsaussichten, so düster! Bei der wirtschaftlichen Gesamtlage! Vor uns liegt ein Haufen Arbeit. Das wird nicht lustig. Der Spaß ist vorbei. Aber endgültig. Wir müssen den Gürtel enger schnallen. Die anderen nicken, kritzeln in ihre Blöcke, stellen hin und wieder eine höfliche Frage. In mir kochen die Emotionen. Ich habe in meiner Redaktion die ganzen vergangenen Monate schon gespart, kann kaum atmen, so eng sitzt der Gürtel. Ich will motiviert werden, nicht belehrt!

Und das sage ich dann auch. Stille. Schließlich: kurzes verbales Abwatschen aus Richtung des Stehpults. Im Verlauf des Tages wusste der Kritisierte dann meine Ansage geschickt rhetorisch für sich zu nutzen, indem er meinen Einwand immer wieder integrierte und seine Widerlegungen drum herum rankte. Spiel, Satz und Sieg. In der Kaffeepause beugen sich einige Kollegen zu mir und flüstern, sie seien da ja ganz meiner Meinung. Halten sich Männer auch an ihre Regeln, weil sie sich dahinter prima verstecken können?

«Von solch einem Regelbruch hat man lange etwas», sagt Marion Knaths und kann sich ein Lachen nicht verkneifen. «Das macht man genau einmal, dann nie wieder.» Ein klassischer Fall. «Frauen gehen viel eher in die Kritik, weil es ihnen um die Sache geht. Sie wollen eigentlich nur etwas richtigstellen. Und merken gar nicht, dass sie damit die Position des Ranghöheren angreifen.» Ich hätte mit guten Lösungsansätzen überzeugen sollen, statt jemanden scharf anzugehen und in die Situation zu bringen, sein Gesicht zu verlieren. Okay, das leuchtet ein. Aber wie geht man damit um, wenn einem bestimmte Verhaltensrituale wahnsinnig auf die Nerven gehen? Nützt nichts. Die Mehrheit macht die Regeln. Und was, wenn ich diesen ganzen Quatsch gar nicht lernen will? Knaths sieht das Ganze eher pragmatisch. Sie wertet nicht, betrachtet Frauen nicht als Opfer. Was bringt es, sich aufzuregen? «Es gibt nicht richtig oder falsch beim menschlichen Verhalten», sagt sie, «sondern günstig oder ungünstig im Hinblick auf ein Ziel.»

Viele Teilnehmerinnen ihrer Coachings bemerken danach, dass in ihrem Arbeitsalltag plötzlich Widerstände wegfallen, sie sich einfacher tun. Und darum ginge es ihr: Die Frauen erst einmal zu befähigen, «in diesem System erfolgreich zu operieren». Schließlich könne man ja eine Organisation nur verändern, wenn man auch die Macht hat, zu gestalten. Sie sagt auch: «Die hierarchische Kommunikation ist erst mal nichts Schlechtes. Was ich daraus mache, ist entscheidend.»

Mit Knaths könnte man endlos über Geschlechter-Stereotypen diskutieren, die Bewertungen, die wir beim Verhalten anderer vornehmen, dass Frauen und Männer Glaubenssätze in sich tragen, die wir als Kinder gelernt haben und die unser Verhalten bestimmen. Sie ist für die Einführung einer Frauenquote, damit Frauen sichtbar werden. «Folgendes Beispiel: Nehmen wir einen Mann, der durchsetzungsstark ist, damit sichtbar, und der seine Arbeit gut macht. Vielleicht fehlen ihm ein paar social skills, aber die wird er sich in einem Training aneignen dürfen. Und dann bietet man ihm eine Aufstiegsmöglichkeit an. Eine Frau, die diese social skills vielleicht schon hat und die ihre Arbeit gut macht, die aber durchsetzungsschwach ist, die wird gar nicht erst gezielt gefördert», formuliert Knaths griffig. «Wenn ein Mann auf seiner Ebene eine sehr gute Leistung erbringt, dann bietet er sich an für Höheres. Wenn eine Frau auf ihrer Ebene sehr gute Leistung erbringt, dann ist sie da genau richtig.»

Wenn wir wollen, dass sich die Regeln ändern, dann reichen wenige Frauen nicht.

Die gläserne Decke

Gibt es die gläserne Decke, oder gibt es sie nicht? Frauen verhalten sich zu ihrem eigenen Nachteil und benutzen die gläserne Decke als faule Ausrede, schrieb die Journalistin Barbara Bierach in ihrem Buch «Warum es kaum Frauen im Management gibt». «Anstatt die Ärmel hochzukrempeln und genauso hart zu arbeiten wie die Männer, flüchten die Frauen sich in die Mär von der Glasdecke», behauptete Bierach.

Der Begriff der gläsernen Decke ist vor über dreißig Jahren entstanden, als Wirtschaftswissenschaftler und Soziologen zum ersten Mal auf ein Phänomen aufmerksam wurden, das sie «glass ceiling» nannten, als Sinnbild dafür, dass die meisten hochqualifizierten Frauen in Unternehmen spätestens auf der Ebene des mittleren Managements hängenbleiben. Als Bierach 2002 ihr Buch schrieb, gab es trotz Frauenförderungsprogrammen in Deutschland nur knapp 4 Prozent Top-Managerinnen. Daran hat sich bis heute nichts geändert.

Bierach arbeitet jetzt in Sydney, weit weg von den Vorstadtvillen, in denen sie damals die Frauen mit ihren Kindern wähnte, die sich aus Bequemlichkeit dem Druck der Berufswelt entzögen. Glaubt sie immer noch, dass wir uns «einfach saublöd» verhalten? «Ja!», sagt Bierach, die nicht missverstanden werden möchte: «Ich will keinesfalls sagen, dass Karriere besser ist als keine Karriere. Jeder Weg zum Glück ist aus meiner Sicht gleich viel wert – ob nun als Hausfrau oder als Karrierefrau. Wogegen ich mich nur wehre, ist die strenge Rhetorik bei gleichzeitiger Handlungsverweigerung vieler Frauen, die meinen, dass alles besser wäre – und die Stimmung in den Unternehmen weniger kalt und hierarchisch –, wenn mehr Frauen dort was zu sagen hätten.» Selber antreten, Chefin werden, das Klima ändern wollten die Frauen dann doch nicht. Nach wie vor beobachtet Bierach immer wieder, dass Frauen liebend gerne in der zweiten oder dritten Reihe stehenbleiben. Nein, mit dem Karrierewillen der Frauen sei es immer noch nicht weit her. Und es gibt keine Vorbehalte gegen Frauen, keine vielzitierte «Glasdecke»? «Die meisten Frauen, die ich interviewt habe, sahen keine Glasdecke – kein Wunder, die waren ja auch alle im Vorstand. Dennoch: Viele Praktikerinnen sagen, die geringe Zahl der Topfrauen liege vor allem auch daran, dass viele Frauen einen so hohen Grad der Sichtbarkeit nicht aushalten wollen.»

Das finde ich nachvollziehbar: Sobald man im Vorstand ist, wird man permanent mit der Lupe betrachtet. Man kann sich gut vorstellen, dass das für Männer leichter auszuhalten ist als für Frauen, zumal bei Frauen Beurteilungen schnell auf das Äußere abzielen. Bierachs Zweifel allerdings bleiben: Frauen reden lieber über Karriere, statt sie wirklich machen zu wollen.

Okay. Angenommen, es ist Frauen wirklich zu mühsam. Wie können Frauen denn doch motiviert werden? Denn eines ist ja unbestritten: Wir brauchen, wollen mehr Frauen, die Lust auf Karriere haben. Und um Hindernisse zu überwinden, muss man sie kennen.

Männer wählen Männer …

Einen deutlichen Beweis dafür, dass männliche Denkmuster Frauen blockieren, liefert eine aktuelle Studie des Sinus-Instituts: Im Rahmen einer Milieustudie mit 500 Managern und Managerinnen privatwirtschaftlicher Unternehmen wurden mit 30 männlichen Führungskräften Tiefeninterviews gemacht. Um zu vermeiden, dass sozial erwünschte Antworten gegeben wurden, ließ man die Befragten über das genaue Thema der Studie im Dunkeln.[23] Zentrales Ergebnis der Studie: In der Wirtschaft gebe es seitens der Männer immer noch «massive informelle und kulturelle Bollwerke gegenüber Frauen». Das heißt: Wir können also noch so sehr wollen, dass mehr Frauen Firmenspitzen besetzen und auch die ökonomische Notwendigkeit erkennen. Aber in den Köpfen der Entscheider gibt es Denkmuster, die «wie ein mehrfach abgeriegeltes System» wirken, so der Soziologe Dr. Carsten Wippermann, der die Studie leitete.

Zunächst sprachen die befragten Männer – übrigens von männlichen Interviewern befragt – sehr positiv über Frauen in der Wirtschaft. Ambitionierte, kompetente Frauen – klar, die finden sie gut. Dass geschlechtergemischte Teams ein Unternehmen wettbewerbsfähiger machen, auch das wurde allgemein bejaht: Solche Unternehmen seien flexibler. Aber kaum gingen die Interviewer tiefer, waren die männlichen Entscheider mit Argumenten gegen die Besetzung einer Stelle mit einer Frau schnell bei der Hand.

Bedenken Nummer eins, nach wie vor: Frauen kriegen Kinder und stehen dann erst mal nicht mehr für das Unternehmen zur Verfügung. Aber auch sehr konservative Vorstellungen kommen immer noch zum Tragen. Zum Beispiel die Vermutung, Frauen in Führungspositionen hätten vielleicht keinen «stabilen familiären Background» (den nur das klassische Familienmodell gewährleistet, sprich, die gute Ehefrau im Hintergrund, die dem erschöpften Mann das Leben so gestaltet, dass er genügend Zeit und Muße hat, sich zu regenerieren). Dann baten die Interviewer die Manager darum, das Verhalten von Frauen zu bewerten. Frauen an der Spitze führten sich gerne als verbissene Einzelkämpferinnen auf, die Männer nicht nur kopierten, sondern sogar noch zu übertreffen versuchten, so die Meinung. Oder: Frauen seien zwar «wertvolle Arbeitsbienen», könnten aber nicht delegieren und wollten alles selbst machen. Das diskreditiere sie für Führungsaufgaben. Oder: In Spitzenpositionen sei zuweilen gnadenlose «Härte» gefordert, da es darum gehe, die Effizienz zu steigern und das Ergebnis zu optimieren. Nicht, dass man Frauen nicht zutrauen würde, diese Härte zu besitzen. Aber Härte gilt bei einer Frau als unpassend und unsympathisch. Sie würde dann keine positive Repräsentantin des Unternehmens abgeben.

... oder Frauen, die nicht beißen

Wie sollen Frauen in den Augen der Männer sein, um für Spitzenpositionen in Frage zu kommen? Auf jeden Fall nicht so wie die Männer selbst. Wenn Frauen entschieden auftreten, gelten sie als verbissen und hart. Das ist nun gar nicht schön anzuschauen und mitzuerleben. Und nun mündet diese, sagen wir mal, unterschwellige Angst der Männer vor dem «Mannweib» in einen rührenden Wunsch: Könnten die Frauen nicht eine «authentische» Art finden, ihre Führungsrolle auszufüllen? Ich finde diesen Punkt deshalb so interessant, weil das schizophrene Denken männlicher Entscheider hier so deutlich wird: Frauen sollen nicht zu weiblich, also nicht zu «weich» sein, aber auch keine mit männlichen Fähigkeiten ausgestatteten Wesen. So könnten sie den Männern ja zu Konkurrenten werden! «Einige Frauen auf dem Weg nach oben versuchen nach Wahrnehmung der Männer (...), die Rollen der Männer zu spielen, weil dies ihnen erfolgreich erscheint», so die Studie. «Im Habitus und Gestus wirken sie damit aber nicht authentisch.»

Und was genau verstehen die Manager unter «authentischem» Verhalten bei Frauen? Es bleibt schwammig:

> «Authentizität! Nicht einem theoretischen Bild nachzufolgen! Die Stärke kommt aus der Person heraus. Sachliche Qualifikation ist trivial, das ist immer Voraussetzung. Die Persönlichkeit wirkt aus sich heraus, nicht aus einem Schema, dem sie vermeintlich folgt. Das ist bei Männern allerdings auch so.»

> «Also, eine Frau, die sich in einer Führungsrolle in ihrem Verhalten wie ein Mann benimmt, macht eigentlich einen Fehler, weil sie ihre Stärke verlässt. Sie muss gar nicht den Mann

imitieren, sie ist selbst stark genug. Und da ist aus meiner Sicht das Entscheidende, das Selbstbewusstsein der jungen Frauen, authentisch zu bleiben und aus dieser Authentizität heraus zu agieren.»

(Zitate von Managern aus der Sinus-Studie «Barriere und Brücken»)

Es bleibt vor allem auch widersprüchlich. Gemutmaßt wird, Frauen seien zu weich. Aber wenn sie Härte zeigen, ist es auch nicht recht. Wie man es auch dreht und wendet: Wir können es den Männern nicht recht machen. Einigen wir uns doch darauf, dass der Wunsch nach «authentischem Führungsverhalten» für beide Geschlechter gleichermaßen gelten soll. Oder besser: dass es unabhängig vom Geschlecht gelten soll. Authentizität bedeutete nämlich auch, sich an der Übereinstimmung von Reden und Taten messen zu lassen. Also in Konferenzen nicht einfach nur den dicken Maxe markieren und herumschwadronieren, sondern: verantwortungsvolle Entscheidungen fällen. Bei einer authentischen Person wirken optischer Eindruck, das, was sie sagt, und ihr Verhalten zusammen – alles bildet eine Einheit. Eine authentische Person ist «stimmig» oder in all ihren (Verhaltens)-Äußerungen konsistent. Und dadurch glaubwürdig.

Interessant ist, wenn es um Vorurteile bei Bewerbungen geht, auch das Phänomen der «Homosozietät»: Dieses besagt, dass Gruppen dazu neigen, in «wir» – also jene mit den gleichen oder sehr ähnlichen Merkmalen – und «die anderen» zu unterscheiden. Daraus folgt, dass zum Beispiel bei Bewerbungsverfahren die Menschen eher bevorzugt werden, die das gleiche Geschlecht wie die eigene Gruppe haben, weil davon ausgegangen wird, dass Werte und Einstellungen geteilt werden. Es fällt auch leichter, Verhalten und Denkweise von Gruppenzugehörigen nachzuvollziehen und vorherzusagen. Ich kenne das von mir selbst. Logischerweise unterliegen diesem Phänomen auch Frauen.[24]

Macht ist nur ein Spiel

Männer ergreifen berufliche Macht in der Regel ohne Vorbehalte. Sie definieren sich ja auch überwiegend über beruflichen Erfolg. Auf die Party-Frage: «Und was machen Sie so?» zu antworten: «Ich bin ein toller Vater!» ist ein sicherer Small-Talk-Killer, zumindest unter Geschlechtsgenossen.

Frauen haben ein gespaltenes Verhältnis zur Macht. Schon der Begriff hat für sie einen negativen, unsympathischen Beiklang. Ist von Verantwortung die Rede, fällt ihnen die Beurteilung wesentlich leichter: «Verantwortung scheint für Frauen ein teilbares Gut zu sein, und daher finden sie es auch notwendig, dass so viele wie möglich in der Gesellschaft Verantwortung tragen», so Jutta Allmendinger, die in der Brigitte-Studie darüber geforscht hat. «Macht scheint für Frauen hingegen etwas Unteilbares zu sein. Wenn ich Macht habe, hat der andere keine oder weniger. Macht übt man auf Kosten eines anderen aus.»[25] Bei Männer ist Macht etwas Positives: je mehr, desto besser. Ein weiterer Unterschied, den Allmendingers Befragungen stützen: Frauen wollen führen, weil sie sich für kompetent halten. Männer, weil sie meinen, dass ihnen das zusteht.

Wären mehr Frauen in einer machtvollen Position, wären sie in der Lage, ein differenzierteres Bild von Macht zu bekommen. Und anderen Frauen auch weiterzuvermitteln, dass Macht nichts Negatives ist. Ich vermute, dass Macht gerade bei jungen Frauen sehr mit Vorurteilen behaftet ist, weil sie Macht bisher lediglich als Ohn-Macht erfahren haben.

Eine, die Macht viele Jahrzehnte lang als bereichernd empfunden hat, ist Angelika Jahr-Stilcken, die lange Zeit im Vorstand des Medienhauses Gruner + Jahr war. Sie illustriert im Buch «Frauen an der Macht», das von Maybrit Illner herausgegeben wurde, mit einem hübschen Beispiel aus ihrer Kindheit, wie sie spielerisch gelernt hat, was Macht bedeutet – und spielerisch sei sie auch immer damit umgegangen: Als kleines Mädchen spielte sie mit ihren drei Brüdern oft Indianer, mit Pfeil und Bogen, Federschmuck und einem aus Holz geschnitzten Marterpfahl im Garten. «Das war der Höhepunkt des Spiels: Wer wurde angebunden? Wer stampfte den Siegertanz? Das war die Macht. Und wenn Sie jetzt denken, dass es das kleine Mädchen war, das immer dran glauben musste, irren Sie.» Die inzwischen siebzigjährige Mutter von zwei Kindern war Gründerin, Herausgeberin und Chefredakteurin einer ganzen Reihe von Heften, von Schöner Wohnen über marie claire bis essen und trinken. Heute hat sie sich aus den operativen Aufgaben zurückgezogen und gehört zum Aufsichtsrat des Unternehmens. Jahr-Stilcken erzählt auch, dass es einen besonderen Motor, ein Motiv braucht, um Lust auf Macht zu bekommen: Bei ihr war es das Bestreben, sich von ihrem mächtigen Vater, dem Hamburger Verleger John Jahr, zu emanzipieren: «Diese Unabhängigkeit war der wichtigste Impuls für meinen Erfolg. Ich musste ihm und der Umwelt zeigen, dass ich es alleine schaffe.» Eines Abends, längst leitete sie schon erfolgreich ein paar Hefte, erlebte sie ihren großen Moment, ihr Schlüsselerlebnis: Sie unterhielt sich gerade mit ein paar Leuten, da nahm sie hinter ihrem Rücken die Stimme eines Mannes wahr: «Es war auf einem Empfang. Mein Vater stand hinter mir. Die Stimme auch. Sie stellte meinem Vater eine Frage: ‹Sind Sie nicht der Vater von Angelika Jahr?› Ich dachte nur: ‹Jetzt geht's los!› Und trank Champagner.»

Ich mag das Beispiel deshalb so gern, weil sich hier Gefühle vermitteln: Freude. Ein inneres Grinsen. Ein Hochgefühl. Aber auch Leichtigkeit, das Gegenteil von Verbissenheit. Ja, Macht hat mehrere Spielarten. Wenn ich überlege, wie ich zur Macht stehe, fällt meine Antwort schnell und eindeutig aus: Ich habe gelernt, berufliche Macht zu schätzen. Macht verschafft einem Gehör. Wie es ist, wenn alle immer lauter sind als man selbst und dadurch auch einfach mehr Spaß haben, erlebte ich als junges Mädchen. Ich war derart schüchtern, dass andere mich einfach vergaßen. Ehe ich mal meinen Mund aufkriegte, waren meine Schulkameradinnen schon beim Bummeln in der Stadt oder auf einer lustigen Party. Später, als Praktikantin, bekam ich schon bei dem Gedanken daran, auf Themenkonferenzen vor allen etwas sagen zu müssen, unübersehbare hektische Flecken im Gesicht. So kam ich natürlich nie zum Zug. Viele gute Geschichten, besonders Interviews, die ich so brennend gern gemacht hätte, sind mir so durch die Lappen gegangen. Aus Ärger über mich selbst habe ich mich dann um ein Praktikum bei einem Hörfunksender beworben. Es war grässlich: Ich musste mit einem riesigen, knallgelben Mikrophon in Fußgängerpassagen O-Töne einsammeln und armen Menschen die peinlichsten Fragen stellen. Aber plötzlich bekam ich Spaß an meiner Stimme. Obwohl ich das Praktikum nach ein paar Wochen schmiss, hatte ich danach raus, wie ich meine Schüchternheit in entscheidenden Momenten wegsperren konnte.

Macht macht Spaß. Sie gibt uns die Möglichkeit, etwas zu gestalten. Etwas entstehen zu sehen, zum Beispiel die Gründung einer Zeitschrift: Das hat mich immer mit Leidenschaft erfüllt. Ideen zu entwickeln. Ein Team zusammenzuführen. Die Dirigentin zu sein, die die vielen einzelnen Stimmen zu einem Gesamtsound zusammenfügt. Besonders glücklich gemacht hat mich vor zehn Jahren die «Komposition» und Lancierung eines kleinen, feinen Karrieremagazins für Frauen, das beides miteinander verband: Businessmode und Businessregeln. Ich habe noch alle Ausgaben zu Hause in meinem Regal. Das Titelthema auf der ersten Ausgabe lautete «Mit Spaß an die Spitze». Auf dem Cover war Claudia Schiffer zu sehen, in einer ungewohnten Pose: im hochgeschlossenen Businesskostüm, vor einem chromblitzenden Schreibtisch, darauf ein Laptop. Im Heft dann ein Porträt über das Model als Managerin, der es gelungen ist, ihren Namen zur Marke auszubauen. Das Heft war ein Bekenntnis zum Handeln: sich nicht abschrecken zu lassen, sondern selbst etwas zu bewegen. Im Mittelpunkt standen auch Frauen, bei denen es nicht so glatt lief wie bei Claudia Schiffer, die aber sagten: Hauptsache, das Leben ist nicht langweilig. Und noch eine wichtige Erkenntnis verrieten: Es wird überall nur mit Wasser gekocht.

Meine Arbeit bei Frauenzeitschriften hat mich einiges gelehrt. Zum Beispiel, dass ich sehr gerne mit Frauen arbeite. Frauenteams sind keine Zickenvereine, auch wenn das von Außenstehenden gerne mal behauptet wird. Meine Kolleginnen habe ich als sehr kooperativ, loyal und unterstützend erlebt (und Schwangerschaften haben das Engagement übrigens nie beeinträchtigt). Allerdings fand ich es auch immer wichtig, Männer *und* Frauen im Team zu haben, um beim Magazinmachen unterschiedliche Perspektiven auf Themen zu bekommen. Ich habe Frauen häufiger als offener und «gerader» als meine männlichen Kollegen erlebt – was natürlich auch daran liegen kann, dass Frauen untereinander leichter den passenden Ton finden. Männer lassen sich nicht so gerne in die Karten gucken, sagen lieber erst einmal nichts und checken die Gesamtlage. Erstaunt hat mich bei Gehaltsverhandlungen, dass Männer weniger mit ihren Fähigkeiten argumentierten, um ihre Forderung nach mehr Geld zu begründen, sondern zum Beispiel mit Familienzuwachs. Ich habe nie erlebt, dass eine Frau das tat.

Was ist ein positiver Umgang mit Macht? Macht innezuhaben um der Macht willen führt im Business zu nichts. Es demonstrativ darauf anzulegen, andere ihre Unterlegenheit spüren zu lassen, schadet dem unternehmerischen Ergebnis. Dominanzgebaren lässt ein Vertrauensverhältnis gar nicht erst entstehen, dabei ist es wichtig, auch einen persönlichen Zugang zu Mitarbeitern zu haben: Wer sich anerkannt fühlt, ist auch motiviert. Um in einer verantwortungsvollen Position gut arbeiten zu können, sind Vertrauen und Offenheit essenziell, auf beiden Seiten. Zu einer verantwortungsvollen Position gehört auch, Begabungen zu erkennen und diese zu fördern – aber auch einzufordern. Mitarbeiter werden es honorieren, wenn sie sich unterstützt wissen. Chefs, die sich gern auf ein Podest stellen, tragen nur dazu bei, Macht zu glorifizieren. Selten habe ich erlebt, dass jemand, der nach dem Sonnenkönig-Prinzip regiert hat, für das Unternehmen gewinnbringenden, guten Nachwuchs herangezogen hätte.

«Frauen lieben die Macht nicht (oder sehr selten). Frauen lieben die Sache, um die es geht», sagt Angelika Jahr-Stilcken. Manchmal denke ich auch: Frauen lassen sich viel zu leicht bluffen. Nicht wenige Frauen haben eine viel zu große Hochachtung vor einer machtvollen Position. Macht wird gerne inszeniert, auch das gehört zum Spiel. Ich erlebte einmal, wie eine Kollegin, Chefredakteurin eines Wohnmagazins, jede einzelne Kachel in der Bürotoilette wieder wegklopfen ließ, weil die Farbnuance nicht stimmte. Oder die Chefredakteurin eines Modemagazins, die Mitarbeiterinnen unter Androhung der Kündigung nach Hause schickte, wenn diese in Sneakers statt in High Heels zur Arbeit kamen. Ein Kollege war Meister darin, so zu tun, als arbeite er Tag und Nacht. Wenn er nach Hause ging, oft früher als seine Mitarbeiter, tat er das heimlich, erweckte aber den Anschein, sich noch im Büro zu befinden: Die Schreibtischlampe brannte, über der Stuhllehne hing sein Jackett, und auf dem Tisch waren aufgeschlagene Unterlagen platziert. Derartige «Macht-Macken» sind aber nicht weiter ernst zu nehmen, sondern eher zu belächeln.

Immer wieder habe ich erlebt, dass Frauen sich – im Gegensatz zu Männern – nicht selbst für einen Karrieresprung vorschlagen. Sie warten lieber, bis man sie fragt oder ihnen etwas zutraut. Bis man die Begabung zur Macht in ihnen «erweckt». Dabei sollten Frauen sich nicht ins Bockshorn jagen lassen, sondern sich vor Augen führen, dass Führung erlernbar ist. Man kann Respekt vor besonderen Qualitäten, aber nicht vor einem anderen Türschild haben. Jeder spielt nur eine Rolle. Und die gilt es zu durchschauen.

«Wird ein bestimmter Mythos um den Chefjob aufgebaut?», fragte man Jutta Allmendinger, kurz nachdem sie als Präsidentin des Wissenschaftszentrum Berlin für Sozialforschung benannt wurde. «Ja», antwortete sie. «Etwa bei den Arbeitszeiten. Der berühmte 16-Stunden-Tag, den man angeblich als WZB-Präsidentin haben sollte: Das schnurrte bei näherer Betrachtung auf ein durchaus handhabbares Maß zusammen.»[26]

Das Märchen von der einsamen Karrierefrau

«Carrie, wir bringen eine Story über deine Hochzeit. Überleg's dir. Vierzig ist die Obergrenze, eine Frau im Brautkleid zu fotografieren, ohne dass der Eindruck einer Reality-Soap aufkommt.»
Aus: «Sex and the City. Der Film»

«Die Partnerwahl funktioniert nicht nach einem Schlüssel-Schloss-Prinzip, sondern ist eher eine Vision: Das ist die Person, auf die ich gewartet habe. Sie weiß mich zu nehmen und zu bestätigen, mit ihr kann ich mich entfalten und umgekehrt. Das muss man auch intuitiv spüren.»
Jürg Willi, Paartherapeut, in der Frankfurter Allgemeinen Sonntagszeitung

Die Niederlagen in der Liebe – sie treffen erfolgreiche Frauen besonders hart. Wir haben ja sonst immer alles im Griff! Und plötzlich entziehen sich ein paar Dinge unserer Kontrolle: Der Mann, mit dem wir uns schon im Alter als Aussteiger auf einer Sonneninsel sahen, will andere Wege gehen. Unsere Gefühle tanzen uns auf der Nase herum, verwandeln sich von einer Sekunde zur anderen in schäumende Rachegelüste oder Heulanfälle. Wir können nicht mehr schlafen. Wir vertragen keinen Weißwein mehr, ohne in Melancholie zu verfallen. Wir versehen unser Handy mit dem Aufkleber: «Don't drink and dial». Wir sind morgens um vier Uhr hellwach, kleiden uns an fürs Büro und schwören: Mein neuer Freund heißt Arbeit!

Können erfolgreiche Frauen Zurückweisungen schlechter ertragen? Die Psychologen, die ich gefragt habe, nickten wissend mit dem Kopf. Ihre Praxen sind angeblich voll von Managerinnen, die an der «narzisstischen Kränkung» zu knabbern haben. Wieso finden Promis dann immer so schnell neuen Anschluss? Demi Moore, Madonna und Simone Thomalla sogar Männer, die fast ihre Söhne sein könnten. Weitere «Hollywood-Kuren» kennen wir ja bestens aus Filmen: Erinnern wir uns an Meg Ryan, wie sie mit dicken Wollsocken, einem Rieseneimer Eiscreme auf dem Bauch und einer Packung Kleenex neben sich in einer Kissenlandschaft liegt und ihre Lieblings-Liebesschnulze im Wiederholmodus ansieht. Oder die «Eat Pray Love»-Selbsterweckungs-Strategie der Schriftstellerin Elizabeth Gilbert. Das Ende ihrer Ehe veranlasste sie dazu, rund um den Globus zu jetten um dabei nicht nur ihr wahres Ich zu finden, sondern auch die wahre Liebe. Man kann es natürlich auch so machen wie Kathleen Turner in «Der Rosenkrieg» und sein Traumauto zermalmen (während er darin sitzt).

Als die Beziehung zu meinem Freund zu Ende ging, entschied ich mich für eine andere Strategie. Durch meine bisherige Tätigkeit bei einem Psychologie-Magazin inspiriert, wählte ich eine mehrtägige Inspirationstour durch die Berge. Hier wollte ich, wie man so sagt, «auftanken», Kopf-Wellness genießen. Ich mag es sehr, einfach zu gehen. Geradeaus, bergauf, bergab, in stetem Tempo, nicht zu schnell, nicht zu langsam, sodass der Motor, der die Gedanken antreibt, bei gleichbleibender Geschwindigkeit läuft.

Nach Neureuth und Gindelalm wurden Wehleidigkeit und Selbstmitleid schon weniger. In meinem Kopf sprangen alle möglichen Fragen zum Thema Frauen und Liebe hin und her:

Was suchen Frauen? Wer ist der ideale Partner? Mein «Suchprogramm» war so ausgerichtet, neben ein paar unbedeutenden Äußerlichkeiten so etwas wie eine Erweiterung meines Selbst zu finden: jemanden, der mir ähnlich ist, der mich versteht, ohne dass es großer Erklärungen bedarf. Dieser Jemand sollte mich aber auch inspirieren, fordern und in meiner Entwicklung weitertreiben. Der Schweizer Paartherapeut Jürg Willi bestätigt, dass wir bei der Partnersuche nicht den Kopf einschalten, sondern intuitiv nach einem Menschen suchen, mit dem wir uns weiterentwickeln können. Vielleicht wäre es ja einfacher, nach Gemeinsamkeiten zu fahnden oder gemeinsamen Wertevorstellungen. Forscher behaupten ja, dies und ein ähnlicher Bildungsstand garantiere am ehesten, dass eine Beziehung lange hält.

Im Pärchen-Paradies.
Oder: Gibt es die perfekte Liebe?

Vor mir stapfte ein Paar den Weg zur Alm hoch. Beide Ende dreißig, Anfang vierzig, Sportlernaturen: Windjacken vom Nachhaltigkeits-Ausstatter Patagonia, handgenähte Bergschuhe mit einer Sohle aus natürlich gewonnenem Kautschuk, an seinem Segeltuch-Rucksack baumelten zwei Trinkflaschen. Er kämpfte sich wacker vorneweg, während sie hinterherkeuchte. Das Paar hatte noch viel vor: «Oben», rief er ihr zu, «kann man Mountainbikes leihen. Dir ist es doch recht, wenn wir nachher rüber und dann runter crossen?»

Ich fragte mich: Macht ein gemeinsames Hobby Paare glücklicher? Schweißt es sie stärker zusammen? Mir fiel eine Freundin ein, die mit ihrem Partner im ersten Jahr regelmäßig Listen ausgetauscht hatte: Das sind meine fünf Lieblingsfilme. Meine Lieblingsessen. Und diese Orte möchte ich noch unbedingt bereisen! Die beiden sind, nach fünf leidenschaftlichen Jahren, inzwischen getrennt.

Die Partnerwahl im Internet funktioniert nach einem ähnlichen Prinzip, hier werden Matchingpunkte vergeben; aber was sagen diese wirklich über die Chemie zwischen zwei Menschen aus? Neulich las ich einen Artikel in einer Frauenzeitschrift, in dem die Autorin verschiedene Dating-Methoden testete. Die Autorin unterzog sich allem nur Erdenklichen, von Salsa-Abenden bis hin zu Verkupplungs-Einladungen, aber am Ende, gefühlte zweihundert Treffen später, schmiss sie sich fröhlich allein auf ihre Couch und beschloss, sich fortan lieber mit der Frage zu beschäftigen, in welche Richtung sie sich selbst in Zukunft überhaupt entwickeln wollte. Was ihr von der Online-Suche blieb? Ein nicht enden wollender Strom an Kontaktanfragen und recht eindeutige Fotos, die ihren Mailaccount blockierten. Und ein schlechtes Gewissen, auch die netten Mails nicht beantwortet, sondern einfach gelöscht zu haben.

Seit der Versorgungsaspekt als wesentliche Basis einer Beziehung weggefallen ist, haben wir die Qual der Wahl. Abhängig von dem Lebensmodell, das wir anstreben, können wir uns fragen: Suche ich einen Familienvater? Dann sollte er fürsorglich sein. Oder will ich lieber einen Gefährten, einen Abenteurer, mit dem ich zu neuen Horizonten aufbrechen kann, weil ich neugierig bin auf die Welt? Vielleicht möchte ich auch meine erotischen Träume ausleben? Dann ist die sexuelle Anziehungskraft wichtiger als Alter, Geldbeutel und Bildung. Übrigens sind Frauen durchaus in der Lage, nach ein paar romantischen Fehlgriffen ihren Kopf einzuschalten und ihre Suche zu rationalisieren.

Der Haken bei der Sache ist nur: Wir entscheiden uns selten nur für *ein* Lebensmodell, sondern schielen schon aufs nächste. Die Wahl zu haben, kann lähmen. Wer kennt nicht das Beispiel von dem Esel, der sich nicht entscheiden kann, von welchem der beiden Heuhaufen er fressen soll – und am Ende jämmerlich verhungert. Seit die Ehe keine Versorgungsgemeinschaft mehr ist, löst sich für den Mann die Rolle als Ernährer der Familie auf. Und plötzlich sieht er sich mit der bangen Frage konfrontiert: Meine Frau mag mich lieben – aber braucht sie mich auch?

In keinem Jahrhundert, ja, Jahrzehnt, haben wir unsere Partner so häufig gewechselt wie in diesem: In Großstädten löst sich fast jede zweite Ehe auf. Statt bis ans Lebensende treu heißt es heute: bis ans Ende einer Lebensphase. Soziologen sprechen von serieller Monogamie. Trennung ist kein Ausdruck des Scheiterns mehr, sondern etwas, das von vornherein mitgedacht wird. Beziehungen gehen noch früher auseinander, weil sich beide Partner häufiger an neue Lebensumstände anpassen müssen, einer für einen Job in eine andere Stadt zieht und beide sich dadurch auch mental entfernen. Oder wenn sich bei beiden die Interessen und die Freundeskreise verändern. Während in den fünfziger Jahren noch mit der Verwirklichung des idyllischen Familienbilds – Papa, Mama, zwei Kinder, und Mama hält das Haus in Ordnung – der Höhepunkt des Lebens erreicht war, gliedert sich das moderne Leben heute in mehrere Phasen. Ein markanter Einschnitt ist auch, wenn die Kinder ausziehen. Spätestens dann beginnt ein neuer, der «mittlere» Lebensabschnitt, der mindestens weitere fünfzehn aktive Jahre bedeutet. Allerdings sind diese aktiven Jahre auch ein Wunschtraum der Industrie, die die über Fünfzigjährigen als attraktive Zielgruppe entdeckt hat. Wir sterben ja immer später: Vor hundert Jahren noch lag die durchschnittliche Lebenserwartung für Frauen bei Mitte 40, heute sterben Frauen im Schnitt mit 82, Männer mit 77.[27] Das Durchschnittsalter, in dem Frauen zum ersten Mal Großmutter werden, liegt inzwischen bei 51,5 Jahren – zu diesem Zeitpunkt haben manche Frauen gerade den Höhepunkt ihrer Karriere erreicht. Manche allerdings, die viele Jahre pausiert hat, um ihre Kinder zu erziehen, gelingt der Wiedereinstieg nicht so doll: Sie landet womöglich mit über 50 als Aushilfskraft an der Supermarktkasse. Da fällt das Genießen dieser ach so aktiven Jahre eher bescheiden aus.

An der Berghütte war auf einer Bank noch Platz neben zwei jungen Frauen; ich setzte mich und bestellte eine Apfelschorle. Das Gespräch zwischen den Frauen versprach interessant zu werden. «Wieso wollt ihr denn noch nicht heiraten?», fragte die eine, an deren Ringfinger ein kleiner Brilli blitzte. «Jetzt redest du auch schon so!», schnaubte die andere, die ich auf Anfang, Mitte dreißig schätzte. «Wieso fällt allen verheirateten Frauen immer dieselbe blöde Frage ein?» Die Freundin ließ sich nicht beirren: «Ihr wohnt zusammen, ihr versteht euch gut, habt beide gute Jobs ... worauf wartest du denn noch?» Die andere wurde zusehends ungehaltener: «Du kannst es bloß nicht ertragen, dass ich noch keine spießige Ehefrau bin, mit der du Eheprobleme durchkauen kannst!»

Gleich würde es wohl krachen. Doch die Verweigerin senkte die Stimme: «Bitte entschuldige. Aber ich fühle mich furchtbar. Ich habe das Gefühl, dass er mich bremst. Mir macht mein Job gerade solchen Spaß, ich hab gar keinen Kopf für Heiratsschischi. Er träumt bestimmt von Familie, aber ich nicht! Was kann ich dafür, dass er dauernd über seinen eigenen Job und die Kollegen meckert, ich hab lauter berufliche Pläne, vielleicht will ich ja noch mal ins Ausland!» Nun konnte sie die Tränen nicht mehr zurückhalten, und auch ihre Wut nicht: Ihm zuliebe hatte sie ihre Wohnung aufgegeben und war zu ihm gezogen. Ihm zuliebe kaufte sie an zwei Abenden in der Woche ein, um dann gemeinsam zu kochen und Freunde einzuladen. Ihm zuliebe saß sie abends auf der Couch und schaute amerikanische Serien auf DVD. Wie gerne hätte sie manchmal zu Hause spät noch den Laptop aufgeklappt, aber dann hieß es gleich, sie sei wohl ein Workaholic. «Ich habe ein permanent schlechtes Gewissen, ihm keine gute Freundin zu sein – wie würde ich mich dann wohl erst fühlen, wenn wir verheiratet wären!»

Schuldgefühle, schlechtes Gewissen – ich erkenne mich in diesem Gespräch durchaus wieder, obwohl die beiden Frauen mindestens eine Generation von mir entfernt sind. Das hat der Feminismus bisher nicht lösen können: diesen ständigen Zwiespalt zwischen Fürsorge und den eigenen Bedürfnissen. Wir fühlen uns so sehr für die Harmonie in der Partnerschaft verantwortlich, dass wir uns immer noch wie Egoistinnen vorkommen, wenn wir lieber auf unserem Schreibtisch Klarschiff machen als einen gemütlichen Sonntag zu zweit zu verbringen oder es vorziehen, einen Kollegen auf einen Wein zu treffen, weil es sich nach einem Arbeitstag besser in entspannter Atmosphäre denken lässt. Vielleicht haben wir aber auch nur das Bedürfnis, mal allein zu sein, denn, ja, das fühlt sich manchmal unverschämt gut an: sogar dann, wenn man einfach nur Löcher in die Luft starrt. Wenn man einen liebenswerten, fürsorglichen Partner hat, der einen bekocht, voller Verständnis ist, wenn man länger arbeitet, der einem sogar zur Aufmunterung einen Korb Orangen ins Büro bringt – dann ist das schlechte Gewissen oft noch stärker. Statt diese Gesten selbstverständlich anzunehmen (wie Männer es täten), haben wir Angst, nicht dankbar genug für diese Liebe zu sein, die einem da entgegengebracht wird. Und irgendwo, in einem kleinen Winkel, lauert auch die Befürchtung, er würde sich vielleicht einer anderen zuwenden, die seine Zuneigung mehr zu schätzen weiß. Sind Frauen stärker als Männer auf Harmonie bedacht? Jedenfalls sagt man ihnen ein größeres Empathievermögen nach; sie können sich angeblich besser in andere hineinversetzen, haben sensiblere Antennen.

Bis zu einem gewissen Grad ist es auch eine Erscheinung unserer Zeit, dass Paare zwischen den Bedürfnissen nach Nähe und Distanz schwanken, weil die Eigenständigkeit des Individuums ein Merkmal unserer modernen Gesellschaft ist. Jürg Willi, der unzählige Paarbeziehungen analysiert hat, sagt: Menschen wollen eigenständig sein, sehnen sich aber auch nach Geborgenheit. Für eine gute, funktionierende Beziehung brauche man beide Tendenzen. Sein Vorschlag: Man kann die Bedürfnisse nicht aufheben. Aber es könnten beide einsehen, dass der Freiheitskämpfer eben jemanden braucht, der die Beziehung zusammenhält. Und der andere jemanden, der «frische Luft in die Beziehung bringt».[28] Es ist also durchaus sinnvoll, seine Wünsche nicht zu unterdrücken.

Nach meiner kleinen Inspirationstour im Grünen beschloss ich, in den Wellness-und Pool-Bereich des Hotels zu gehen. Und sah mich plötzlich umringt von lauter Verliebten. Paare in weißen, flauschigen Bademänteln, die sich «Schatzi» riefen, sich gegenseitig den Rücken mit Orangenblüten-Zucker-Peeling einrieben oder zärtlich küssend im Whirlpool plantschten. Der Wellness-Bereich war eine Bühne, und gegeben wurde das Stück: Ich bin glücklich, und du? Demonstrativ zog ich Sven Hillenkamps «Das Ende der Liebe» aus meiner Tasche.

Der Journalist und Gesellschaftskritiker Hillenkamp behauptet, unser Zeitalter der Freiheit mache die echte Liebe unmöglich. Wir sind nie mit dem zufrieden, was wir gefunden haben, sondern suchen immer weiter. Jeder hat einen ganzen Katalog von Kriterien im Kopf, der immer länger und länger wird: So soll der Kuss schmecken, soll das Lächeln sein, der Humor, die Stimme … Auf der Liste stehen nicht nur die Eigenschaften, die der andere haben soll, sondern auch solche, die er nicht haben darf. Sie speist sich aus Hoffnungen, Zukunftsvorstellungen, schlechten und guten Erfahrungen. Es ist eine heikle Geschichte, die Hillenkamp erzählt, denn sie ist auch verbunden mit der Befreiung der Frauen, mit dem Recht, auch anspruchsvoll sein zu dürfen. Aber geht es auch um die Illusion der Freiheit, die Menschen, so Hillenkamp, «liebesunfähig» macht. Wir denken, wir hätten alle Möglichkeiten und genießen die scheinbare Freiheit, spielen mit der Liebe. Irgendwann allerdings, so schwant uns, müssen wir uns entscheiden, um nicht wahnsinnig zu werden. Die Freiheit ist zum Zwang geworden, dem wir uns entziehen wollen. Wir schalten also unsere Vernunft ein: Wer kommt am ehesten als Partner in Frage? Inzwischen haben wir verlernt, zu lieben: Den zu lieben, den wir selbstlos lieben dürfen, wo die Liebe also reiner Selbstzweck ist.

Da ist etwas dran. Ich beobachte das in meinem Freundeskreis und auch bei mir selbst. Wir handeln bei der Wahl unseres

Partners egoistisch. Wir wollen einen Menschen, der uns guttut: Er soll derjenige sein, den ich mir erträume. Seinen Bauchansatz? Könnte er doch mal wegtrainieren. Die Haare auf der Brust – da hilft nur ein Waxing! Und wann hat er mir eigentlich das letzte Mal gezeigt, dass er mich liebt? Was von dieser Erwartungshaltung übrig bleibt, ist Frust. Der sich prompt dann entlädt, wenn es am ungünstigsten ist: morgens beim Frühstück, weil er zum tausendsten Male ... Sollten wir uns nicht, statt dauernd herumzumäkeln, besser darauf konzentrieren, was wir aneinander und am anderen lieben?

Mein flauschiger Bademantel, mit dem ich auf der Liege im Pärchen-Paradies lag, fühlte sich plötzlich gar nicht mehr so kuschelig an. Mir wurde ein Widerspruch bewusst: zwischen dem, was ich mir errungen hatte und was mir wichtig war, also meine Autonomie – und der Sehnsucht nach einer Liebe, in die ich mich hineinfallen lassen kann wie in ein weiches Kissen.

Der Wunsch nach Unabhängigkeit ...

Als – ein anderer – Freund sich von mir trennte, waren wir in bester Gesellschaft. Es trennten sich derzeit auch: Dennis Quaid und Meg Ryan (wegen Russell Crowe), Harrison Ford und Melissa Mathison (wegen Lara Flynn Boyle), Boris und Barbara Becker (unter anderem wegen Sabrina Setlur). Zwischen ihm und mir stand der Job. Das Magazin, das mein Team und ich konzipiert hatten, sollte endlich auf den Markt kommen, die vergangenen Monate waren anstrengend gewesen, und es kündigte sich schon an, dass es auch in nächster Zeit nicht viel besser werden würde. Mein Freund machte mit mir via Handy Schluss, während ich gerade im Taxi auf dem Weg zum Flughafen war (man kennt so etwas aus der Klatschpresse). Wir hatten uns in den letzten Wochen kaum gesehen und wahrscheinlich wirklich voneinander entfernt – wobei ich auch heute noch glaube, dass, wer einen anstrengenden Job hat, sich nicht auch noch dauernd Gedanken um die Partnerschaft machen kann. Man muss schon drauf vertrauen können, dass, wenn etwas aus dem Ruder gerät, rechtzeitig ein Warnschuss kommt.

Bis dahin waren mein Freund und ich ein, wie man neudeutsch sagt, «Hochleistungspaar». Er hatte sich vor kurzem mit einem eigenen Unternehmen selbständig gemacht, das allerdings nicht so boomte, wie er es sich erhofft hatte. Seit geraumer Zeit führten wir eine Fernbeziehung, da er ein Projekt in einer anderen Stadt betreute. Natürlich hielten wir tagsüber miteinander Kontakt, morgens ein kurzer Anruf, bevor jeder aus dem Haus ging, tagsüber SMS, abends ein ausführlicheres Telefonat, wenn wir nicht zu müde waren. Wir stimmten unsere Terminkalender, einer so voll wie der andere, ab, so gut es ging. Ich arbeitete mit meinem neuen Team oft bis in den späten Abend, es war ein Kosmos für sich, die Welt des Glamours und der Mode, die ich jeden Morgen aufs Neue mit großem Enthusiasmus betrat. Abends fanden die Redaktionsbesprechungen oft im Restaurant statt, danach fiel ich wie ein Stein ins Bett, ihm ging es, 500 Kilometer entfernt, kaum anders.

Es war eine Beziehung mit Vorleben. Wären wir beide fünfzehn Jahre jünger gewesen, hätten wir sie so sicher nicht führen wollen. Er war schon seit langem von seiner Familie getrennt, auch ich hatte mit einem Mann zusammengelebt. Mein neuer Freund und ich, wir befanden uns jeweils in einer neuen Lebensphase – in einer Phase, in der Freiheit eine wichtige Rolle spielte (vielleicht mehr, als mir bewusst war).

Unsere Wiedersehen an den Wochenenden waren jedes Mal wie ein Fest, ein buntes, sprühendes Feuerwerk, das zwei Tage lang abbrannte: Wir zelebrierten unsere Zweisamkeit, gingen in schöne Restaurants, mal in seiner Stadt, mal in meiner, redeten die Nächte durch, beflügelt vom guten Wein. Einer Alltagsprüfung musste unsere Beziehung nicht standhalten – aber war das so schlimm? Ich vermisste nichts. Wenn ich den Beziehungsalltag anderer Paare beobachtete, dachte ich mir, dass ich sehr gut auskommen konnte ohne die hastig hingekritzelten «Liebling, bitte besorgen»-Listen auf dem Frühstückstisch, die «Heute wird's später, Schatz»-Anrufe, die in der ganzen Wohnung verstreuten Herrensocken und der Frage, wer denn diesmal dran sei, die Putzfrau zu bezahlen. Wir lebten in einem Schwebezustand, den der eingangs zitierte Sven Hillenkamp auch in seinem Buch beschrieb: Wir genossen die Freiheit, wir spielten mit der Liebe.

Nach der unheilvollen Taxifahrt zog ich mir meine Joggingschuhe an und rannte durch den größten Park Münchens, als wäre es der New York Marathon. Dann legte ich mich ins Bett und erschien am nächsten Tag zwar mit verheulten Augen, aber einigermaßen pünktlich im Büro. Ich vertraute darauf, dass sich meine Arbeit in den folgenden Wochen und Monaten als das beste Mittel gegen meinen Liebeskummer erweisen sollte. Das Schöne am Berufsalltag ist ja: Er gibt einem eine Struktur, an der man sich festhalten kann, man ist sozial eingebunden, und das schützt vor kummerbedingter Verwahrlosung. Meiner besten Freundin mailte ich: «Arbeit ist zuverlässiger als jeder Kerl. Man investiert Mühe, was sich gleich in einem konkreten Ergebnis niederschlägt. Einsatz und Anerkennung stehen in einem proportionalen Verhältnis zueinander. Und besondere Liebesdienste wie lange Abende oder Wochenenden werden extra honoriert.» Sie schrieb mir postwendend zurück: «… und man bekommt Weihnachtsgeld! Endlich kann man sich etwas schenken, das einem auch wirklich gefällt.»

… und die Angst davor

Während meines Studiums diskutierten wir in den Seminaren und abends an unserem WG-Küchentisch den «Cinderella-Komplex», wie die New Yorker Psychotherapeutin und Journalistin Colette Dowling 1981 die Angst der Frauen vor der Unabhängigkeit bezeichnete. Vorbild ist die Märchenfigur Cinderella – Aschenputtel –, die keinen eigenen starken, unabhängigen Charakter entwickelt, sondern darauf wartet, errettet zu werden. Das Buch mit dem gleichnamigen Titel ist mittlerweile in über zwanzig Sprachen übersetzt und bereits ein Klassiker der Frauenliteratur. Ich besitze noch eine mit wilden Unterstreichungen durchzogene Taschenbuchausgabe und blättere wieder hinein, in der Hoffnung, vielleicht noch etwas von dem Geist zu erhaschen, der mich damals so bewegte und der mich auch motiviert hat, meinen eigenen Weg zu gehen. Vielleicht liegt hier einer der Gründe verborgen, weshalb mir Autonomie immer wichtiger war als eine kuschelige Wohnung zu zweit?

Dowling beschreibt sehr anschaulich, welchen Verführungen Frauen erliegen können, wenn sie mit einem Partner zusammenziehen. Die Autorin hat es selbst erlebt: Dowling, eine erfolgreiche Journalistin, frisch geschieden, Mutter von drei Kindern, zieht mit ihrem neuen Lebensgefährten aufs Land. Fortan verbringt sie ihre Zeit damit, das neue Heim zu dekorieren, Marmelade einzukochen und alte Möbel aus dem Keller zu holen und hingebungsvoll zu restaurieren. Nach ihrem existenziellen und mühsamen, aber erfolgreichen Kampf als Alleinerziehende empfindet sie nun die Hausarbeit «wie eine köstliche Atempause», sie fühlt sich nach langer Zeit «zum ersten Mal wieder sicher», eingekuschelt in ihr liebevoll eingerichtetes Nest, das sie so an die Geborgenheit ihrer Kindheit erinnert. Ich bin mir sicher, dass sich viele Frauen darin wiedererkennen. Nur: Durch die Sicherheit verschwinden auch Dowlings beruflichen Ambitionen. Die Herausforderungen «da draußen», die sie mal so gut bewältigt hatte, bekommen aus der Ferne etwas Bedrohliches. Dowling gerät aus der Übung, ihre berufliche Professionalität unter Beweis zu stellen. Sie bemüht sich nicht mehr um Aufträge, verdient kaum noch eigenes Geld, entwickelt dafür Fertigkeiten im Recyceln von Dingen, um ihr schlechtes Gewissen zu beruhigen – bis ihr der Lebensgefährte eines Tages genervt zu verstehen gibt, dass sie gar nicht mehr die selbständige Frau sei, die er einmal kennengelernt habe, und dass er durchaus von ihr erwarte, dass sie finanziell auch etwas beitrage zum gemeinsamen Haushalt. Dowling fühlt sich erpresst: Sieht er denn nicht, dass sie, quasi als Gegenleistung, alles tut, um ihm ein gemütliches Heim zu gestalten? Aber irgendwann gehen ihr auch vor sich selbst die Argumente aus, denn glücklich fühlt sie sich in der Opferrolle nicht, sie fühlt ihre einstigen journalistischen Fähigkeiten verkümmern und die alte Angst, nichts wert zu sein, wiederauferstehen. Dowling kämpft mit dem «Cinderella-Komplex», dem tiefverwurzelten – sie behauptet weiblichen – Wunsch, von einem Mann versorgt werden zu wollen. Seinen Ursprung hat er in der Erziehung: Während Männer schon als Jungen trainieren, unabhängig zu sein, wird Frauen beigebracht, dass am Ende, wenn sie es nur lang genug durchhalten da draußen, jemand kommt, der sie rettet. Dowling hat für ihr Buch damals mit vielen amerikanischen Frauen gesprochen: mit Müttern, die zu Hause bleiben, aber auch erfolgreichen Anwältinnen und Wissenschaftlerinnen.

Vielleicht erfolgte bei mir auf den Cinderella-Komplex eine Art von Abwehr-Reflex aufs Zusammenziehen? Jedenfalls meine ich, dass das Buch etwas zu Unrecht in Vergessenheit geraten ist. Die Protokolle, die Dowling sammelte, spiegeln auch heute noch ganz gut wider, wie Frauen mit sich selbst um ein unabhängiges Leben ringen.

In gewisser Hinsicht erinnern mich auch manche der jungen Frauen, die ich für dieses Buch interviewte, an die Cinderellas von Dowling, denn auch bei ihnen geht es um Rückzug. Die ein oder andere betrachtet auch heute noch die Möglichkeit, schwanger zu werden als Alternative, als «Hintertürchen», falls das Leben zu anstrengend oder zu langweilig wird.

«Ich finde, ich kann es mir nach Jahren harter Arbeit einmal gutgehen lassen. Ich habe viel geschuftet, habe der Firma, für die ich arbeite, zu einigem Ansehen verholfen, viele Aufträge an Land gezogen, einen großen Kundenstamm aufgebaut. Ich gebe zu, dass mich das, was ich mache, nicht mehr richtig befriedigt. Es wurden immer mehr Gruppendiskussionen, die ich geleitet habe, inzwischen ermüdet mich das total. Dass ich jetzt schwanger bin, haben mein Freund und ich geplant. Ich will dann erst mal von der Arbeit pausieren, mindestens ein Jahr. Mal sehen, wie das so ist, mit Kind. Vermissen werde ich die Arbeit nicht, glaube ich jedenfalls.»
Carola, 35, Marktforscherin

«Ich wusste das schon, als ich noch studiert habe, dass Schwangerschaft für mich immer eine Option sein würde, wenn ich nicht mehr zufrieden bin. Ich finde es schön, einen Beruf zu haben, ich arbeite gerne, aber ich will auch nicht in der Karriereschublade landen. Ehrlich gesagt, viele meiner Freundinnen denken genauso. Im Moment läuft es ganz gut mit einem Kind, meinem Mann und mir. Wir kriegen das beide gut hin, zu arbeiten. Mein Job macht auch Spaß. Aber wir wollen noch ein zweites Kind, und ich kann auch darauf verzichten, mich in die Arbeit zu stürzen, ich muss nicht groß rauskommen. Welche Rolle Geld in meinem Leben spielt? Ich habe keine Angst, zu verarmen. Mein Mann hat eine gutbezahlte Stelle bei einem großen IT-Unternehmen, ich verdiene okay, nein, da mache ich mir keine Gedanken.»
Anna, 33, ein Kind, 3 Jahre, Redakteurin, verheiratet

Natürlich sind Frauen in den vergangenen dreißig Jahren selbstbewusster, eigenständiger und anspruchsvoller geworden. Aber klingen die Grundtendenzen, die aus den Statements sprechen (die natürlich nicht repräsentativ sind), nicht doch etwas rückschrittlich, entsprechen sie nicht auch ein wenig dem Trend, den Elisabeth Badinter in «Der Konflikt» beschreibt? Vielleicht bin ich auch nur deshalb irritiert, weil ich so sehr ein Kind der achtziger und neunziger Jahre bin. Als meine Freundin Iselin ihr erstes Baby bekam, mit 29, hätte sie niemals dafür auf ihren Beruf verzichtet. Iselin managte einen eigenen, gerade neu gegründeten Modeladen, als sie, durchaus beabsichtigt, schwanger wurde. Sie pausierte nicht mal zwei Monate. Das Kind wurde überallhin mitgenommen und schaukelte in seinem Buggy neben dem Tresen, während meine Freundin Secondhand-Klamotten wie an der Wursttheke kiloweise abrechnete (eine typisch Neunziger-Jahre-Geschäftsidee). Das ging. Erst mal. Mir hat das imponiert. Weil es für meine Freundin immer klar war, es als Bereicherung ihres Lebensentwurfes anzusehen, ein Kind großzuziehen, nicht als Ausweg.

Medien lieben Supersingles

Die Angst vor der unabhängigen Frau spukt immer noch durch unsere Köpfe, angefacht durch zahlreiche Bücher und Artikel in den Medien (auch in von Frauen gemachten Frauenzeitschriften). Gerne wird das Schreckgespenst der einsamen Karrierefrau gezeichnet, die händeringend einen Partner sucht. Angeblich gibt es eine große Menge toller Frauen, die einfach nicht verstehen, weshalb sie keinen passenden Mann finden. Der Stern bezeichnete sie in seiner Titelgeschichte als «Supersingles», «schöne, kluge und erfolgreiche» Frauen, die das Alleinsein satthaben.[29] Zu scharf, zu schlau für diese Welt? Der Artikel ist mit einem Hauch Ironie überzogen, und beim Lesen bleibt der Eindruck von etwas einfältigen Hühnern in Designerklamotten haften, in deren Leben etwas ohne eine starke Schulter zum Anlehnen nicht stimmt: «Ich brauche einen, zu dem ich aufschauen kann», sagt da die Fitnesstrainerin Loren, und die Juristin Gilla fragt sich: «Was stimmt nicht mit mir? (...) Draußen scheint die Sonne. Du wachst auf und fragst dich: Warum lache ich eigentlich nicht?» Gilla wünscht «sich jemanden, mit dem man gemeinsam aufwacht und frühstückt, neben dem man abends wieder einschläft». Loren hofft auf einen Partner, «größer als 1 Meter 90 und Fettwert bitte nicht deutlich über zehn Prozent. Aber in den letzten Jahren ist mir keiner begegnet, der wenigstens 70 Prozent davon erfüllt.»

Fazit der Geschichte: Der Prinz mit seinem ollen Klepper tut's nicht mehr, den gibt's ja auch nur im Märchen, heute sollte mindestens Mr. Big mit seinem SUV vorfahren.

«Der kleine Haken der Emanzipation», so ist eine Geschichte in der Frankfurter Allgemeinen Sonntagszeitung überschrieben,[30] in der wieder die These belegt werden soll: Karrierefrauen finden nur schwer einen Mann. Zum Beispiel Katharina, ein 41-jähriger Single, die den SUV schon selber besitzt. Katharina ist der Meinung: «Es kommen nur Männer in Frage, die sich dasselbe leisten können wie ich auch.» So sammelt man keine Sympathiepunkte: In dem Internet-Forum zum Artikel wird Katharina denn auch verbal gevierteilt, von Männern und Frauen gleichermaßen. Ich sehe folgende Szene direkt vor mir: «Na ja», wird der Mann am Sonntags-Frühstückstisch über den Gesellschaftsteil hinweg zu seiner Frau sagen, «solche Karriereziegen brauchen sich echt nicht zu wundern, dass sie keinen abbekommen.» Oder ein junges Paar, mit Milchkaffee am Bett, sie liest ihm den Artikel halb lachend, halb ernst vor und sagt: «Hat also auch sein Gutes, dass du mehr verdienst als ich, Schatz.»

«Wenn ich Kosmetikerin wäre, würde das alles viel besser für mich laufen», behauptet in dem Artikel ein 33-jährige Werberin. Und eine 36-jährige Chirurgin sagt: «Die Ausbildung und den Beruf kann einem keiner nehmen. Aber der Sinn des Lebens ist für mich nicht die Arbeit.» Hätte hier die Reporterin nicht nachfragen können, statt ein Klischee zu reproduzieren? Mich hätte interessiert, ob das, was die Chirurgin jeden Tag tut, nämlich Leben zu retten, ihr nicht doch ein toller Lebenssinn sein kann.

Noch ein paar Beispiele für das Klischee der erfolgreichen Frau, vor der die Männer Reißaus nehmen: Als sich Kate Winslet und Sandra Bullock kurz nach der Oscar-Verleihung 2010 von ihren Liebespartnern, bei denen sie sich gerade noch für deren Unterstützung bedankt hatten, Knall auf Fall trennten, titelte die Bild am Sonntag: «Waren sie zu perfekt für ihre Männer?» Vom «Oscar-Fluch» war die Rede, denn ähnlich war es in den Jahren davor Charlize Theron, Halle Berry und Hilary Swank ergangen. Unerwähnt blieb, dass zum Beispiel Oscar-Gewinnerinnen wie Meryl Streep, Gwyneth Paltrow, Angelina Jolie, Helen Mirren und Goldie Hawn ihren Oscar unbeschadet überstanden haben. Einsam macht Erfolg dann doch nicht, denn längst sieht man Bullock und Winslet wieder glücklich in männlicher Gesellschaft.

Haben Karrierefrauen Pech in der Liebe? Das lässt sich statistisch nicht belegen. Der Soziologe Bernd Kittlaus füttert eine Website über die «Single-Generation» mit Rezensionen, Artikeln und Fakten und recherchiert seit einigen Jahren zum Thema demographischer Wandel.

Gibt es Zahlen, die belegen, dass erfolgreiche Frauen stärker als andere vom Single-Virus befallen werden? Es gibt Forschungen zu «Doppelkarrierepaaren», «Alleinlebenden im mittleren Lebensalter» (die meist einen Partner haben, aber nicht mit ihm wohnen), aber zu «erfolgreichen Frauen»? Das sei erstens eine Frage der Definition, so Kittlaus, zweitens der Datenlage und drittens der Vergleichsgruppe – womit schon das ganze Dilemma benannt ist. Es scheitert schon an der schwammigen Definition von «erfolgreich». Wer verlässliche Ergebnisse will, muss diese Kategorie genau bestimmen: Bildungsstand, berufliche Position, Jahreseinkommen, Größe des Unternehmens. Aber selbst, wenn das gelänge – was genau bedeutet denn «Pech in der Liebe»? Seit Jahren (wie vielen?) vergeblich einen Partner zu suchen? Ihn vermeintlich zu finden, aber dann wieder zu verlieren? Sich sogar auf eigene Initiative zu trennen, weil er sich nicht als der Wunschkandidat entpuppt? In repräsentativen Studien werden üblicherweise der Familienstand (zum Beispiel unverheiratet/verheiratet) und die Haushaltsform erfasst, also ob jemand allein lebt oder mit anderen Personen. Das ergibt aber noch keine realistische Schätzung der Anzahl der Singles in Deutschland. Wer alleine lebt, kann ja verheiratet sein – aber dennoch Single. Ein verwirrendes Zahlentohuwabohu.

Das manager magazin führte 2009 unter der Überschrift «Managerinnen zahlen privat einen hohen Preis» ein Interview mit einer Schweizer Unternehmensberaterin, die zwar keine repräsentative Studie vorweisen kann, aber «sozusagen Statistik geführt» hat. Aus dem Interview wird auch heute noch gerne zitiert: «Karriere und Glück in der Liebe passen bei Frauen seltener zusammen», will die Beraterin herausgefunden haben, fast kann man ein Diagramm zeichnen: die Kurve des beruflichen Aufstiegs und darunter, abfallend, die des privaten Misserfolgs. Und wie können erfolgreiche Frauen ihr privates Glück retten? Vor allem, indem sie ihren «Managerinnenhabitus» nicht mit nach Hause nehmen. Denn, weiß die Unternehmensberaterin: «Zwei Alphatiere in einer Ehe, das verträgt sich meiner Erfahrung nach selten gut.» Sie ist selbst seit vielen Jahren verheiratet, kennt aber einen Trick: «Ich verdiene mehr als mein Mann, aber sein IQ ist höher. Das beruhigt ihn.»[31] Eine deprimierende Botschaft: Wir dürfen unseren Männern nicht auf Augenhöhe begegnen. Und sollten wir doch erfolgreicher sein, müssen wir sie schleunigst auf weibliche Art besänftigen.

Die erfolgreiche Frau im Rollenstress

«Zu mir kommen tolle, erfolgreiche, attraktive Frauen, die alles haben, nur eines nicht: eine funktionierende Beziehung.» Diese Beobachtung hat die Psychoanalytikerin Dr. Maja Storch vor zehn Jahren auf die Idee gebracht, ein Buch mit dem Titel «Die

Sehnsucht der starken Frau nach dem starken Mann» zu schreiben, der ein Bestseller wurde. Sind die Frauen so einsam, weil sie so erfolgreich sind? «Unsinn», ruft Maja Storch am Telefon. Sie selbst ist seit 25 Jahren verheiratet. «Erfolg macht nicht einsam. Erfolg macht sexy.» Storch gibt Seminare zur Persönlichkeitsentwicklung, ist wissenschaftliche Leiterin eines Spin-off der Universität Zürich und Autorin zahlreicher Lebensratgeber. «Die Sehnsucht der starken Frau» ist gerade zum Zehnjährigen wiederaufgelegt worden, der Verlag spricht von einem Longseller. Storch erzählt, sie bekäme immer noch Dankesschreiben und -mails: «Frauen aller Generationen erkennen sich in meinem Buch wieder.» Sie wundert sich selbst, dass das Gerücht, erfolgreiche Frauen fänden keinen Partner, einfach nicht aus der Welt zu schaffen ist. Ihre Grundthese ist zwar, dass «starke Frauen» («stark» übrigens im Sinn von finanziell unabhängig) Männern Angst machen. Aber nicht aufgrund ihres Status, sondern weil sie, kaum verliebt, ihr Verhalten dramatisch ändern: Im Liebestaumel mutierten diese Frauen zum Entsetzen der Männer in anhängliche Weibchen. Geht es in Storchs Buch denn um Machos, die mit einer Frau, die Stärke, aber auch Gefühle zeigen kann, nicht klarkommen? «Ach was, ich rede von intelligenten, liebenswerten Männern, die meisten von ihnen sind von einer emanzipierten Mutter großgezogen worden. Die haben ja ein fortschrittliches Bild von Frauen! Die suchen sich ganz selbstverständlich eine starke Partnerin und schätzen es, wenn diese ihr eigenes Geld verdient. Diese Männer wollen gar keine Frau, die sich unterwirft!»

Viele starke Frauen haben einen schwachen Persönlichkeitsanteil in sich, so Storch, mit dem sie sich einen permanenten Kampf liefern. Dieser Kampf ist ihnen in den meisten Fällen gar nicht bewusst. Immer führt dieses innere Ringen zu extremem Verhalten: Entweder die Schwache gewinnt die Oberhand, und aus der starken Frau wird eine Klette. Oder die starke Seite bekämpft die weiche Seite so sehr, dass die starke Frau zickig wird. Oder sie ergreift gleich die Flucht. Storch benutzt das «Schattenkonzept» von C. G. Jung: Jeder Mensch hat eine «im Schatten liegende» Seite, Persönlichkeitsanteile, die nicht erwünscht sind, die er sich nicht eingestehen will (wie heißt es im Volksmund? In jedem Feuerwehrmann steckt ein Brandstifter). Ziel ist es, sich mit diesen Schattenanteilen anzufreunden – also im Fall der emanzipierten Frau, all das, was sie in ihren eigenen Augen als schwach und vielleicht «tussimäßig» bewertet, zumindest nicht abzuwerten.

Man kann es so sehen. Jedenfalls bekam ich Storchs Buch vor ein paar Jahren selbst von einer Freundin mit den Worten geschenkt: «Das *musst* du unbedingt lesen.» Es beschreibt unsere Gefühlslage ganz gut: Wir fühlen uns angezogen von autonomen, starken Männern, denen wir auf Augenhöhe begegnen wollen. Aber dann bekommen wir plötzlich Angst vor einer gleichberechtigten Beziehung, die uns auch fordert. Schon als kleine Mädchen haben wir gelernt, dass, je weiblicher wir uns geben, je mehr wir unser Köpfchen schief legen, die Kulleraugen aufreißen oder gar anfangen zu lispeln, desto süßer findet man uns. Später vermuten wir, dass wir umso mehr geliebt werden, je weicher, anschmiegsamer und fürsorglicher wir sind. In meinen Partnerschaften fühlte ich mich plötzlich für unsere gesamte Freizeitplanung zuständig, organisierte Kinokarten und tüftelte Bergtouren aus, damit wir ein gemeinsames Hobby entwickeln konnten. Ich buchte – «Überraschung!» – ein romantisches Hotel am See, lernte sogar kochen, rannte auf den Markt und kaufte Hühner, die ich, die Vegetarierin, sogar selbst ausnahm. Ich schabte Gemüse für Aufläufe und lud andere Paare zu mir nach Hause ein, die ich bewirtete, obwohl mir das ganz und gar nicht liegt. Sogar seine Anzüge brachte ich in die Reinigung («Du, das macht mir wirklich nichts aus, es liegt eh auf dem Weg zur Arbeit»). Ich trickste mich selbst aus und überließ dem «kleinen Mädchen» in mir ein immer größeres Feld: Abends, beim Wein, den ich noch schnell auf dem Heimweg besorgt hatte, fing ich sogar das Jammern an, beklagte mich über die Härte und den Druck im Job.

Frauen befinden sich heute im Rollen-Stress. Wir haben die Arbeitswelt erobert, und dadurch sind noch Rollen dazugekommen. Aber wie kriegen wir die nun alle unter einen Hut – die Chefinnenrolle, die Kolleginnenrolle, die Mutterrolle, die Freundinnenrolle, die Geliebtenrolle? Wir hüpfen zwischen ganz unterschiedlichen Erwartungen hin und her, sind irritiert: Wann sollen wir streng sein, wann weich, fürsorglich, verführerisch, unemotional, durchsetzungsstark, praktisch, zurückhaltend? Am besten, wir geben ein paar Rollen wieder zurück – nämlich die, die uns schwach aussehen lassen.

Liebe folgt keinem Businessplan

«Mit 17 hatte ich keine Träume. Ich hatte genaue Vorstellungen und zweifelte sie nicht im Geringsten an. Natürlich würde er blendend aussehen, meine große Liebe, natürlich würde er mich lieben wie ich ihn, natürlich hätten wir die gleichen Ziele. Aber es kam anders. Ich war zwar selten Single, hatte auch einige wunderbare Beziehungen, aber irgendwann, so nach drei, vier Jahren, war immer Schluss. Ich glaubte nicht mehr daran, dass es den Mann überhaupt gibt, den ich wollte und der mich – für immer – will. Eine Zeitlang war es mir sogar egal, ich hatte meine Arbeit, meine Freunde, ein abwechslungsreiches, selbstbestimmtes Leben. Aber eines Tages wurde mir klar, dass ich so nicht ewig glücklich sein würde, ich wollte doch eine Familie haben! Und ich wusste, dass ich nicht am Wegesrand stehen und warten kann, bis ich gepflückt werde. Ich wurde pragmatischer. Ich erzählte Freunden ganz offen, dass ich einen Mann suche und dass sie mir gerne jemanden vorstellen können. Ich war auch bereit, ein paar Kröten zu schlucken: Was er arbeitet, war mir gleichgültig, Hauptsache, er tat es gern. Ob er jeden Samstag ins Stadion wollte, von mir aus. Auch egal, ob er weniger verdiente. Aber das Grundsätzliche sollte schon stimmen: Er sollte denselben Hintergrund haben wie ich, eine Familie wollen und vor allem pflichtbewusst und verlässlich sein – denn wer Familie haben will, braucht klare Strukturen. Ich wartete nicht mehr auf den Traummann – sondern ich suchte einen Mann, um mit ihm meinen Traum zu verwirklichen. Vor drei Jahren habe ich ihn gefunden – unser Kind wird jetzt ein Jahr alt.»

Valerie, 41, Hotelmanagerin, verheiratet, ein Kind, 1 Jahr

Wir haben die Theorie schon oft gehört – sie wird auch gern hinzugezogen, um zu erklären, weshalb immer mehr Akademikerinnen kinderlos bleiben: Sie sind zu alt (wenn sie endlich ihre Ausbildung abgeschlossen haben und Nachwuchs wollen) und zu gebildet, um für Männer ihrer Gehaltsklasse attraktiv zu sein.

Evolutionsbiologen sind der Meinung, dass unsere Partnerwahl von jahrtausendealten Codes bestimmt wird. Zitiert wird häufig das klassische Beispiel vom Oberarzt, dem die junge Krankenschwester am besten taugt (jung, fruchtbar), während für die Oberärztin nur der Krankenpfleger bleibt. In den wird sie sich aber aus evolutionsbiologischer Sicht nicht verlieben, weil für sie am ehesten Männer in Frage kommen, die einen höheren Status haben.

Einer der renommiertesten Forscher in diesem Fach ist Karl Grammer. Der Wiener Wissenschaftler führt seit über zwanzig Jahren Untersuchungen zur Partnerwahl durch und vergleicht weltweit Kulturen. Er sieht es als bewiesen an, dass bestimmte Verhaltensmuster bei Männern und Frauen tief eingegraben sind: Männer suchen die Frau, mit der sie ihre Gene am besten weitergeben können. Frauen halten nach dem Versorger Ausschau, der die Aufzucht ihrer Nachkommen garantiert. Als Indiz für den besten Versorger-Status gelten Geld, Ansehen, Bildung. Vor allem Geld. Da die Karrierefrau sich heute von einer großen Konkurrenz an heiratswilligem Mittelstand umgeben sieht, schrumpft ihre Auswahl an statushöheren Versorgern dramatisch. Angeblich suchen doppelt so viele Frauen wie Männer nach ihrem Traumpartner.

Der Philosoph und Soziobiologe Eckart Voland sieht die Gesetze der Partnerwahl nicht ganz so streng, sondern vermutet, dass eine Eigenschaft die andere ersetzen kann. «Frauen wollen den kommunikativen, zugewandten, emotionalen Familienvater. Die soziale Komponente ist eine davon», sagt er, und dass all diese Fähigkeiten gegeneinander aufgewogen werden. «Wenn es mit dem Märchenprinzen nicht klappt, muss er sexy sein oder mit größerem Familiengefühl et cetera.»[32]

Spät dran ist die Karrierefrau mit ihrer Partnersuche in jedem Fall. Frauen, die nach ihrer Ausbildung erst mal ins Berufsleben gehen und dort vorankommen wollen, verpassen, sich rechtzeitig in den Kreis der potenziellen Kandidatinnen einzureihen. Männer heiraten im Schnitt mit 32, Frauen mit 29 Jahren, 3,5 Jahre später als Anfang der Neunziger.[33] Großstädter sind sicher noch älter, wenn sie das erste Mal ihr Gelübde ablegen. Wenn unsere Karrierefrau sich beruflich etabliert hat und nun eine Familie gründen möchte, ist sie für den aufstrebenden Trainee zu alt und für den Chefarzt zu schlau. Karl Grammer, der aus seinen Verhaltensforschungen den Bestseller «Signale der Liebe» gemacht hat, sagt gern solch desillusionierende Sätze wie: «Die Intelligenz der Frau spielt im Beuteschema des Mannes keine Rolle.» Oder: «Sehen Sie sich 50-jährige Männer an: Da spielt Attraktivität (Anm.: die der Frauen) immer noch eine große Rolle. Und Fruchtbarkeit. Darum suchen sie sich doch alle junge Frauen.»[34] Dass eine Frau Karriere macht, macht sie also nicht attraktiver. Und auch nicht, das sie gut verdient. Aber wenn Bildung so abtörnend ist, warum ist dann jede zweite Akademikerin zwischen

30 und 40 Jahren in festen Händen? Und wenn Einkommen Männer so sexy macht, warum sind die Kontaktanzeigen in Zeitungen immer noch voll mit «Erfolgreicher Unternehmer, 45, erfrischend normal, mit viel Herz und Verstand, sucht ...»?

Und so sieht die Wirklichkeit aus: 61 Prozent der Beziehungen in Deutschland (mit oder ohne Trauschein) sind Paare mit ähnlichem oder gleichem Bildungsabschluss. Was auch ein Beleg für die These ist: Gleich und Gleich gesellt sich gern. Bei jedem dritten Paar in Deutschland hat der Mann allerdings immer noch einen höheren Bildungsabschluss. Die Frau ist nur in jeder elften (!) Beziehung besser ausgebildet – ein ähnliches Ergebnis wie vor dreizehn Jahren. Es hat sich bisher also nicht viel geändert an der klassischen Konstellation.[35] Angesichts der steigenden Anzahl gutgebildeter Frauen wird es die aber in dieser Form in wenigen Jahren nicht mehr geben.

Ich besuche den Münchener Psychologen Dr. Stefan Woinoff, der vor vier Jahren ein Buch für Frauen auf Partnersuche geschrieben hat, mit dem Titel «Überlisten Sie Ihr Beuteschema!». Woinoff sieht die emanzipierte, selbständige Frau als Idealkandidatin für die romantische Liebe, verstanden als eine «erwachsene» Liebe, eine Liebe um der Liebe willen sozusagen. Woinoff ist ein Mann mit dem Willen, auch ein «moderner Mann» zu sein. Als Vater von zwei Töchtern hat er seine Arbeitszeit reduziert. Er wirkt entspannt, freundlich. Ja, sagt er, es kämen immer noch erfolgreiche Frauen in seine Praxis, die seine Hilfe suchten, weil sich das Singlesein satthätten. Deshalb habe er ja auch damals sein Buch geschrieben.

«Dabei befinden wir uns doch heute in der historisch einmaligen Situation, in der Frauen sich den Mann nach Herzenskriterien aussuchen können, weil sie nicht mehr auf einen Versorger angewiesen sind. Das gab es ja praktisch noch nie. Eine Frau, die finanziell unabhängig ist, kann ja viel mehr wählen!» Wenn die Chancen so toll stehen, wieso sitzen dann trotzdem noch so viele

Suchende auf seiner Couch? (Vielleicht finde ich hier ja bestätigt, dass Männer Reißaus vor der Karrierefrau nehmen.) Aber auch Woinoff schüttelt den Kopf: «Männer haben keine Angst vor der sogenannten Karrierefrau. Aber was sie haben, ist die Befürchtung, dass diese die Latte so hoch hängt, dass sie nicht darüberspringen können. Männer wollen überlegen, aber lässig überlegen sein. Das muss aber nicht der Job oder das Geldverdienen sein. Hauptsache, sie bekommen das Signal: Du hättest bei mir die Chance, mich glücklich zu machen. Männer fühlen sich nämlich ganz schnell überflüssig, und dieses Gefühl muss man ihnen nehmen.» Das klingt ja, als seien die Männer recht einfach gestrickt. «Ja, Männer ticken viel einfacher als Frauen.» Oder ticken die Frauen zu kompliziert? «Nein», sagt Woinoff, das Problem mit der Liebe sei überhaupt, dass wir immer dächten, es liefe mit ihr so wie mit der Karriere: Wir strengen uns an, und dann bekommen wir etwas dafür. Dabei sei Liebe doch etwas, das man gibt, das man verschenkt, ganz «entgegen den normalen Regeln des Marktes. Richtig lieben können sich nur Menschen, die bereit sind zu geben.» Wenn Er und Sie nun beide Karrieremenschen sind, ist das nun gut – weil autonom? Oder schlecht – weil sie ergebnisorientiert lieben? Ja, die Doppelkarriere-Paare … Es ist doch nicht so einfach mit der Liebe und dem beruflichen Erfolg. «Da müssen beide darauf achten, dass die schönen Dinge des Lebens nicht zu kurz kommen. Um es bildlich auszudrücken: Wenn beide ihren Kartoffelacker bestellen, bleibt keine Zeit mehr für den Blumengarten.» Und dann fällt es doch, das böse Wort: Konkurrenz. Wenn beide gleich erfolgreich sind, kann der Kartoffelacker doch zum Minenfeld werden: «Von daher muss es kein ebenso erfolgreicher Mann sein, da könnte auch Konkurrenz entstehen», sagt Woinoff.

Dann schauen wir doch mal bei denen, die uns tagtäglich von den Hochglanzblättern entgegenlächeln. Die scheinen doch ganz zufrieden zu sein, die «Power-Couples»?

Doppelt hält besser: Karriere-Paare

Einmal musste sich der Verleger Hubert Burda von Edmund Stoiber, der damals noch Bayerns Ministerpräsident war, die Bemerkung gefallen lassen: «Na, mein lieber Herr Burda, jetzt ist Ihre Frau ja noch berühmter als Sie selbst – ja, wie gehen S' damit denn um?» Burda, seit zwanzig Jahren verheiratet mit der erfolgreichen Schauspielerin und Ärztin Maria Furtwängler, hat angeblich nur gelacht.

Prominente führen uns auf Hochglanzpapier jeden Tag aufs Neue vor, dass man doch alles haben kann: Glamour, eine Karriere, Kinder, eine glückliche Ehe und ein faltenfreies Gesicht. Wie machen die das bloß? Klar: Der Alltag lässt sich mit Hilfe einer Entourage aus Chauffeur, Nanny, Haushälterin, Fitnesstrainer leichter organisieren. Mit dem Mangel an Zeit füreinander müssen sie dennoch kämpfen. Also: Wie halten die Protagonisten der Glamourwelt ihre Liebe frisch? Interessantes weiß zum Beispiel das manager magazin, das den Power-Couples einen Besuch abgestattet hat.[36] So bleibt man sich auch auf lange Distanzen verbunden: Es helfen gemeinsame Rituale wie das Telefonat jeden Morgen zur selben Zeit. Oder ein gemeinsames Hobby wie das Joggen am Sonntag. Und das Entgegenkommen der Frauen: Die TV-Moderatorin Nina Ruge erzählt, dass sie ihrem Mann Wolfgang Reitzle, dem Chef des Technologie-Konzerns Linde AG, häufig hinterherfliegt: «Er hat den härteren Job.»

Frauen fühlen sich für das Privatleben, für die Familie verantwortlich, Männer lassen sich von großen Aufgaben eher davontragen, im Vertrauen, dass es zu Hause schon laufen wird. «Das Leben meines Mannes hat sich nach der Geburt unserer Kinder nicht verändert», sagt Maria Furtwängler, «nur meines.» Und: «Mein Mann ist keiner, der die Mutterrolle übernehmen und den Alltag organisieren könnte.» Sie hingegen muss Kilometer zwischen sich und die Familie legen, damit es ihr auch emotional gelingt, sich der Verantwortung zu entziehen: «Es ist eigentlich ganz angenehm, dass ich fast immer außerhalb von München drehe», so Maria Furtwängler, die sich dem manager magazin gegenüber entwaffnend offen gibt. «Ich bin unter der Woche zwar weg – was irgendwie auch ein bisschen blöd ist –, aber ich kann mich zu Hause einfach nicht so gut konzentrieren: Da klingelt das Telefon, da kommen alle zwei Minuten die Kinder rein, ich versteh das nicht in Mathe, und Mama, kannst du mich mal schnell zum Fußball fahren, oder es geht um den Weihnachtsschmuck und die Frage, ob wir die Wohnung schmücken sollen wie im letzten Jahr … der ganze Quatsch halt. Man sitzt da über seinem Drehbuch und verzweifelt.»

Dennoch scheinen die Ehen zu funktionieren, es wirkt, als seien Neid und Konkurrenz weitgehend ausgeblendet – als täte es den Paaren gut, dass ihre Karrieren in unterschiedlichen Bereichen verlaufen. Maria Furtwängler: «Ich könnte nicht mit einem Mann zusammen sein, dem ich überlegen wäre oder der mir nicht gewachsen ist. Ich brauche ein starkes Gegengewicht in der Partnerschaft.»

Joachim Sauer, der Mann an der Seite unserer Bundeskanzlerin, wird von den Medien auch mal «das Phantom» genannt. Bei der Vereidigung von Merkel zur Kanzlerin zog der Quantenchemiker es vor, in seinem Institut weiterzuarbeiten und erst später, bei der nichtöffentlichen Familienfeier, dazuzukommen. Sauer entzieht sich geschickt dem Statusvergleich in der Öffentlichkeit und hält sich fern von Veranstaltungen, bei denen er im Schatten seiner Ehefrau stehen könnte. Interviews, die nicht seine wissenschaftliche Arbeit betreffen, gibt er grundsätzlich nicht. Allenfalls lässt sich Sauer mal anlässlich des Nato-Gipfels im Rahmen des Damenprogramms ablichten – als umschwärmter Hahn im Korb. Oder er übernimmt gleich die Leitung, wie beim Damenprogramm des G8-Gipfels 2007 in Heiligendamm. Angela Merkel erzählt – sicher auch, um die Statusunterschiede zurechtzurücken – Anekdoten aus den heimischen vier Wänden: Sie tausche sich mit ihrem Mann auch beruflich aus, Sauer würde Redemanuskripte durchsehen oder nach öffentlichen Auftritten eine Manöverkritik machen und außerdem profitiere sie von seiner anderen Sicht auf die Dinge.[37]

Überholen verboten

Ein Paar lernt sich während der Arbeit bei einem Autohändler kennen, sie ist in der Kundenbetreuung tätig, er im Verkauf. Nach einigen Monaten wird sie Leiterin im Kundenservice – was sich schnell als eine Belastung für die Beziehung herausstellt: Er lässt sie oft spüren, dass er mit ihrer Person unzufrieden ist, kanzelt sie ab, wenn sie mit Freunden unterwegs sind, macht sich vor allen über ihre kleinen Eigenarten lustig. Er fühlt sich durch ihren Aufstieg in seiner Eitelkeit berührt, doch bringt es nicht über sich, ihr zu sagen, was ihn wirklich wurmt – vielleicht auch, weil er es sich selbst nicht eingestehen mag. Es entsteht ein unheiliger Kreislauf: Sie fühlt sich ihm durch ihren Aufstieg zwar nicht überlegen, aber ist wegen seines Verhaltens gekränkt und zieht sich von ihm zurück – was er als Arroganz wertet. Bald kann sie seine Sticheleien nicht mehr ertragen. Ein heftiger Streit entsteht, an dessen Ende sie die Beziehung beendet – nicht mal ein Jahr, nachdem sie befördert wurde.

Ein klassischer Fall, der zu bestätigen scheint, dass Männer dem beruflichen Erfolg einer Partnerin ambivalent gegenüberstehen. Einerseits fühlen sie sich von einer starken Frau angezogen, einer Frau, die ihr eigenes Leben hat, nicht «klettet», ihr eigenes Geld verdient. Besonders der finanzielle Aspekt entlastet und mildert den Verantwortungsdruck erheblich. Eine erfolgreiche Frau macht das Leben leichter: Sie gibt abends beim Glas Wein Inspirierendes von sich. Sie teilt die Welt der gestressten Männer und wird mitfühlend nicken, wenn er ihr vom Ergebnisdruck in seiner Abteilung erzählt. Erfolgreiche Frauen schmücken, wenn man beim Geschäftspartner eingeladen ist: Sie wissen, wie man gepflegt plaudert und zur positiven Stimmung beiträgt. Eine hübsche, erfolgreiche Frau am Arm zu haben, wertet auf und lässt ihn, auch hierüber gibt es Untersuchungen, in den Augen anderer Frauen sogar noch begehrenswerter erscheinen.

Das Blatt wendet sich, wenn der Erfolg der Frau im Vergleich zu seinem Erfolg messbar wird – wie bei dem oben geschilderten Paar, bei dem die Hierarchien sichtbar wurden, weil sie in derselben Autofirma arbeiten. Männer behalten gern das Zepter in der Hand – wie sehr, das hat mich dann doch überrascht.

Auf einem Geburtstagsfest meines Nachbarn, eines erfolgreichen Architekten, gerade 44 geworden, startete ich zu fortgeschrittener Stunde, als sich Stimmung und Zunge gelockert hatten, eine Blitzumfrage unter den männlichen Gästen: Würde es euch stören, wenn eure Frau / Lebensgefährtin erfolgreicher wäre? Eigentlich hatte ich erwartet, dass die Herren souverän genug sind, mit einem lockeren «Ach was» zu antworten. Stattdessen erntete ich unmissverständliches Kopfnicken. Ich hörte: «Wenn meine Frau spürbar mehr verdienen würde, wäre das auf Dauer wirklich ein Problem für mich. Es setzt dann ein Konkurrenzdenken ein.» Und: «Also, ich gehöre nicht zu den Männern, die sich mit einer Schattenrolle abfinden würden. Es mag ja Männer geben, die sind Luschen mit Leib und Seele, denen macht es nichts aus, Hausmann zu sein. Aber ich hätte das Gefühl, ich würde nicht vorankommen. Sie kommt dann abends nach Hause, ist voller Geschichten, aber ich hätte kaum was zu erzählen, wäre zum Hausdackel mutiert.» Sogar: «Ich möchte derjenige sein, der das Wildschwein nach Hause bringt. Ich glaube, das ist biologisch verankert im Mann.»

Sind hier wieder irgendwelche Ur-Ängste am Werk? Jedenfalls bekommt man den Eindruck, als hinke die Evolution der Emanzipation tatsächlich hinterher. Das klassische Rollenverständnis ist offensichtlich stärker in unseren Köpfen verankert, als wir es wahrhaben wollen. Kurze Zeit später erzählte ich einer ehemaligen Kollegin von diesem Abend. Sie war vor einigen Monaten in ihrer Firma, einem Kosmetikkonzern, aufgestiegen und war jetzt Geschäftsführerin. Ihren Freund, mit dem sie noch nicht lange zusammen war und der auch dort arbeitete, hatte sie damit abgehängt. Und es stellte sich heraus, dass sie die Rollenverschiebung auch nicht ganz so locker nahm:

«Als unsere Abteilungen zusammengelegt wurden, saßen mein Freund und ich plötzlich gemeinsam in den Meetings, und er musste Sitzungsprotokoll führen, weil er noch Trainee war. Das war schon ein komisches Gefühl, ihn da so zu sehen, wie eine Sekretärin. Zudem hat mein Chef hier und da mal eine kleine Bemerkung gemacht, nichts Abfälliges, eher so in die Richtung: Der Junge hat Potenzial. Aber das fand ich noch viel ätzender.»
Daniela, 35, Geschäftsführerin in einem Kosmetikkonzern

Aber wir müssen kein schlechtes Gewissen haben, wenn wir mehr verdienen. Männer sorgen schon klammheimlich wieder für ausgleichende Gerechtigkeit:

«Ich bin die Hauptverdienerin. Mein Mann akzeptiert das, verliert da nie ein Wort drüber. Aber, und das habe ich erst jetzt gemerkt, dafür streicht er kommentarlos das Geld ein, welches wir bei der Jahres-Steuerrückzahlung wiederbekommen. Mir war das die letzten zwei Jahre gar nicht aufgefallen, weil er die Steuerklärung macht. Ich glaube, er sieht es als gerechten Ausgleich.»
Petra, 51, Public-Relations-Managerin, verheiratet, 2 Kinder (22 und 17 Jahre)

Der Prozentsatz der Frauen, die sich einen Hausmann wünschen, liegt einer Befragung von über 1000 Frauen zwischen 14 und

69 Jahren zufolge bei einem kümmerlichen Prozent.[38] Da wirkt es schon etwas scheinheilig, wenn die wenigen Männer, die eine Rollenumkehr leben, im Supermarkt von anderen Frauen regelmäßig zu hören bekommen (mit einer kleinen Spitze für die «Rabenmutter» versehen): «Also, ich finde es ja so toll, dass Sie sich so um die Kinder kümmern und Ihrer Frau bei ihrer Karriere den Rücken freihalten!»

Als seine Frau Regine das gemeinsame Kind erwartete, befand sich Willi Stachelhaus noch mitten in seinem Maschinenbau-Studium. Sie hingegen arbeitete schon beim Computerkonzern Hewlett Packard. Und da es vor 23 Jahren noch keine Kindertagesstätten für so kleine Kinder gab, entschieden sie sich für das Modell Hausmann: «Das hat sich einfach so ergeben, als Moritz auf die Welt kam», erzählt Willi Stachelhaus.[39] «Einer von uns musste ja zu Hause bleiben. Dass ich das machte, war auch eine wirtschaftliche Entscheidung.» Sie pausierte vier Monate, dann nahm sie ihre Arbeit wieder auf, er brachte ihr alle paar Stunden das Baby zum Stillen vorbei. War es Willi Stachelhaus nicht wichtig, selbst beruflich voranzukommen? Im Studium habe er noch davon geträumt, Ingenieur im Fahrzeugbau zu werden. Aber dann habe er sehr davon profitiert, seinen Sohn aufwachsen zu sehen. Natürlich hätten die Nachbarn komisch geguckt. «Der schafft nix», wurde in dem kleinen schwäbischen Ort hinter ihm hergeflüstert. «Aber ich ließ das an mir abprallen.» Bis heute. Die 55-jährige Regine Stachelhaus ist die einzige Spitzen-Managerin in Deutschland, die die Vereinbarkeit von Familie und Karriere so gelöst hat. Die erste und bisher einzige Frau im Vorstand bei E.ON sagt, dass beide ihre Entscheidung von damals nicht bereuen. Sie habe kein Problem damit, dass er der Hausmann geblieben sei: «Mir ist der Mensch wichtig, nicht sein Job. Ganz ehrlich: Ich glaube, ich unterstütze ihn so, wie sich viele Frauen das von ihren Männern wünschen. Und er mich.»[40]

Als Regine Stachelhaus 2008 noch Geschäftsführerin bei UNICEF Deutschland war, hat das Ehepaar noch einen Flüchtlingsjungen aus Eritrea aufgenommen und kümmert sich darum, dass dieser eine Ausbildung bekommt. «Familie und Beruf sind für mich kein Widerspruch. Es ist gut und für mich sehr wichtig, beides zu haben», schreibt sie in den Fragebogen der Frankfurter Allgemeinen Zeitung. Dass es ihr so wichtig war, hat offensichtlich der Familie die Kraft gegeben, es auch zu leben.

Ein Modell der Zukunft scheint die Rollenumkehr dennoch nicht zu sein. Warum auch. Sollen sich die Männer nun für etwas begeistern lassen, über das wir uns beschwert haben? Die Mängelliste klingt ihnen noch in den Ohren. Vielleicht entstehen mit einer reinen Rollenumkehr auch die alten Probleme wieder, nur unter anderen Vorzeichen? Die Journalistin Annabel Wahba beschreibt im Zeit Magazin unter dem Titel «Armer Mann, was nun?» ihren Bekannten C., einen Schriftsteller, der seiner Frau, einer Journalistin, beruflich den Rücken freihält und auf die Kinder aufpasst, wenn sie Überstunden macht. Als er mit seinem Roman nicht so richtig vorankommt, sie aber beruflich auf der Erfolgsspur an ihm vorbeizieht, stellt sich bei ihm ein übles, bohrendes Gefühl ein: Neid. Er zappt weg, wenn ihre Beiträge im Fernsehen kommen, ist genervt, dass sie den gemeinsamen Urlaub bezahlen kann und er nicht, findet sie auch sexuell nicht mehr attraktiv. Das Blöde: Seiner Gattin geht es ähnlich. Sie ist genervt, weil sie sich finanziell ausgebeutet fühlt. «Ist das etwa der Stand der Gleichberechtigung,» fragt sich Wahba, «der Mann ein missgünstiger Platzhirsch, der es nicht ertragen kann, wenn seine Frau mehr Erfolg und mehr Geld hat als er – und die Frau eine allenfalls Pseudoemanzipierte, die in Wahrheit weiter versorgt werden will?»[41] Die Autorin selbst hat einige Freundinnen, die mehr als ihre Partner verdienen, und «keine von uns hat damit bisher ein Problem». Andererseits sind das alles Konstellationen unter Kreativen, die Journalistin und der Drehbuchautor, die Moderatorin und der Musiker, die Grafikerin und der Schriftsteller … Frauen, denen es erst einmal egal ist, was auf seinem Gehaltszettel steht, weil sie jemanden suchen, der zwar ambitioniert ist, aber kein Spießer. Männer, die erleichtert sind, dass sie eine Partnerin haben, die nicht ausflippt, wenn es mal eine kreative und finanzielle Durststrecke gibt, weil sie die Unberechenbarkeiten der Branche selbst gut kennt. Aber auch dieses System ist störanfällig. Und, wie das erwähnte Beispiel zeigt, wenig stabil, wenn Kinder ins Spiel kommen.

Der renommierte Schweizer Paartherapeut Jürg Willi sieht heute verstärkt Konfliktpotenzial, weil sich die Geschlechterrollen so verändert haben: «Die Ziele, die man mit der Emanzipation verfolgt, sind gut, aber das bedeutet nicht, dass keine Probleme auftreten.» Bildung und Karriere schaffen Rivalität, so sieht es Willi: «Wenn die Frau befördert wird, der Mann aber beruflich nicht vorwärtskommt. Oder sie ist eifersüchtig auf seinen Erfolg, weil sie sich zu Hause um die Kinder kümmern muss.» Dass die Rollenfestlegungen, also wer in der Beziehung welchen Part übernimmt, tagtäglich neu verhandelt werden müssen, sei ein Stressfaktor für Paare, den es so vorher noch nicht gegeben habe.[42]

Ein gleichberechtigtes Partnerschaftsmodell, das wär's? Kommt darauf an, ob wir dem anderen zugestehen, seine Rolle so auszufüllen, wie er oder sie es für richtig hält – ohne dass einer vom anderen bekrittelt wird. Robert Habeck, vierfacher Vater und Vorsitzender der Grünen Landtagsfraktion in Schleswig-Holstein, verzichtete wegen seiner Familie darauf, als Bundesvorsitzender der Grünen zu kandidieren. Er führt mit seiner Frau, einer Schriftstellerin, solch ein gleichberechtigtes Lebensmodell, beide teilen sich die Erziehung der Kinder. Habeck, der auch ein Buch über «Verwirrte Väter» geschrieben hat, kennt aus eigener Beobachtung, dass Mütter ganz gern morgens nochmal schnell die vom Vater gepackte Tupperdose kontrollieren oder lange Listen schreiben, was er wann zu tun hat. Viele Mütter neigen dazu, ihre Erziehungsmethode als die einzig wahre zu sehen. Aus dem Augenwinkel wird genau beobachtet, wie der Vater seinen Aufgaben gerecht wird – und gegebenenfalls kommentiert. Männern geht dieses «Überwachungs-Syndrom» ganz schön auf den Wecker. Habeck fordert von den Müttern mehr Toleranz: Statt ihren Partner zu behindern, wäre es klüger, ihn zu unterstützen, «indem sie sich etwa darüber freuen, dass er abends mit den Kindern herumtollt, statt sich darüber aufzuregen, dass sie nun wieder ‹aufgeputscht› werden. Wenn eine Frau davon genervt ist, dass die Kinderkleider falsch zusammengelegt und die Socken vertauscht sind, hat sie nicht kapiert, worum es geht. Die Mütter müssen sich bewusst sein, dass das ganze Zusammenleben neu erfunden werden muss.»[43]

Männer arbeiten hart. Frauen haben Glück

Versagensgefühle, Neid, Eifersucht – warum müssen sich Paare eigentlich gegenseitig so das Leben schwer machen? Warum können sie nicht einfach stolz aufeinander sein? Wenn wir nicht in der Lage sind, negative Emotionen auszublenden, wird sich nur schwer etwas ändern.

«Wir können noch nicht davon ausgehen, dass sich die tradierten Verhältnisse grundlegend umgekehrt hätten», sagt auch Prof. Dr. Michael Meuser, Professor für Soziologie der Geschlechterverhältnisse in Dortmund. Meuser hat sogenannte «Doppelkarriere-Paare» untersucht, und seine Beobachtungen sind ernüchternd: «Ein Karrierevorsprung des Mannes ist nach wie vor nicht erklärungsbedürftig» – ihrer hingegen schon: «Dann finden innerhalb der Beziehung Deutungsversuche statt, die gar nicht erst den Verdacht entstehen lassen, dass der Mann womöglich ein Versager ist.» Solche Deutungs- und Erklärungsversuche gehen nicht nur von ihm aus. Auch sie legt sich die Gründe für ihren Karrierevorsprung so zurecht, dass sie kein schlechtes

Gewissen haben muss. Meuser und Dr. Cornelia Behnke, Professorin an der Katholischen Fachhochschule München, haben ein Paar interviewt, bei dem sie schneller mit der Karriere vorankommt als er – im selben Unternehmen. Die Untersuchung zeigt, dass sich beide plötzlich unter Rechtfertigungsdruck sehen. Das Paar entwickelt unterschiedliche Strategien: Sie spielt ihren eigenen Erfolg herunter, erklärt, sie habe einfach Glück gehabt und der letzte Karriereschritt sei eigentlich viel zu früh erfolgt. Überhaupt sieht sie sich sehr selbstkritisch, bezeichnet sich als besonders ehrgeizig und außenorientiert. Er bestärkt sie sogar noch in ihrer Selbstkritik und betont, dass er in Gestalt seiner Ehefrau ja mit einem «krassen schnellen Gegenbeispiel» konfrontiert werde. Er wertet seine Partnerin ab – mit deren Einverständnis. Und rechnet die negative Bewertung seiner Karriere lediglich dem Umstand zu, dass er diesem Vergleich ausgesetzt sei. Ansonsten sei sein beruflicher Lauf ja nicht zu beanstanden.

Behnke und Meuser kommen zu dem Schluss, dass ein gewisses Ressentiment gegenüber dem Erfolg der Frau typisch sei für Managerpaare. Meuser: «Ihr Erfolg wird dann auf günstige Umstände oder zufällige Ereignisse zurückgeführt.» In der Untersuchung bestätigt sich die Erkenntnis der Paare von den vorherigen Seiten: Einfacher ist es, wenn ihr berufliches Engagement dazu beiträgt, den gemeinsamen Erfolg zu steigern, etwa, wenn beide gemeinsam eine Kanzlei oder eine Arztpraxis betreiben – also wenn sich beide nicht einem sichtbaren Leistungsvergleich stellen müssen, etwa anhand von Titeln oder durch ein größeres Büro im Stockwerk über ihm.[44]

Mittlerweile leben sogar 40 Prozent der männlichen Führungskräfte bis 45 Jahren in Doppelkarrieren, so schätzt es Professor Michel Domsch vom Institut für Personalwesen und internationales Management der Hamburger Bundeswehr-Universität.[45] Ist der berufsbedingte Stress eine Belastung für die Paare? Von den 300 Doppelkarriere-Paaren, deren Liebesbiographie Domsch seit mehr als zehn Jahren verfolgt, ist die Hälfte mittlerweile getrennt. Andererseits: In einem Land, in dem fast jede zweite Ehe geschieden wird, ist das, so bedauerlich es auch ist, noch im Rahmen.

Ein gutes Beispiel dafür, wie es aussehen könnte, wenn alle an einem Strang ziehen, ist der Familienalltag einer Rechtsanwältin und Notarin. Sie teilt sich mit ihrem Mann, einem niedergelassenen Arzt, die Erziehung der beiden kleinen Kinder. Das Paar ist beruflich selbständig – was sich als entscheidender Vorteil erweist. Ihre Arbeitszeiten können sie flexibel gestalten, allerdings nur in einem gewissen Rahmen: Sie müssen ihren Zeitplan auch nach ihren Klienten ausrichten. Für die beiden Kinder haben die Eltern Plätze in staatlichen Betreuungseinrichtungen bekommen – wohl auch, weil sie sich sehr früh darum bemüht haben. Der Alltag der Familie ist straff organisiert, und es gibt feste Regeln, an die sich alle halten müssen. Akten mit nach Hause zu nehmen, ist üblich: Die Arbeit geht für die Notarin weiter, wenn die Kinder im Bett sind. Das Paar leistet sich eine Haushälterin.

> «Mein Beruf ist ein Stück weit auch mein Leben, bis eine Woche vor der Geburt meiner Tochter habe ich noch beurkundet. Richtig ausgestiegen wegen der Kinder bin ich nie. Als mein Mann und ich erfuhren, dass ich schwanger bin, haben wir unser Kind gleich bei rund zehn Krippen angemeldet. Da hatten wir es noch nicht mal im Bekanntenkreis erzählt, dass wir Eltern werden. Meine Berufstätigkeit ist nur möglich, weil mein Mann und ich unser Leben gleichberechtigt organisieren. Schon als wir uns kennenlernten, war klar, dass wir beide Kinder wollten. Da war ich schon Ende dreißig und hatte eine wunderbare Karriere mit Aufenthalten im Ausland hinter mir. Wie unser Alltag aussieht? Der Kleine geht in die Krippe, die Größere in den Kindergarten, da können beide von 8 bis

16 Uhr bleiben. An drei festen Tagen hole ich die Kinder ab, da werden in meinem Büro auch keine Termine mehr vergeben. An den anderen macht das mein Mann. Mein Terminkalender ist verbindlich, ebenso der von meinem Mann. Und wir beide arbeiten an mehreren Abenden die Woche nach dem Abendessen noch weiter, jeder in seinem Zimmer. Unsere Tage und Abende sind straff durchorganisiert. Wir hatten erst eine Halbtagshaushälterin, jetzt ist daraus eine Vollzeithaushälterin geworden. Das ist natürlich ein großer Luxus, der auch Geld kostet. Die Haushälterin macht das Frühstück und kauft ein. Und sie kann bei den Kindern bleiben, wenn eines nachts krank wird und ich am Morgen einen Termin habe. Dank der Unterstützung habe ich nachmittags auch Zeit, mit den Kindern etwas zu unternehmen und muss nicht bügeln. Natürlich muss ich auf einiges verzichten. Zum Bücherlesen komme ich nur im Urlaub. Ein Leben ohne Konzerte, ohne Kino, das hätte ich mir früher gar nicht vorstellen können. Mir fehlt auch die Zeit für Sport, deshalb fahre ich oft mit dem Fahrrad ins Büro. Um unser Sozialleben nicht einschlafen zu lassen, laden wir Freunde zu uns ein, wir kochen beide sehr gerne. Ich hoffe auf Ganztagsschulen.»

Corinna, Rechtsanwältin und Notarin, 2 Kinder (5 und 3), verheiratet

Wie arm dran ist der Mann?

«Die Mutter einer meiner Ex-Freundinnen sagte nach der Trennung ihrer Tochter von mir etwas Interessantes: Weißt du, Markus, eigentlich habt ihr keine Chance. Ihr seid hineingeboren worden in eine Generation, die sich aus den vollkommen gegensätzlichen Mann-Frau-Modellen der Fünfziger und Sechziger und dem der 68er etwas Eigenes basteln darf, und ihr werdet vermutlich euer ganzes Leben dafür brauchen, an die nächsten Generationen etwas Brauchbares weiterzugeben.»
MTV-Moderator Markus Kavka

«Die Zukunft des Fußballs ist weiblich.»
Süddeutsche Zeitung

Müssen wir uns um die Männer sorgen? Männer, sagt die kanadische Entwicklungspsychologin Susan Pinker, seien «die Arbeitslosen von morgen, die Gewalttäter und Selbstmörder».[46] Das starke Geschlecht büßt zunehmend an Stärke ein. Es ist frustriert: Auf dem Arbeitsmarkt und daheim sieht es seine Vorreiterrolle bröckeln. Schon im Jungenalter gerät es ins Hintertreffen. Schon ist so ein Thema entstanden, welches unsere Familienministerin strategisch besetzen kann: Kristina Schröder hat verkündet, demnächst einen Jungenbeirat einrichten zu wollen und arbeitslose Männer zu Kita-Erziehern umzuschulen, parallel zum «Girls Day» wurde bereits ein «Boys Day» eingeführt.

Seit ein paar Jahren schwingt in Diskussionen und zahlreichen Erziehungsratgebern speziell für Jungen die Sorge mit, diese würden zu Opfern einer durch Pädagoginnen verweiblichten (und verweichlichten) Schulwelt. Bildungsexperten schimpfen, dass die überzähligen weiblichen Lehrkäfte Jungs in den Pausen zum Beispiel nicht mehr toben ließen, sondern zu «Kommunikationsspielen» überredeten, im Sportunterricht laute das Motto Schleiertänze statt Kletterwettkämpfe. Kein Wunder da, dass sich das männliche Aggressionspotenzial eben andere, gefährlichere Wege sucht: Kriminologen sehen eine Abstumpfung und Verrohung der Jungen durch deren Beschäftigung mit Kampfspielen am Computer.

Dass ihre Männlichkeit unterdrückt würde, könne Jungs gewalttätiger und gefährlicher machen. Ist der Amoklauf von Winnenden, bei dem der 17-jährige Tim K. 15 Menschen tötete, ein Indiz dafür? Das wurde in Talkshows diskutiert. Ich teile die Argumentation der Journalistin Jeanne Rubner, die darauf hinweist, dass hier Frauen zu Verursachern gemacht werden. Rubner, Mutter von drei Kindern, schreibt in der Zeitschrift Emma: «Es gehört schon eine ordentliche Portion Zynismus dazu, einen Amokläufer als Opfer des Bildungssystems zu bezeichnen, der deshalb Mädchen und Lehrerinnen umbringen muss.» In der öffentlichen Diskussion werden sogar harmlose Lehrerinnen zu Verursacherinnen, weil es scheinbar an ihnen liegt, dass unsere Jungs bei Bildungsstudien schlecht abschneiden. Klingt nach männlicher Verteidigungsstrategie. Nach hilfloser Schuldzuweisung. Sicher befindet sich unser Bildungssystem in einer Krise. Aber ändern wird sich das unter anderem nur, wenn der Beruf des Erziehers besser bezahlt und damit aufgewertet wird – dann interessieren sich nämlich mehr Männer dafür. Auch Frauen möchten nicht mehr so gern Erzieherin werden, es besteht ja bereits ein Mangel an guten Pädagoginnen. Es hilft also nichts: Statt die Verweib- und Verweichlichung der Jungs heuchlerisch zu bejammern, muss investiert werden. Gute Pädagogen sind wichtig für die Kultur und den Fortschritt einer Gesellschaft. Haben wir nur schlecht ausgebildete und schlecht bezahlte Pädagogen, macht sich das auch im menschlichen Umgang bemerkbar, in Kriminalität und Gewalt. Und auch die Bildungsunterschiede zwischen den Geschlechtern werden zunehmen. Jungs können Förderung gut gebrauchen.

Es stimmt ja: Jungs entwickeln sich häufiger als Mädchen zu «Problemfällen». Paare wünschen sich heute mindestens ein Mädchen, weil sie vermuten, dass Töchter eine bessere Zukunft haben werden. Paare überlegen sich auch: Mit Jungs könnte die Elternschaft langfristig kompliziert werden. Es fängt schon in der Grundschule an: Bei der Grundschul-Lese-Studie Iglu hängen die Mädchen die Jungs ab, ebenso später bei der Bildungsstudie Pisa. Auch beim Abi liegen die Mädchen vorn. An der Uni erreichen Akademikerinnen bessere Abschlüsse; irgendwie scheinen sie den Leistungsparcours lockerer und entspannter zu bewältigen. Verhaltensforscher haben schon seit längerem festgestellt, dass bei Jungen eine größere Veranlagung zu aggressiven und antisozialen Tendenzen besteht, zu Rechtschreibschwäche und ADS (Aufmerksamkeits-Defizit-Syndrom). Autistische Störungen treten bei Jungs vier bis zehn Mal so häufig auf wie bei Mädchen. Um die unkonzentrierten und hyperaktiven Jungs leichter zu bändigen, verabreichen ihnen manche Ärzte das Medikament Ritalin (was Kritiker zu der Bemerkung veranlasste: «Auch Max und Moritz würden heute Ritalin bekommen»).

Aber wie kommt es, dass die schwierigen Jungs im Berufsleben dann plötzlich durchstarten und die so begabten Mädchen dann doch nicht die Karriereleiter erklimmen? Wollen die Frauen nicht? Oder fallen die Defizite der Männer gar nicht mehr so ins Gewicht, je älter sie werden, weil es ja ein im Wesentlichen von Männern geformtes System ist, in dem wir uns befinden? Interessant ist in diesem Zusammenhang die Frage, ob sich das gerade ändert, ob Männer sich in einer Art Verwandlungsprozess befinden. Was Frauen nutzen könnte(n).

Männer in den Wechseljahren

Eines ist klar: Die Arbeitswelt befindet sich zumindest an der Basis in einem Wandel. Seit Jahrzehnten übernehmen schrittweise Maschinen Aufgaben, für die früher Körperkraft benötigt wurde. Es ist schon längst nicht mehr die Muskelstärke, die Männer auf dem Arbeitsmarkt besonders qualifiziert. Das bekommen die Älteren unter ihnen besonders zu spüren: Die Erwerbsquote der 55- bis 64-jährigen ist in den letzten Jahrzehnten rapide gesunken. Arbeitslos, ausrangiert, frustriert – solche Väter taugen ihren Söhnen nur bedingt als Vorbilder. Schon wird in Männerwitzen gespottet: «Was kommt von rechts? Ein Mann. Was kommt von links? Auch nichts.»

In unserer Dienstleistungsgesellschaft sind zunehmend Fähigkeiten gefragt, die da lauten: Freundlichkeit, Hilfsbereitschaft, Flexibilität, Kommunikationsbereitschaft, soziale Intelligenz. Eigenschaften, die man Frauen eher zuordnet als Männern. Schon rief das amerikanische Monatsmagazin The Atlantic 2010 «The End of Men» aus. Die renommierte politische Journalistin Hanna Rosin formuliert darin auf über zehn Seiten Belege für die These, dass Frauen für die postindustrielle Gesellschaft viel besser gerüstet seien.

Vati bringt das Geld nach Hause, Mutti gibt es für Kinder und Haushalt aus – mit dieser schlichten Rollenaufteilung haben Männer sich keinen Gefallen getan. Nie hätten sie sich träumen lassen, dass Frauen dadurch den größeren Einfluss auf unsere Wirtschaft haben, betrachtet man sie als Konsumentinnen: Zu 80 Prozent, so wird geschätzt, sind sie es, die Entscheidungen über kleine und große Ausgaben für die Familie treffen. Hinzu kommt, dass die Rolle des Versorgers längst nicht mehr allein Männersache ist: Zwar sind immer noch mehr Männer als Frauen Alleinverdiener, aber in Westdeutschland steuern heute in fast 40 Prozent aller Familien Frauen zumindest gleich viel zum Haushaltseinkommen bei.[47] Vor zwanzig Jahren galt das nicht einmal für jede dritte Lebensgemeinschaft. Der Anteil der Frauen, die mehr Geld als der Partner nach Hause bringen, liegt mittlerweile bei fast 11 Prozent, 1991 waren es knapp 7 Prozent. Ursache ist unter anderem der Abbau von Arbeitsplätzen in der Industrie. Und natürlich die steigenden Lebenshaltungskosten, die es notwendig machen, dass Frauen dazuverdienen. Es ist allerdings nicht so, dass die Frauen den Männern die spannenden, gutbezahlten Jobs wegschnappen: Frauen, die die finanzielle Last alleine tragen, machen das mit einem niedrigen bis mittleren Einkommen.[48]

Männer leben gefährlich: In der Pubertät begehen mehr Jungen als Mädchen Suizid, die Gründe sind noch wenig erforscht. In Industrienationen sterben Männer mit 76 Jahren, Frauen leben sechs Jahre länger – und das, obwohl sie den Mehrfachbelastungen von Beruf, Haushalt und Familie ausgesetzt sind. Mit ihrem Körper gehen die Herren der Schöpfung gar nicht pfleglich um, sie rauchen und trinken zu viel, aus Stressgründen, sagen sie. Sie sterben häufiger als Frauen an Herz-Kreislauf-Erkrankungen oder Leberzirrhose. Der Marlboro-Cowboy mag ja noch einen gewissen Sex-Appeal haben, ist die Dating-Phase jedoch einmal abgeschlossen, ist die Wampe nicht weit. Man könnte sagen, Ehemänner «verstetigen» ihre Nahrungsaufnahme, fast 70 Prozent der verheirateten Männer haben Übergewicht.[49] Aus Sorge um das Wohl des starken Geschlechts wurde im Jahr 2000 der 3. November zum «Weltmännertag» erklärt. Schirmherr Michail Gorbatschow möchte damit das Gesundheitsbewusstsein seiner Geschlechtsgenossen schärfen. (Es darf allerdings vermutet werden, dass Männer den «Weltmännertag» ohnehin auf der ersten Silbe betonen.)

Jetzt werden Männer auch noch an ihrem empfindlichsten Punkt getroffen: ihrer Potenz. Alarmierende Erkenntnisse sind aufgetaucht: Die Zahl der impotenten Männer stieg zwischen

2006 und 2009 um 13 Prozent,[50] bedingt durch psychische Störungen, Alkohol und Nikotin. Aber nicht nur das: Schätzungen zufolge sollen gar bis zu 1,5 Millionen Männer in Deutschland von einer Zeugungsschwäche betroffen sein, das wäre jeder Siebenundzwanzigste.[51]

Männliche Unfruchtbarkeit gilt immer noch als Tabu. Ungewollte Kinderlosigkeit galt bisher vorwiegend als Problem der Frauen, auch in der Öffentlichkeit: Der Gatte von Jennifer Lopez, Mark Anthony, von Paparazzi auf dem Weg zum Urologen fotografiert? Sharon Stone, die bekennt, dass der wahre Trennungsgrund die Samenqualität des Zeitungsverlegers Phil Bronstein sei? Kann man sich nicht vorstellen. Bisher wurden Diskussionen um männliche Unfruchtbarkeit und deren Ursachen eher im Verborgenen geführt. «Ich kenne keinen prominenten Mann, der sich jemals öffentlich zu einer Zeugungsschwäche oder zur künstlichen Befruchtung bekannt hat, während Frauen – wie zuletzt die kanadische Sängerin Céline Dion – mit dem Thema offener umgehen», sagt die Familientherapeutin Petra Thorn, die in ihrer Praxis viele Paare mit unerfülltem Kinderwunsch betreut und über «Männliche Unfruchtbarkeit und Kinderwunsch» ein Buch geschrieben hat. Studien hätten gezeigt, dass Männer sich im Alter nicht so leicht tun, Kinder zu zeugen, wie gemeinhin angenommen: Die Samenqualität nimmt ab, außerdem zeugen ältere Männer häufiger behinderte Kinder.

Populärwissenschaftliche Literatur zur männlichen Sexualität gibt es kaum. Wie bringt es der durchschnittliche Mann im Bett? Männer haben keine Ahnung, weil sie nicht darüber sprechen. Lieber schlucken sie heimlich Viagra. Vielleicht sind Männer ja im Grunde ihres Herzens Romantiker, die zwar sehr viel häufiger als Frauen an Sex denken, aber auch an die Liebe glauben? Oder besser, Liebe brauchen: So haben Forscher der University of Albany 2007 herausgefunden, dass Männer ihre Partnerschaft als wesentliche psychologische Stütze verstehen, um Lebensziele zu verwirklichen. Frauen würden notfalls darauf verzichten. Vielleicht ja, weil sie es sowieso auch in der Partnerschaft kaum anders erfahren und beobachtet haben.[52]

Manche Männer haben offensichtlich panische Angst, von Frauen dominiert zu werden: In der Schweiz kam es 2010 gar zum ersten «Anti-Feminismus-Tag». Der Chefredakteur der dort erscheinenden Weltwoche, Roger Köppel, bezeichnet Feminismus gar als «Rache der weniger schönen Frauen an den Männern mit den schönen Frauen».[53] Symbol der Anti-Feministen ist ein Männchen, welches ein Feminismuszeichen in den Mülleimer kippt. Beklagt wird von den Anti-Feministen die Bevorzugung des Weiblichen in bestimmten Bereichen: Bei Scheidungen würde aus nicht nachvollziehbaren Gründen eher Frauen das Sorgerecht eingeräumt, Frauen bekommen Frauenförderung, dürfen früher in Rente gehen, sind nicht wehrpflichtig, bekommen Witwenrente. Männer würden wegen ihres Geschlechts stigmatisiert – hierfür müssen auch absurde Argumente als Beleg herhalten: Zum Beispiel, dass es bei manchen Fluglinien nicht erlaubt sei, alleinreisende Kinder neben alleinreisende Männer zu setzen. Dies sei ein Hinweis darauf, dass Männer als verkappte Pädophile gesehen würden. Aber jetzt schlagen die Männer zurück: In einem Interview mit dem Schweizer Tagesanzeiger kündigte der kanadische Anthropologe Lionel Tiger, Autor des Buches «Auslaufmodell Mann», an, Männer würden an den Frauen Rache nehmen und in den Zeugungsstreik treten, «sie kapieren langsam, dass sie den Frauen ausgeliefert sind». So hält man Feindbilder am Leben. Die Angst des Mannes vor dem Machtverlust treibt schon seltsame Blüten.

Der Schweizer Soziologe Walter Hollstein wäre so etwas wie der Sprecher einer liberalen Männerbewegung, wenn es eine solche gäbe. Hollstein ist Verfasser von «Was vom Manne übrig blieb. Krise und Zukunft des starken Geschlechts» und drängt darauf, sich auch in der Forschung endlich mit den Männern zu beschäftigen: «Es gab jahrelang riesige Kampagnen, um den Frauen ein neues Selbstbild zu vermitteln. Umgekehrt wurde aber leider nichts gemacht. Die Männer wurden total vergessen.»[54] Untersuchungen bestätigen immer wieder, dass sich Männer in ihren Köpfen ein konservatives Rollenbild bewahrt haben. Und dieses passt nicht mehr in die Wirklichkeit. Der Mann ist verwirrt, denn irgendwie hat er wie Dornröschen den Wandel verschlafen. Nur, dass ihn niemand wachgeküsst, sondern jäh wachgerüttelt hat. Und nicht nur im Beruf, sondern auch zu Hause werden andere Anforderungen an ihn gestellt. Und damit kommt er überhaupt nicht klar.

Man kann es aber auch positiv sehen: Gerade vollzieht sich ein Wandel, der Frauen und Männer gleichermaßen betrifft. Eigentlich wäre das eine gute Gelegenheit, sich gemeinsam etwas zu überlegen, statt gegeneinander zu argumentieren. Ich könnte mir vorstellen, dass viele Männer mit etwas mehr Gelassenheit erkennen würden, dass bei einer Umverteilung der Aufgaben auch einiges entstehen kann, wovon sie profitieren.

Immer wenn es darum geht, einen Mann zu beschreiben, der in solchen Widersprüchen steckt, fällt mir Georg ein. Musikredakteur, Anfang vierzig, Motorradfahrer, Lederjackenfan, Ohrring, Tattoo. Und Vater von zwei kleinen Kindern. Mindestens einmal die Woche wurden wir, seine Zimmernachbarinnen in der Redaktion, Ohrenzeugen einer telefonischen Auseinandersetzung mit seiner Frau. Georg brüllte, seine Frau brüllte (das konnten wir ohne Lautsprecher hören), und bald lagen auch unsere Nerven blank. Worum ging's? Seine Frau hatte die Nase voll vom Hausfrau-und-Mutter-Sein, sie sah ihre beruflichen Ambitionen den Bach runterschwimmen und forderte nun von ihrem Mann Unterstützung. Er sollte bitte abends auch mal früher nach Hause kommen, auch mal einkaufen, die Kinder abholen und ins Bett bringen. Der übliche Stress unter Elternpaaren. Sie wollte außerdem einen Teeladen aufmachen, dabei sollte er ihr helfen. Für Georg waren ihre Wünsche nachvollziehbar, er wollte ja ein guter Ehemann und Vater sein. Das klassische Rollenbild von der Hausfrau und Mutter war auch keines, das er befürwortete. Er *wollte* ja eine emanzipierte, eigenständige Partnerin (die auch Geld nach Hause bringen würde)! Das Problem waren wir, seine Kolleginnen und seine Chefin. Wir hatten allesamt unser Privatleben im Griff. Die meisten waren kinderlos, und die mit Nachwuchs hatten die Betreuung perfekt organisiert. Wir kamen früh und gingen spät. Überstunden? Kein Problem. Unsere Frauenredaktion war absurderweise das Abbild einer männlich geprägten Arbeitskultur. Eher hätte sich Georg sein Tattoo wegätzen lassen, als uns die Ansage zu machen, er würde morgen mal wegen der Grippe seines Sohnes zu Hause bleiben. Oder um seiner Frau beim Teekistenschleppen zu helfen. Er wäre sich vorgekommen wie ein Weichei.

Neulich habe ich Georg zufällig an einem Vormittag in der Stadt getroffen. Er habe vor einiger Zeit gekündigt, erzählte er, und produziere nun selbst Musik. Er genießt es, seine Kinder aufwachsen zu sehen, sein kleiner Sohn möchte jetzt auch Musikproduzent werden. Die Nähe zu seinen Kindern hat ihn auf eine neue Geschäftsidee gebracht: Georg produziert jetzt auch Lern-DVDs für Kinder.

Im Kopf Versorger, im Leben Versager

meine frage an alle, die schon länger erfahrungen mit männern haben: wie bringt man einen mann dazu, im haushalt mit anzupacken? mein freund und ich wohnen nun seit einem halben jahr zusammen, und er hat sich in dieser zeit immer mehr auf die faule Haut gelegt!
lg, maja

liebe maja, leider kann ich dir bei deinem problem keine lösung bieten, aber dafür bin ich mindestens genauso gespannt auf neue antworten …
liebe grüße fleur

hallo, maja, ich denke, dass es bei solchen problemen grundsätzlich zwei seiten der lösung gibt: wenn er putzt, gibt es kein problem. Und wenn du dich damit abfindest, dass er nicht putzt, gibt es auch kein problem. Die frage ist, wo man sich trifft …
marvis
Chat aus dem Forum von lebenswert.de

Was ist ein moderner Mann? Für Männer könnte der smarte Hauptdarsteller Don Draper aus der amerikanischen Serie «Mad Men» ein solcher sein: Ein moderner Mann ist nach Meinung der Männer gepflegt gekleidet, karriereorientiert und weltoffen. Nur, dass «Mad Men» in den frühen sechziger Jahren spielt. Frauen hingegen verstehen unter einem modernen Mann jemanden, der im Haushalt und bei der Erziehung der Kinder hilft. Der seine Partnerin gleichberechtigt behandelt, familienorientiert ist und – darauf legen Frauen besonderen Wert – sich «einfühlsam» gibt.[55] Offensichtlich reden Männer und Frauen schon aneinander vorbei, wenn es nur um die Definition eines zeitgemäßen Rollenverständnisses geht.

Bei verheirateten Paaren sagen 64 Prozent der Frauen, dass sie Einkauf, Hausputz und Wäsche komplett allein erledigen.[56] Die Journalistin und Moderatorin Lisa Ortgies hat schon vor zwei Jahren in ihrem Buch «Heimspiel» die These vertreten, dass wahre Gleichberechtigung daheim anfängt, und zwar nicht nur bei einer gerechten Aufteilung der Kindererziehung, sondern auch bei der Hausarbeit (und da ist im Haushalt «helfen», wie es sich Frauen in der obigen Vorwerk-Studie wünschen, schon zu wenig). Aber wenn Frauen nicht den Mund aufmachten und mit ihren Partnern ganz genaue Absprachen träfen, wird sich da nichts ändern, so Ortgies: «Wer alles auf sich zukommen lässt, endet als Familie in der Traditionalisierungs-Falle.» Das führe in der Regel auch bei zuvor selbständigen Frauen zu Frust und Wut. Feministinnen vom alten Schlag traut Ortgies allerdings nicht zu, diese Diskussion am Laufen zu halten. «So manche ältere Feministin hat mit dem Thema leider so wenig Berührung wie ein kinderloser Mann», erzählt sie auf brigitte.de, deshalb sei es Zeit, «dass andere dafür eintreten». Ortgies hat Glück gehabt, sie hat offensichtlich ein seltenes Exemplar gefunden, das bereitwillig zum Staubsauger greift: «Mit ihm musste ich zum Glück auch nie über das Thema Haushalt diskutieren.»

Die Männer, die bisher meine Wohnung betreten haben, besitzen allesamt ein Ordnungsempfinden, das wesentlich von meinem abweicht: Schranktür auf, Tasse raus, Schublade auf, Löffel raus, Kühlschrank auf, Milch raus, Milchtüte offen stehen lassen, Kühlschrank zu, Kaffee in die Tasse, Mann geht hinaus. Zurück hinterlässt er eine Küche, in der es aussieht wie in einer Szene von «The Sixth Sense»: Wie von Geisterhand geöffnete Schranktüren, Schubladen, herumliegende Gegenstände ohne Heimat. Interessant ist in diesem Zusammenhang auch folgende Statistik: Männer in der Rolle des Hausmanns putzen halb so viel wie Hausfrauen, für Putzen und Bügeln verwenden sie rund 58 Minuten täglich.[57]

Bei der Putzdiskussion geht es natürlich um viel mehr als um liegen gelassene Socken oder darum, wer den Müll runterbringt. Es geht darum, die Voraussetzungen für eine gleichberechtigte Partnerschaft zu schaffen und für ein gleichberechtigtes Familienmodell zu sein: Eines, das (berufstätige) Mütter weniger erschöpft. Wer die Dinge dem Zufall überlässt, könnte sich irgendwann einmal an dem Punkt befinden, an dem die Ehe des guten

Georg und seiner Frau fast zerbrochen wäre. Warum nicht sogar im Detail festlegen, wer zu Hause für was zuständig ist? Diese Aushandlungen könnte man betrachten wie die Geschäftsgrundlage eines gemeinsamen Unternehmens. Geschäftspartnern, die es genau wissen wollen, würde man auch nie vorwerfen, etwa spießig zu sein – höchstens professionell. Es würde viele Probleme lösen, wenn sich Männer auf dieser Grundlage auch gegenüber dem Arbeitgeber als Familienmensch outen würden und deutlich machten, dass sie daheim auch zeitlich in der Schuld stehen.

Aber, stimmt, so etwas klingt gut, scheitert aber oft an der Realität. Ich kenne das Geheimnis einer vernünftigen Hausputz-Aufteilung ja auch nicht und bin an dieser Frage in Lebensgemeinschaften schon oft genug gescheitert: Es geht schneller, wenn ich das selbst erledige. Also, was könnte das Geheimnis sein? Sagen wir mal so: Es ist eine Frage der Haltung – nicht zu Krümel und Staub, sondern dazu, wie man grundsätzlich dem Leben begegnen will.

«Wir wollen nicht länger Machos sein müssen, wir wollen Menschen sein!», bekannten im Frühjahr 2010 einige Grünen-Politiker, darunter der Landesvorstand Bündnis 90 / Die Grünen in NRW, Sven Lehmann. Sie erklärten sich zu «Grünen Feministen» und schrieben ein Manifest. Anstoß hierzu waren sicher auch der Selbstmord des Fußball-Nationaltorhüters Robert Enke und die daraus folgende Debatte über die Versagensängste von Männern in einer Branche, die wie kaum eine andere von archaischen Spielregeln bestimmt wird. Das Manifest der «Grünen Männer» fordert positive Rollenbilder einer anderen, neuen Männlichkeit. Man muss der Erklärung ja nicht in jedem einzelnen Punkt zustimmen, aber sie kann als eine Anregung gelesen werden, neue Zeit- und Arbeitsmodelle zu entwickeln: «Männer leiden unter ähnlichen Vereinbarkeitsproblemen wie Frauen: Gerade junge Männer haben mittlerweile den Anspruch,

Kind(er), Karriere, Engagement und Freizeit miteinander vereinbaren zu können, anstatt sich für das eine oder gegen das andere entscheiden zu müssen.»[58]

Grundsätzlich klingt das ja gut: Vätern soll von Arbeitgebern die Möglichkeit geboten werden, nicht nur die üblichen zwei, sondern sechs Monate Elternzeit nehmen zu können. Unter männlichen Journalisten ist das, so beobachte ich unter Kollegen, inzwischen nicht unüblich – wenngleich die Zeit auch gern dafür genutzt wird, endlich mal das langgeplante Buch zu schreiben. Oder mit der kleinen Familie nach Australien zu fliegen, es soll ja sehr schön sein dort. Ich finde das schade – schade vor allem für die Frauen. Die verpassen nämlich die Chance, sich um ihre eigenen Pläne zu kümmern.

«Ein Mann sollte sich vor allem für seine Familie Zeit nehmen. Ich habe es falsch herum gemacht: Die Karriere war mir lange Zeit wichtiger. Ein großer Fehler, den ich nicht noch einmal machen würde, denn daran ist meine Beziehung zerbrochen.»
Murat, 35, Geschäftsführer (in einem Interview mit der Zeitschrift emotion)

«Ich achte sehr auf meine Gesundheit, ernähre mich bewusst, trainiere viermal pro Woche für den nächsten Triathlon und gehe regelmäßig zur Vorsorgeuntersuchung. Im Lauf des Lebens habe ich gelernt, über Gefühle zu sprechen. Seitdem findet mich meine Frau viel anstrengender.»
Holger, 55, Ingenieur (in einem Interview mit der Zeitschrift emotion)

Sogenannte «männliche Eigenschaften» werden heute nicht mehr einhellig befürwortet. Einst, so sieht es Walter Hollstein, galten Leistungswille, Disziplin und Autonomiestreben als männliche Tugenden.[59] Heute sind diese Merkmale nur noch in der

Arbeitswelt gefragt. Und hier können sie nicht ausgeprägt genug sein: Je härter, ehrgeiziger und konkurrenzorientierter der Kollege, desto schneller kommt seine nächste Beförderung. In den Augen von Frauen gilt so ein Mann vermutlich aber als beziehungsunfähig. Die Interpretation wechselt also mit dem Blickwinkel. Kein Wunder also, dass der Mann die Orientierung verliert. Wie soll er also sein? Walter Hollstein: «Frauen sind aus den Binnenwelten in die Außenwelten vorgestoßen. Das bedingt natürlich, dass bei Männern die Gegenrichtung einsetzen muss. Männer müssen sich einfach bei der Hausarbeit und bei der Kindererziehung engagieren. Und Männer dürfen nicht mehr Gefühle und alles, was mit der Psyche zu tun hat, an Frauen delegieren. Sie müssen selbstverantwortlich sein.»[60] Aber das löst noch nicht die Frage, wie sich Männlichkeit heute definiert.

Was ist heute männlich?

Was ist männlich, was weiblich? Unsere (männlich geprägte) Kultur definiert das aus dem Prinzip der Polarität heraus, ähnlich dem Yin-Yang-Prinzip aus der chinesischen Philosophie: Yin und Yang sind einander entgegengesetzt, aber nur in Beziehung zueinander denkbar. Männlich ist das, was nicht weiblich ist. Und weiblich ist, was nicht männlich ist. Dieser Logik zufolge muss eine gewisse Polarität zwischen den Geschlechtern bleiben, will man das Gesetz der Ergänzung nicht aufheben. Es gibt aber auch den Ansatz (zum Beispiel bei der Feministin Judith Butler in «Das Unbehagen der Geschlechter»), der davon ausgeht, dass auch die biologische Tatsache, dass Frauen Kinder bekommen können und Männer nicht, nur ein Vorwand ist, um Herrschaft auszuüben. Geschlechtskategorien sind nicht naturgegeben, sondern werden kulturell geformt.

Auf jeden Fall kann man feststellen, dass das, was als männlich oder weiblich gilt, sich über die Zeiten und Kulturen wandelt. «Männlichkeit ist ein kulturelles und soziales Konstrukt, das bis in das Körpergefühl des heranwachsenden Jungen eingeschrieben wird», sagt der Sozialpsychologe und Männerforscher Prof. Rolf Pohl. Irgendwann wurde Männlichkeit also zusammengebastelt: Als der Jäger für seine Sippe das Mammut erlegte und seine Familie verteidigte. Für die Generation vor dem Ersten Weltkrieg war der autoritäre Vater Leitbild (beeindruckend dargestellt in dem Film «Das weiße Band» von Michael Haneke) und sollte es auch noch viele Jahrzehnte bleiben. Heute definiert sich für Jungen Männlichkeit auch durch die Abgrenzung zum Weiblichen: «Sie unterliegen dem Druck, sich nicht nur als das andere, sondern auch als das überlegene und wichtigere Geschlecht zu definieren und dies ‹notfalls› auch zu beweisen», mit Gewalt, so Pohl.[61] Auch die Journalistin Ute Scheub sieht in ihrem Buch «Heldendämmerung» die Krise der Männer möglicherweise zu einer Bedrohung für die Frauen werden: In ihrer Identität bedrohte Männer könnten um sich schlagen, um sich ihre vermeintliche oder tatsächliche Herrschaftsposition zurückzuerobern, so Scheub.

Männlichkeit definiert sich sehr stark durch das, was «man(n) tut» – während Frauen sich eher fragen, wer sie sind. «Männer sollten in ihrem ureigensten Interesse an Bord des Dampfers klettern, der Richtung Chancengleichheit geht», rät Scheub. Schon weil als bewiesen gilt: «Das Patriarchat schadet der männlichen Gesundheit, verkürzt das Lebensalter und versaut das Lebensglück von Männern.»

Der Politikwissenschaftler und Buchautor Dr. Thomas Gesterkamp, der sich seit vielen Jahren mit dem Wandel männlicher Identität beschäftigt, erlebt auf seinen Vorträgen immer wieder, «dass junge Männer gar nicht so richtig wissen: Welche Facetten ihrer Männlichkeit werden eigentlich noch positiv bewertet?» Einst konnten die Männer ihre Rolle als Bestimmer aus ihrem Alleinverdienerstatus ableiten, das funktioniert nicht mehr. Beschützer müssen sie längst nicht mehr sein, und Welterklärer können sie nicht mehr sein: Es hat sich schon seit langem erledigt, dass der Mann abends aus dem Büro nach Hause kommt und seiner Familie von der Welt da draußen erzählt. Wenn es überall bröckelt, dann ist es vielleicht gar nicht so doof, wenn Männer sich die Papa-Rolle aneignen? Gesterkamp erzählt mir: Als er und seine Partnerin sich Anfang der Neunziger nach der Geburt ihrer Tochter dazu entschlossen, sich die Betreuung zu teilen, machte sie das noch zu Außenseitern. Gesterkamp arbeitete zwar damals freiberuflich, musste also nicht aus einer komplexen Firmenstruktur ausscheren, stand aber dennoch bei seinen Arbeitgebern unter Argumentationszwang. Diese waren gewohnt, dass auch männliche freie Mitarbeiter immer zur Verfügung stehen und sich nicht die Artikelabgabe wegen Masern verschiebt. «Ich fühlte mich sehr herausgefordert, in die Vaterrolle zu schlüpfen und habe da zeitweise mehr gemacht als meine Partnerin», so Gesterkamp. «Irgendwann hat sich das wieder ausgeglichen. Gerade hat unsere Tochter ihr Abitur bestanden und ist jetzt in Australien. Nun arbeiten wir beide wieder voll.» Für das Paar Gesterkamp beginnt nun ein neuer Lebensabschnitt: «Jetzt geht's darum, was will man noch in seinem Leben erreichen.» Sieht so aus, als sei das mit der gleichberechtigten Rollenverteilung gar nicht so schlecht gelaufen.

Verblüffenderweise ist die junge Generation noch sehr im klassischen Rollendenken verhaftet. In der Brigitte-Studie «Frauen auf dem Sprung» kam nicht nur heraus, dass die jungen Männer traditioneller denken als die jungen Frauen. Beide Geschlechter haben auch unterschiedliche Vorstellungen von «männlich» und «weiblich». «Sich Respekt verschaffen» und «etwas riskieren können» gehört für Frauen zur Weiblichkeit dazu, was die Männer verblüfft. Es ist für Frauen auch viel wichtiger, «gut ausgebildet» zu sein, «auf eigenen Beinen stehen» zu können und «Verantwortung» zu übernehmen, als Männer meinen. Aber auch die Frauen täuschen sich. «Viel Geld verdienen», «Karriere machen», und «guten Sex haben» – das hat für Männer nicht die Riesenbedeutung, die Frauen vermuten. Männer schätzen sich viel familienorientierter ein. Aber trotz aller Bemühungen, sich vom klassischen Männerbild zu lösen – die junge Männergeneration hängt noch sehr an ihrer Versorgerrolle: 56 Prozent stimmen zu, wenn es heißt: «Ich würde gerne mehr verdienen als meine Partnerin».

Der neue Vater – Vater Morgana?

Wie könnte die Rolle des Mannes also in Zukunft aussehen? Das wird sich wohl erst mal an der Rollenaufteilung zu Hause beweisen müssen. Es ist ja auch nicht so, dass Männer sich immer besonders geschickt anstellen, wenn es um geteilte Elternpflichten geht (was natürlich keine Entschuldigung sein soll).

> «Das erste Mal Babyschwimmen mit meiner halbjährigen Tochter: Erst standen wir eine halbe Stunde im pipiwarmen Wasser, dann ging's wieder in die Umkleide, wo ich gar nicht wusste, wen von uns beiden ich zuerst anziehen soll. Damit das Baby nicht zu sehr schwitzt, während ich mich ankleide, habe ich mir erst meine Winterklamotten angezogen, draußen war ja Winter. In einer Daunenjacke sein strampelndes Kind anziehen, während einem der eigene Schweiß nur so runterläuft … nee, das brauche ich nicht nochmal.»
> *Kurt, 42, Unternehmer, verheiratet, zwei Kinder (1 und 4)*

Aber da es noch keine gesellschaftliche Übereinkunft darüber gibt, wie die Rollenverteilung bei jungen Familien aussehen soll, machen Paare das irgendwie unter sich aus, basteln und wurschteln sich irgendwas zurecht, womit sie sich einigermaßen wohl fühlen. Und auch vor anderen – ihren Kumpels, Freundinnen und Kollegen – vielleicht sogar fortschrittlich, aber bestimmt nicht hilflos aussehen. Marius ist so ein fortschrittlicher und auch fürsorglicher Mann. Für den 34-jährigen Berufspiloten war es von vornherein klar, dass er sich zwei Vätermonate nehmen würde. Nach der Geburt seiner Tochter bemühte er sich, seine Partnerin zu entlasten, erledigte alle möglichen liegengebliebenen Reparaturarbeiten im Haus. Seine Freundin und er redeten sehr viel in der Zeit – nicht über Probleme und auch nicht übers Kind, sondern einfach über sich. Als er wieder seinen regulären Job aufnahm, waren sie sich so nah wie nie zuvor. Aber es war so ausgemacht, dass er wieder voll einsteigt – mit seinem Arbeitgeber, der auf die dünne Personaldecke hinwies. Und mit ihr – er verdient mehr als sie, die gerade ihr Referendariat in einer Kanzlei abgeschlossen hatte. Er findet, sie solle sich einmal eine längere Auszeit gönnen und zur Ruhe kommen. Sich erholen. Als Juristin könnte sie auch in zwei Jahren immer noch wieder locker einsteigen. Sie aber möchte zurück in die Kanzlei, schon für sich selbst. Was soll sie denn zu Hause tun den lieben langen Tag? Er kann das nicht verstehen. Er meint es doch nur gut. Auf jeden Fall haben sie einen Krippenplatz, wenn das Kind ein Jahr alt wird. Dann werden sie weitersehen.

In der Brigitte-Studie signalisieren die jungen Männer Unterstützungswillen. Dass Väter seit 2007 Anspruch auf Elterngeld haben, macht sich bemerkbar: Für 23 Prozent der Kinder, die im ersten Halbjahr 2009 geboren wurden, haben Väter Elterngeld beantragt.[62] Allerdings bezieht nach wie vor die Mehrheit der Väter (75 Prozent) Elterngeld für einen relativ kurzen Zeitraum von maximal zwei Monaten. Diese Väter haben auch schon einen Namen, man nennt sie «Vater Morgana». In einem so überschriebenen Artikel fragt die Autorin Jana Hensel, selbst berufstätige, erschöpfte Vollzeitmutter, verzweifelt: «Wann werden die symbolischen Väter zu realen Vätern? Wann wird für sie der Entschluss, eine Familie zu gründen, auch einen realen Verzicht, Einschnitte und Kompromisse nach sich ziehen?»[63]

«Das Märchen vom modernen Mann» textet der Stern in einer Titelgeschichte im März 2009. Bei eingehender Betrachtung der neuen Väter kommt das Magazin ebenfalls zu dem Schluss: Männer sehen ihre Zeit am Wickeltisch eher als Übergang. Sie stellen sich total ungeschickt an, kriegen Beklemmungen vor Einsamkeit, fühlen sich abgeschnitten vom Rest der Welt – sodass am Ende nicht nur sie selbst froh sind, wieder ins Büro gehen zu können.

«Wollten wir Vierzigjährigen das nicht alles anders machen?», fragt sich der Journalist und zweifache Vater Alex Rühle in der Süddeutschen Zeitung[64]: «Gerechtere Verteilung von Arbeit und Familie! Bessere Bezahlung von Frauen! Zeit für die Kinder! Eines Tages wacht man dann als Eltern auf und reibt sich die Augen, wie sehr das Ideal der auf Lebenslänglichkeit abgestimmten Komplementärrollen noch immer das Miteinander zu bestimmen scheint.» Natürlich kann man klagen über die Strukturen, schreibt Rühle, und das zu Recht. Aber auf Geld und Macht zu verzichten, ist für Männer wohl immer noch ebenso schwer, wie es Frauen nicht leichtfällt, ihre angestammten Hoheitsgebiete – Haushalt, Kindererziehung, Ernährung – mindestens zur Hälfte an den Mann abzutreten. Und auch in der Erzählung Rühles bestätigt er sich wieder, der Tenor der vorigen Seiten: Die klassischen Rollen, sie kleben zäh an uns allen, an Müttern, «die einen kontrollierenden Blick in die Brotzeitbox der Kinder werfen, wenn der Vater die Brote schmiert.» An Vätern, «die sich in Sachen Haushalt hinter der eigenen Ungeschicktheit verstecken.» Und wenn wir nun tatsächlich über unsere Schatten springen und den anderen einfach machen lassen? Das sei die eine Seite des Traums, so Rühle. Die andere seien Chefs, die nicht mehr so reagieren, als gäbe man sich anstößigen Sexpraktiken hin, wenn man als Mann mit dem Ansinnen kommt, nur vier Tage die Woche arbeiten zu wollen. «Tja nun, möchte man ihnen zurufen, entscheidet euch mal. Sollen wir euch Kinder ranschaffen?

Dann gebt uns mehr Gestaltungsfreiräume im Elternalltag. Ansonsten macht euren Dax alleine.»

Wo ein Wille ist, ist noch kein Weg

Der neue, der zeitgemäße, der aufgeschlossene Mann – mein ehemaliger Kollege Jens könnte so einer sein. Jens, der als Teamplayer bei seinen Kollegen und besonders bei den Kolleginnen beliebt ist, weil er in der Büroküche unaufgefordert den Abwasch macht. Jens hat die Vaterrolle noch vor sich. Der 35-jährige hat seine gleichaltrige Uni-Liebe geheiratet, eine Archäologin, er hat Psychologie studiert. Beide wollen eine Partnerschaft leben, «die nicht nur fair ist, sondern für beide auch befriedigend». Aber darüber müssen sie sich nicht jeden Morgen gegenseitig wieder am Frühstückstisch versichern, etwas anderes wäre für das Paar gar nicht denkbar. Beide sagen, dass ihr gemeinsames Lebensbild die Basis ist für ihre Beziehungszufriedenheit. Sie fühlen sich glücklich – und das sind ihren Beobachtungen zufolge die meisten anderen Paare in ihrem Freundeskreis, ob mit kleinen Kindern oder ohne, «wir sehen da jede Menge Partnerschaften, die wir gut finden. Es ist auch so, dass sich viele meiner Kumpels über ihr eigenes Männerbild Gedanken machen», sagt Jens. «Den Rabaukenmann will heute keiner mehr haben.»

Den eigenen Haushalt teilt er sich heute mit seiner Frau nach klaren Regeln: Er ist für das Geschirr und die Küche zuständig, seine Frau macht die Wäsche, der Rest wird auf Zuruf geregelt. Finanziell kommt das Paar ganz okay über die Runden, sie ist bei der Stadt angestellt, er ist seit einem Jahr Freiberufler und macht nebenher noch eine Zusatzausbildung als Therapeut. So weit, so gut. Wie wird sich dieses gleichberechtigte Lebensmodell anfühlen, wenn sich die Grundbedingungen ändern? «Wenn meine Frau schwanger wird, wäre einer meiner ersten Gedanken: Wie kriege ich das hin, dass beide gut versorgt sind?», so Jens. «Das ist auch in mir noch total verankert, dass das mein Teil der Aufgabe ist.» Selbstverständlich würde er sich mit seiner Frau die Kinderbetreuung teilen – weil er das Vatersein als Ergänzung zu seinem bisherigen Leben versteht: «Es ist ja etwas Tolles, wenn man sich als Mann nun nicht mehr nur über den Beruf definiert.» Allerdings: «Männer werden heute noch komisch angeguckt, wenn sie mehr nehmen wollen als die zwei Monate.» Noch kann er seine Zeit flexibel handhaben, da er selbständig ist. Und wenn seine Frau einen Superjob angeboten bekäme? Eine Umkehr des Rollenmodells ist für ihn vorstellbar, aber nicht erstrebenswert: «Ein Hausmann wird ja noch weniger anerkannt als eine Frau, die den Haushalt schmeißt. Ja, Männer haben da auch ein Statusding laufen, es fällt uns sehr schwer, so weit zurückzutreten, wie Frauen es jahrzehntelang gemacht haben.» Vorbilder suchen Jens und all die Paare in seinem Freundeskreis vergebens. Brad Pitt mit seiner Multikulti-Familie? Zu weit weg vom normalen Alltag. Und der Grünen-Politiker Cem Özdemir mit seiner Babypause? Äh, war da was?

Vielleicht ist es ja so: Wir – besonders natürlich junge Paare – sind alle noch in der Probierphase. Wir sollten daher nicht so streng mit uns sein: Dann wird der Putzplan eben mal nicht eingehalten. Oder er holt das Kleinkind einmal weniger von der Kita ab. Kann ja mal vorkommen. Dafür hat sie dann das nächste Mal einen gut. Das wäre nicht nur viel entspannter, sondern könnte auch noch Spaß machen: Wenn wir uns zu einer Übergangsphase bekennen, bei der jeder noch ausprobiert. Aber bitte nicht nur in den eigenen vier Wänden heimlich fluchen, wenn es nicht klappt, sondern öffentlich. So, dass andere es auch mitbekommen und es besser machen können. Oder Fehler vermeiden lernen.

Wie es richtig geht, wie es auch längerfristig für die ganze Familie funktionieren kann, wer weiß das schon? Hauptsache, wir – ein Paar, eine Familie, die Gesellschaft – wollen dasselbe: ein Lebensmodell, das vieles möglich macht, für beide und alle.

Frauen wollen Karriere. Aber auf ihre Art

«Dies soll das Leben junger Frauen sein? Nur über Sex, Schuhe und Drinks reden?»
Carice van Houten, 34, holländische Theater- und Filmschauspielerin

«Die große Frage meines Lebens ist – für mich als Freundin, Mutter und berufstätige Frau –, wie es möglich ist, Arbeit, vielleicht auch Karriere, Liebe und Kinder unter einen Hut zu kriegen, ohne dass dabei ein Aspekt auf der Strecke bleibt. Ist es vermessen, sich das zu wünschen? Naiv? Ist es sowieso illusorisch? Oder kann es funktionieren, wenn man sich einfach nur traut, diese Wünsche zu formulieren und dafür einzutreten?»
Henriette, Autorin, 33, ein Kind, 2 Jahre

Wer sich mit der Unternehmerin Dr. Katarzyna Mol zum Abendessen verabredet, hat zur Sicherheit besser einen Müsliriegel in der Tasche – weil es bei ihr immer später werden kann, erheblich später. Wenn Mol dann unter tausend Entschuldigungen endlich mit fliegenden Locken beim Italiener zur Tür hereinstürmt, kann es passieren, dass der Koch sogar schon beim Abwasch ist – aber ein paar Nudeln hat er immer für die Signora. «So viel Arbeit, und so dünn!», ruft er ihr dann entgegen. Oft zieht sie einen Trolley hinter sich her, darauf gepackt die Laptoptasche und die mit den Unterlagen für einen Vortrag beim Frauennetzwerk oder einem Medienverband. Wer nach jemandem sucht, der zumindest äußerlich dem Klischee der ständig rotierenden, immer auf

Empfang gestellten Karrierefrau entspricht – bitte, hier findet er sie. Die 36-jährige trägt Kostümjäckchen oder Hosenanzug und hat meist eines ihrer beiden Handys am Ohr, wenn sie nicht gerade ihre Mails checkt. Ihr Wecker klingelt morgens spätestens um 6 Uhr, weil sie mit ihrem Freund noch frühstücken möchte, bevor sie in ihren 12–14-Stunden-Tag startet. Vielleicht muss sie aber auch noch mit dem Laptop auf dem Frühstückstisch an einer Kundenpräsentation feilen, während ihr Lebensgefährte geschäftig hin und her läuft, um seinen Koffer für eine Dienstreise zu packen, für einen Kundentermin in Paris.

«Karriere? Das tue ich mir doch nicht an!» lautete eine Titelgeschichte des Stern, mit der Unterzeile «Warum gut ausgebildete Frauen das Spiel der Männer um Macht und Status nicht mitmachen».[65] Offensichtlich gibt es einen Trend, das behauptet jedenfalls das Magazin, der Frauen Karriere als ein sehr unattraktives Ziel erscheinen lässt. Wir erinnern uns: Obwohl immer mehr Frauen gute Hochschulabschlüsse machen, ist der Frauenanteil unter den Führungskräften in den letzten vier Jahren ungefähr gleich geblieben, ganz oben sogar rückläufig.

«Das tue ich mir doch nicht an!» Gemeint ist ein Arbeitsalltag, der sich so anhört: 60-Stunden-Woche, permanent durchgetaktet, unterwegs sein, ständige Verfügbarkeit, Verzicht auf Abende mit Freunden, dafür noch Unterlagenstudium im Bett – «Bedingungen, wie sie in männlich geprägten Unternehmenskulturen üblich sind.»

Man kann nicht sagen, dass sich die Frauen, die in dem Artikel zu Wort kommen, grundsätzlich gegen eine Karriere, gegen eine berufliche Laufbahn entschieden haben. Keine der Frauen ist jünger als 36, sie haben sich schon viel erarbeitet. Und sich dann anders entschieden: Claudia zum Beispiel hat ihre Laufbahn bei einer großen internationalen Internet-Agentur selbst beendet. Sie sagt: «Ich wollte meine Fähigkeiten für eine eigene Sache nutzen.» Jetzt stellt sie natürliches Kraftfutter für Pferde und Hunde her, nach eigener Rezeptur, im eigenen Unternehmen auf dem Land. Die ehemalige Senior-Beraterin sagt: «Früher habe ich zwölf Stunden am Tag gearbeitet. Diese Art zu leben macht mich krank.» Jetzt kann sie sich auch nicht jeden Tag in die Sonne legen. Aber sie selbst bestimmt, wie sie ihren Tag einteilt. Das Schöne am Selbständigsein ist ja: Man kann die Effizienz seiner Arbeit selbst bestimmen. Keine aufgeblähten Meetings mehr, zu denen man verdonnert wird, obwohl gerade Dringenderes erledigt werden muss. Keine Schreibtischpflicht, obwohl die Arbeit gemacht ist. Und auch den Small Talk im Büroflur mit der Quasselstrippen-Kollegin muss man nicht mehr über sich ergehen lassen.

Auch hinter der 44-jährigen Heike, promovierte Betriebswirtschaftlerin, lag schon eine Top-Karriere, als sie beschloss, sich dem Muttersein zu widmen: «Ich hatte einen unheimlich hohen Grad an Selbstverwirklichung erreicht, da konnte ich mir diese Freiheit nehmen.» Nur Pausenbrote zu schmieren oder Lego zu spielen ist aber dann doch nicht so erfüllend: Heute ist sie ehrenamtliche Vorsitzende einer Bürgerstiftung, die sich besonders für die Integration von Jugendlichen einsetzt.

Auch Katarzyna Mol würde in diese Geschichte passen. Ich sitze mit ihr über zwei großen Tellern blitzschnell gezauberter Spaghetti, über die der wohlmeinende Koch den gesamten Zweiliterrest seiner scharfen Soße gegossen hat. Sie, die Karrierefrau, kann sich gut in Frauen wie Claudia und Heike hineinversetzen. Sie hat vor eineinhalb Jahren selbst einen Schnitt gemacht und ist aus dem sicheren Gefüge eines großen Verlags herausgetreten, um sich mit einer Firma selbständig zu machen. Ich kenne Katarzyna gut, wir haben bei der Zeitschrift emotion zusammengearbeitet, sie war Verlagsleiterin. Als das Magazin zum Verkauf stand, bewarb sich die promovierte Juristin kurz entschlossen um die Lizenz – zur Verblüffung aller. Denn weder ist Katarzyna Millionenerbin, noch hat sie eine schicke Immobilie mit einer

Hypothek belasten können. Aber es gelang ihr, Investoren aufzutreiben – am überzeugendsten war, neben dem Businessplan, wohl ihre große Leidenschaft für die Sache, der Glaube an die Richtigkeit ihres Vorhabens.

Warum tauscht eine Frau ein Hamsterrad gegen ein neues? Wohl auch deshalb: Weil sie sich mit den Inhalten ihrer Tätigkeit identifizieren will. «Ich hatte keine Lust mehr, immer dafür zu kämpfen, ob wir im Konzern überleben oder nicht», sagt die Jung-Unternehmerin. Es war nie sicher, ob das Heft vielleicht von heute auf morgen eingestellt wird. Jetzt hat sie es selbst in der Hand. Aber hat sich an ihrer Tätigkeit so viel geändert? Eine neue Firma aufzubauen, einer Zeitschrift zum Erfolg zu verhelfen, das kostet viel Kraft. Katarzyna muss viel umherreisen, ständig neue Ideen sammeln, Anzeigenkunden an Land ziehen, das Heft promoten. Sie steht unter ständigem Erfolgsdruck, die Zahlen müssen stimmen. Doch das beflügelt sie mehr, als dass es sie belastet. «Ich wollte allen zeigen, was in dem Blatt steckt. Also musste ich mich entscheiden», sagt Katarzyna und meint wohl auch: Ich wollte allen zeigen, was in MIR steckt. Sie stieg aus. Zugunsten ihres viel unsichereren, aber selbstentworfenen Plans.

Eigene Ideen, persönliche Ziele zu verfolgen, das ist es, was uns glücklich macht. Das weiß auch Dr. Renate Köcher, Leiterin des Instituts für Demoskopie Allensbach. «Man wird künftig noch wesentlich bewusster versuchen, die Voraussetzungen für ein glückliches Leben zu schaffen», sagt sie.

Glück entsteht, wenn wir etwas zu einem wesentlichen Teil selbst bestimmen können. Das Gefühl, ein Rädchen im Getriebe zu sein, bezeichnet genau das, was Glück nicht ist: das Gefühl, vollkommen fremdbestimmt zu handeln. Je größer die Möglichkeit, Einfluss auszuüben oder selbst Entscheidungen treffen zu können, desto stärker die Zufriedenheit. Ja, Macht macht glücklich; die Möglichkeit, Arbeit teilen oder delegieren zu können, eben als Handelnder aufzutreten, nicht als jemand, der be-handelt wird und sich ohn-mächtig fühlt.

Es muss also wohl eher heißen: «Karriere? Aber zu meinen Bedingungen!» Es ist ja nicht so, dass die Frauen, von denen wir hier sprechen, «null Bock» hätten – und damit das Vorurteil nähren, Frauen seien zu faul für Karriere. Sie haben ihr langes Studium, die Zusatzausbildung mit Nachtschichten, die schlecht oder gar nicht bezahlten Praktika nicht durchgehalten, um dann eines Morgens aufzuwachen und zu beschließen, den ganzen Karriereblödsinn, der eh nur stresst, mal eben hinzuschmeißen. Viele Frauen vermissen die Anerkennung in ihrem Job. Was ihnen spätestens dann noch einmal so richtig bewusst wird, wenn der Kollege, der ihnen eben noch die Ohren über den schwierigen Job vollgejammert hat, befördert wird. Frauen nehmen auch gerne mal eine Gehaltserhöhung entgegen, statt regelmäßig in das von Sorgen zerfurchte Gesicht ihres Chefs zu blicken, dem schon auf der Stirn geschrieben steht: Wie wollen wir bloß unsere Ziele erreichen?

Wenn Katarzyna Mol von «ihrer Zeitschrift», «ihrem Team» redet, fliegen ihre Locken hin und her. Auf dem Weg zu unserem Treffen kam ihr tatsächlich jemand entgegen, der ihre Zeitschrift unter dem Arm hatte! Morgen wird sie auf einer Tagung vor Frauen sprechen, die nach neuen, befriedigenden Perspektiven suchen. Sie wird ihren Zuhörerinnen auch erzählen, dass eine erfüllende Arbeit ihren Preis hat: Noch hat sie keine Kinder. Und wie verkraftet ihre Beziehung die Arbeitsbelastung? «Ich darf es nicht übertreiben», sagt Katarzyna lachend, und man merkt, dass das natürlich ein Thema ist. «So absurd das klingt, aber irgendwie hat das unsere Partnerschaft auch gefestigt. Mein Freund hat mich von Anfang an sehr motiviert und unterstützt. Wir reden sehr intensiv darüber, was uns beide im Berufsalltag antreibt, wir mögen beide sehr, was wir tun. Natürlich könnten wir mehr Zeit miteinander verbringen, und uns fehlt da auch etwas. Aber wir haben ein Abkommen, ein Zeitkonto, in dem festgehalten ist, wie viel Zeit jeder für den anderen investiert – also wer für das gemeinsame Essen einkauft, Konzertkarten besorgt, ein Restaurant aussucht. Ich habe versprochen, das im Auge zu behalten.»

Aber schon denkt sie wieder an ihre Zeitschrift. Das Team soll für seinen Arbeitseinsatz belohnt werden, überlegt sie: Sie könnte doch hier beim Italiener für alle ein kleines Weihnachtsfest ausrichten? Prompt ist sie in ein Gespräch mit dem Koch verwickelt. Schwer vorstellbar, dass sich ein männliches Pendant, jetzt und an ihrer Stelle, ähnlich verhalten würde. Viel Schlaf wird sie heute jedenfalls nicht mehr bekommen. In sechs Stunden geht ihr Flieger zu einem Kundentermin.

Die Arbeitswelt ist männlich

Haben Frauen weniger Lust auf Karriere? Die Beraterin Marion Knaths kennt diese Wendepunkte bei Frauen gut: «Frauen verabschieden sich innerlich von ihrer Karriere, weil sie merken, dass ihre Fähigkeiten nicht wahrgenommen werden.» Irgendwann, sagt Knaths, die selbst einmal in einem Konzern eine Spitzenposition innehatte, habe sie verstanden, womit viele Frauen zu kämpfen haben und woran auch viele scheitern. «Frauen und Männer, das ist im Prinzip wie zwei Rennpferde, die zwar unter gleichen Bedingungen starten, aber das eine trägt zwanzig Kilo mehr Gepäck auf dem Rücken. Und nun stellen sich alle hin und sagen: Na, das ist aber ein müder Klepper.» Zehn Kilo von dieser Last könne man zumindest dadurch wegschaffen, indem man kapiert, wie die Regeln der Macht funktionieren und wie man sie für sich nutzen kann. Da geht es dann auch nicht mehr nur um reine Verhaltensregeln, also wie man die Aufmerksamkeit höflich, aber bestimmt auf sich lenkt, wie man den Kollegen abblockt, der einem ins Wort fällt, oder den Nörgler in die Schranken weist. Es geht auch darum, Frauen die Angst zu nehmen, sie seien einer Aufgabe nicht gewachsen. «Frauen sagen: Das ist mir zu anstrengend. Oder: Das ist mir zu doof. Oder: Das sollen die mal alleine machen», so Knaths. «Meine Erfahrung aber ist: Wenn man die Spielregeln transparent macht, dann sagen die meisten: Och, das kann ich auch.»

Erinnern wir uns: An anderer Stelle sagte eine «mächtige» Frau, Macht sei auch ein Spiel. Wer «drin» ist, wird beobachten, dass eine machtvolle Position auch mit vielen Privilegien ausgestattet ist, die das Umgehen mit Macht vereinfacht. Männer wissen das, weil sie einander durchschauen. Die meisten kommen gar nicht auf die Idee, sich einer Position nicht gewachsen zu fühlen und die Für und Wider im Kopf herumzuwenden. Stattdessen halten sie sich lieber an das Motto Franz Beckenbauers: Schau'n mer mal, dann seh'n mer scho.

Ein guter Teil ist Show. Auffällig ist, dass Männer Erfolg in der Regel nicht so erschöpft wie Frauen. Männer werden vielleicht dicker, wie Helmut Kohl oder Joschka Fischer. Aber das macht sie nur imposanter – wie auch graue Haare sie attraktiver aussehen lassen. Frauen erinnern mit Grauschopf leicht an Cruella de Vil aus «101 Dalmatiner». Wer erlebt hat, wie lässig manche Männer in Führungspositionen ihre Sekretärin in die Organisation ihres Privathaushalts einbinden, wie gekonnt sie lästige Konferenzen an Stellvertreter delegieren oder sich blendend darauf verstehen, anstrengende Auswärtstermine so zu kombinieren, dass noch ein ganz angenehmer Ausflug daraus wird, der erkennt: Männer ab einer bestimmten Gehaltsstufe betrachten sich als privilegiert und nutzen dies auch konsequent aus. Männer sagen Sätze wie: «Das steht mir zu», oder: «Es wird gemacht, was ich sage.»

Viele Frauen würden sich eher die Zunge abbeißen, als so offensichtlich auf ihren Chefstatus zu verweisen. Es ist ihnen peinlich, Privilegien in Anspruch zu nehmen, auch wenn sie dadurch möglicherweise Zeit sparen und diese für Wichtigeres nützen könnten. Sie neigen so zu Gewissenhaftigkeit und Perfektion, als gäbe es wie damals in der Schule Fleißkärtchen und ein Streicheln übers Köpfchen. Männer deuten für sich und ihre tägliche Arbeit das Pareto-Prinzip des Nationalökonomen Vilfredo Pareto so um: In 20 Prozent meiner Zeit erreiche ich 80 Prozent meines Ergebnisses, jeder zusätzliche Einsatz sollte wohlüberlegt sein.

Frauen hinterfragen ihre Leistung häufiger (was ja grundsätzlich erst mal nichts Schlechtes ist). Und sie denken nicht so strategisch wie Männer: Ihre beruflichen Kontakte zu nutzen, um sich daraus einen Vorteil zu verschaffen, empfinden manche als Missbrauch von sozialen Beziehungen. Es sieht ganz so aus, als hätten Frauen immer noch ein schlechtes Gewissen, wenn sie es weit bringen wollen. «Man muss an die Glaubenssätze ran», sagt Marion Knaths. Glaubenssätze, das sind Lebensregeln, die wir für absolut halten, obwohl sie Verallgemeinerungen aus früheren Erfahrungen sind. Glaubenssätze beeinflussen unser Denken und Handeln. Die gute Nachricht: Glaubenssätze sind veränderbar. Aber wer das will, muss sich ihrer erst bewusst werden.

Woran misst sich, was als erfolgreicher Lebenslauf bezeichnet wird? Richtig: Männerbiographien gelten immer noch als Blaupausen für Erfolg; also Biographien, die von dem Willen geprägt sind, sich immer wieder zu verändern, und zwar nach oben. Jede Veränderung wird als Verbesserung interpretiert, auch, wenn einfach nur ein neuer Titel hinzukommt, der gar keine unmittelbare Auswirkung aufs Gehalt oder den Kompetenzbereich hat. Jemand, der in ein anderes Unternehmen wechselt, weil er sich «weiterbewegen» will, wird in der männlich geprägten Arbeitswelt immer auf Verständnis stoßen – auch bei dem Unternehmen, das er verlässt. Klar, dadurch entstehen erst mal wirtschaftliche Einbußen, und eine Lücke wird gerissen, die zeitaufwendige Umstrukturierungen erforderlich macht. Aber, hey, ein

Mann muss an seiner Karriere arbeiten! Wird eine Frau schwanger, entstehen ähnliche ökonomische «Schäden» – die sind dann irgendwie ärgerlicher.

Frauen sind auf ihrem Karriereweg beständiger als Männer. Sie sind die loyaleren Mitarbeiter. Wenn sie ihren Job gut macht, wird sich ihr Vorgesetzter dazu gratulieren, dass er selbst auf die Idee gekommen ist, die Stelle mit dieser fähigen Mitarbeiterin zu besetzen. Macht ein Mann seinen Job gut, wird den Vorgesetzten irgendwann die heimliche Angst packen, nicht nur er, sondern auch jemand anders von der Konkurrenz könnte darauf aufmerksam werden und diesen exzellenten Kollegen womöglich abwerben. Also wird er versuchen, dem zuvorzukommen und ihm bald eine Beförderung anbieten. Marion Knaths: «Wenn ein Mann sich verändern will, heißt es: okay. Wird eine Frau schwanger, heißt es: oje.»

Statt zu überlegen, wie eine Mitarbeiterin, die bisher einen guten Job gemacht hat, weiterhin ein Benefit für das Unternehmen sein kann, fällt bei vielen Chefs die Klappe: «Ich bin schwanger» ist gleichbedeutend mit «Ich entscheide mich gegen eine Karriere.» Und auch wenn sie jetzt ein paar Vorschläge macht, wie sie sich die Zusammenarbeit auch in Zukunft vorstellt, wird er misstrauisch denken: Na, warten wir's erst mal ab. «M-Kurve» nennen Ökonomen den abfallenden Verlauf in weiblichen Lebensläufen, «M» für Mutterschaft: Im Alter von 35 bis 55 Jahren sinkt der Anteil der Frauen in der mittleren Führungsebene von 37 Prozent auf ein Viertel, 12 Prozentpunkte gehen der Wirtschaft also verloren.[66]

Die Arbeitskultur macht krank

«Im vergangenen Jahr bekam ich eine handfeste Depression. Ausgelöst wurde diese durch ein privates Unglück. Aber sicher war der Zusammenbruch auch ein beruflich bedingter Burn-out. Es hatte sich viel angestaut: Ich musste viele Leute entlassen. Man kann eher jemanden entlassen, wenn man selbst hinter dieser Entscheidung steht, sie vor sich selbst begründen kann. Aber das waren von oben verordnete Sparmaßnahmen, und ich musste Leuten, die ich schätze, die Kündigung in die Hand drücken. Das ist mir sehr an die Substanz gegangen. Ich vermisse an meinem Führungsjob, dass ich gar nicht mehr zu dem komme, was mir eigentlich Spaß macht. Ich will nicht nur auf Zahlen schauen, sondern auch neue Ideen entwickeln, mich darum kümmern, wie das Unternehmen, für das ich arbeite, zukunftsfähig bleibt. Früher habe ich es sehr genossen, regelmäßig Mitarbeiter zum Gedankenaustausch einzuladen. Ich habe zu Ideenwettbewerben aufgerufen, zum Beispiel: Wie kann unser Unternehmen umweltbewusster produzieren? Aber das ist jetzt gar nicht mehr erwünscht, es geht nur noch um Zahlen.»

Constanze, 43, Geschäftsführerin, verheiratet

Die Psychologin Susan Pinker kritisiert das herrschende «Karriereeinheitsmodell», welches mit seiner Anwesenheitskultur, dem Rund-um-die-Uhr-Verfügbarkeitsanspruch und seinem hohen Erwartungsdruck abgestimmt sei auf «den alleinstehenden Standardmann» – oder auf Männer, die ihre familiären Pflichten an ihre Partnerin delegiert haben, was zur Folge hat, dass die ganze Betreuungsfrage in unseren Arbeitsmodellen gar nicht vorkommt. Unsere straff organisierte Arbeitskultur funktioniert nach Regeln, die wir nicht mehr hinterfragen, sondern einfach befolgen. Wir überantworten uns total einem System, einer Arbeitskultur, die gar nicht von uns verlangt, dass wir uns selbst Gedanken machen oder Ziele in Frage stellen. Und sogar, wenn wir das Ziel der Gewinnmaximierung nicht in Frage stellen würden, ist es gar nicht erwünscht, andere Wege (die vielleicht etwas länger sind, aber mindestens so zielführend) dahin auszuprobieren. Unsere Arbeitskultur bekommt auch unserer Gesundheit nicht gut. Bei Männern und Frauen werden zunehmend Burn-out und andere Stresskrankheiten diagnostiziert, wir stoßen häufiger an unsere gesundheitlichen Grenzen.

Meinen Beruf habe ich immer als ein Biotop, einen Raum gesehen, in dem die Bedingungen so sind, dass ich wachsen kann. Ich habe es aber auch erlebt, dass sich der Inhalt meiner Tätigkeit so weit von mir entfernt hatte, dass ich fremdelte. Es begann mit dem Erfolg des Heftes, das ich mit großer Freude gestaltete: Die Arbeit bei den Frauenzeitschriften, machte auch deshalb Spaß, weil die Themen aus einer sinnlichen Welt kommen. Es geht um Farben, Stoffe und Gerüche, um die Silhouette eines Kleidungs- oder Möbelstücks, um Genuss und auch darum, es sich wohlgehen zu lassen. Und natürlich geht es um Gefühle, um Menschen. Nun sollte das Heft noch erfolgreicher werden und häufiger erscheinen. Die Mannschaft wurde aufgestockt. Erst veränderte sich meine Arbeit unmerklich, dann spürbar: Mein Zeitplan wurde straffer, es ergaben sich immer mehr Geschäftsreisen, denn Anzeigenkunden waren für uns nun noch wichtiger geworden. Ich reiste durch die Gegend, ließ mir die Heftseiten hinterherfaxen. Über meinen Terminkalender hatte ich schon längst keinen Überblick mehr, den verwaltete eine Sekretärin. Wenn ich spätabends nach Hause kam, machte ich mich noch in der Hocke über den Inhalt meines Kühlschranks her. Oder ich bestellte mir mit Heißhunger einen Hamburger mit extra Käse aufs Hotelzimmer. Meine Yogamatte war zwar mein ständiger Begleiter – aber irgendwann vergaß ich sie in einem Hotel und bemerkte es erst Wochen später. Eine Zeitlang genoss ich es auch, nicht mehr so knietief drinzustecken im redaktionellen Tagesgeschehen. Ich war so etwas wie die Managerin eines mittelständischen Unternehmens geworden. Aber nicht mehr Teil dessen. Früher hatte ich es geliebt, in die Moderequisite zu gehen und die Kleidungsstücke, die wir fotografierten, selber auch anzuschauen. Oder, so merkwürdig es klingen mag, auch mal an einer Parfümflasche zu schnuppern, wenn wir sie schon auf einer halben Seite bringen. Nun las ich im fertig gedruckten Heft manche Texte zum ersten Mal, manche Layouts waren mir neu. Ich war zu sehr mit Organisation oder mit den Überlegungen für neue Marketing-Aktionen beschäftigt. Es fiel mir schwer, mich mit dieser Rolle anzufreunden. Ich mochte das Schreiben, die kreativen Meetings, in denen wir auf der Suche nach der perfekten Headline uns die Bälle zuwarfen. Als ich dann eines Tages mit einem Hexenschuss beim Arzt saß, meinen Trolley in Sichtweite, mit dem ich später noch zum Flughafen wollte, auf dem Schoß aber auch noch ein paar Heftseiten, an denen ich feilte, da wusste ich: Ich muss mich entscheiden. Und ich machte einen Schnitt. Ein knappes Jahr später war ich wieder da, wo ich mich am wohlsten fühlte: mit zwei, drei anderen Kollegen über ein paar Layouts gebeugt, inmitten eines Berges von Notizen und herausgerissenen Seiten, beim Aufbau eines neuen Heftes. Endlich – ich fühlte mich wieder näher bei mir und meinen Bedürfnissen.

Noch einmal: Ich glaube nicht, dass es Frauen, die aus dem Standardmodell Karriere ausscheren, darum geht, generell einer Karriere auszuweichen, sie sich nicht «anzutun». Ihnen liegt daran, etwas zu finden, wo sie mit ihren Fähigkeiten und Bedürfnissen besser aufgehoben sind.

Generation plus minus 30: Wir träumen noch

Die jungen Frauen sind selbstbewusst und optimistisch, stark, voller Tatendrang und bereit, Veränderungen herbeizuführen – eine Zeitlang waren sich Soziologen da einig. Die unter 30-jährigen Frauen wollen berufstätig sein, Karriere machen, Kinder bekommen und haben sich von den Vorstellungen der Männer emanzipiert. Für ihn etwa aufs Arbeiten zu verzichten, kommt heute kaum einer mehr in den Sinn. Anders sieht es aus, wenn es um Beeinträchtigungen durchs Kinderkriegen geht: Da rechnet fast die Hälfte mit Einschränkungen. Aber offensichtlich führt das noch nicht zu Rückziehern, sie empfinden ihre eigenen Chancen und Möglichkeiten weiterhin als gut, trotz der Unsicherheiten des Arbeitsmarkts. Beruflicher Erfolg ist für diese Frauen wichtig: das sagen 71 Prozent, bei den Männern sind es kaum mehr, nämlich 76 Prozent.[67]

Und die Chancen, die die gebildete «Generation 30» hat, stehen auch nicht so schlecht: Der Akademiker, der nach dem Studium in einer schlechtbezahlten Warteschleife aus Überbrückungspraktika hängenbleibt, entspricht laut einer Statistik der Universität Mainz nicht der Wirklichkeit. Zwar ist die Erwerbslosigkeit in den vergangenen Jahrzehnten gestiegen, aber die Arbeitslosenquote unter Hochschulabsolventen bewegt sich auf niedrigem Niveau.[68] Das verfügbare Einkommen ist in den vergangenen 25 Jahren kontinuierlich angewachsen, ebenso die Akademikergehälter und das Geldvermögen der privaten Haushalte. Die «Generation 30» ist in einem Milieu des Wohlstands aufgewachsen, ohne Zwänge und Tabus. Sie wurden von einer entspannten Elterngeneration erzogen, die selbst keine entbehrungsreichen Jahre mehr kennt – und die ihre Kinder finanziell gut unterstützen können. In dieser Komfortzone gedeihen Lebensträume, die alles beinhalten. «Kann es sein, dass die Dreißiger zu viel auf einmal wollen?», fragen sich dann auch Soziologen, die eine Art Realitätsschock befürchten. Denn eines kann die Zukunft den Dreißigern auf keinen Fall bieten: Sicherheit.

Vieles ist machbar. Aber es kostet Mühe. Nach der Ausbildung übernommen zu werden ist nicht mehr selbstverständlich, es müssen Bewerbungen geschrieben werden, und zwar viele. Und am Horizont scheint sich etwas zusammenzubrauen, das diffuse Zukunftsängste schürt: Die Staatsverschuldung wächst, die Rentenlast drückt, Klimawandel und Energiekrise machen sich schon dramatisch bemerkbar. Auch die Weltlage wird immer bedrohlicher. Andererseits tut sich für diese Generation ein scheinbar riesiges Feld von Möglichkeiten auf, die suggerieren: Das perfekte Leben ist möglich – du musst nur die richtigen Entscheidungen treffen.

Die 1976 geborene Journalistin Florentine Fritzen hat in ihrem Buch «PlusMinus 30» die nie enden wollende, selbstquälerische Suche ihrer Generation nach der perfekten Beziehung, der perfekten Familie, dem perfekten Körper, der perfekten Wohnung und der perfekten Karriere beschrieben. Wenn eine Sache begutachtet wird, wartet schon die nächste, vielleicht bessere. Man hüpft von Angebot zu Angebot, nie kommt man zur Ruhe. «Paradoxerweise haben wir unsere Unruhe zugleich liebgewonnen», schreibt Fritzen. «In unserer Gesellschaft müssen die Akademiker erst in den Jahren um die 30 langsam erwachsen werden; das hinterlässt Spuren.»[69]

Sich festzulegen fällt schwer – aus Angst, plötzlich mittendrin zu stecken in einem Alltag, der vollgestopft ist mit dem Krempel, der vielleicht jeden Spaß am Leben erstickt: die Kosten für eine neue Einbauküche, Versicherungspolicen, Rentenbescheid, Hypothekendarlehen, Krippenplatzanmeldung. Hinter dieser permanenten Suche nach dem richtigen Leben steckt die Jagd nach dem vollkommenen Glück – und die Hoffnung, man könnte sich irgendwann zurücklehnen und wie im Märchen seufzen: «Und sie lebten glücklich und zufrieden bis ans Ende ihrer Tage.»

Gut brachte der Slogan des Magazins Neon dieses Lebensgefühl auf den Punkt, das 2003 mit dem Motto startete: «Eigentlich sollten wir erwachsen werden.» Was war damit gemeint? Die Chefredakteure Timm Klotzek und Michael Ebert, damals so gut wie dreißig, sagten, sie wollten eine Leserschaft ansprechen, «die sich einerseits die Unbeschwertheit und den Idealismus ihrer Jugend erhalten will und andererseits die Notwendigkeit erkennt, das Leben in die eigene Hand zu nehmen.» Das Konzept ging auf, das Heft ist bis heute erfolgreich: Die Zielgruppe,

Zwanzig- bis Dreißigjährige aus dem gehobenen Mittelstand, sieht sich in dem Heft widergespiegelt wie in keinem anderen. Die Neon-Leser sind so etwas wie ein riesiger Club geworden; sie werden im Heft geduzt, vernetzen sich auf der Website des Heftes und zerbrechen sich über Fragen den Kopf wie: Worauf muss ich achten, dass aus großer Liebe nicht die Kumpelfalle wird? Wie wütend bin ich auf die Politik? Wie schaffe ich es, mit dem Psychodruck befristeter Arbeitsverträge umzugehen?

«Zu unseren Gunsten muss man sagen, dass wir es auch nicht gerade leicht haben», schreibt Fritzen in der FAS. «Früher hatte ein Mann perfekt im Beruf zu sein und eine Frau perfekt im Haushalt. Heute müssen alle überall perfekt sein. Zumindest glauben wir das. Wir sollen, egal ob Mann oder Frau, ‹hard skills› haben und ‹soft skills›. Wir versuchen ohne Unterlass, dem gerecht zu werden. Wie sehr wir uns dabei selbst aufreiben, unterschätzen wir oft, weil wir uns für unendlich leistungsfähig halten.»

Die Soziologin Jutta Allmendinger vermutet zwar, dass die Dreißigjährigen ihre Vorstellungen auch durchpowern werden und sich die Arbeitsstrukturen dann einfach ändern müssen – ein klein wenig Skepsis spürt sie dennoch. Wie werden die jungen Frauen, die noch an der Uni auf einer Welle des Hochgefühls getragen werden, es mit den Jungs locker aufnehmen zu können, wie werden die mit den ersten beruflichen Misserfolgen klarkommen? Sie haben nicht trainiert, zu kämpfen – warum auch.

Die politische Kolumnistin der New York Times, Maureen Dowd, sieht Frauen heute schon im «Post-Feminismus-Blues» versinken: Wir haben uns alle Bereiche erobert, aber weil die strukturellen Veränderungen so hinterherhinken, ist unser Leben dadurch noch belastender geworden, es sind einfach noch weitere Aufgaben hinzugekommen. «War das unser Anliegen?», fragt Dowd. Besonders die jungen Mütter packt der Frust. Irgendwie haben sie sich die Zukunft anders vorgestellt: Der Ernst des Lebens kommt dann doch früher als erwartet.

Böses Erwachen

Junge, lachende Menschen auf einer Waldlichtung, die Frauen langbeinig und schlank in romantischen Hippie-Blusen, die Männer mit Dreitagebart und in lässig aufgeknöpften Hemden. Einer trägt ein putziges Kleinkind auf dem Arm, in der anderen Hand hat er eine elegante Bierflasche, sicher Beck's Gold. Vorne laufen zwei fröhliche, zerzauste Kinder durchs Bild, im Hintergrund schmeißen ein paar Freunde den Grill an – ach, signalisiert solch ein Foto, das wir aus modernen Familienmagazinen kennen, ist Elternsein nicht wunderbar? Das Leben läuft nicht nur so weiter wie bisher, es wird sogar besser: Kinder machen fröhlich, sexy, anziehend und gesellig!

Mütter verzweifeln am Ideal vom «entspannten Muttersein», hat das Forschungsinstitut rheingold in einer aktuellen Studie[70] herausgefunden, für die über 1000 Frauen interviewt wurden: «Die Frauen strengen sich so sehr an, gelassen zu sein, dass sie es nicht mehr sind», sagt Ines Imdahl, Geschäftsführerin und Psychologin bei rheingold. «Sie wünschen sich vor allem, dass es normal wird, dass berufstätige Frauen Kinder haben.» Sie beklagen eine mangelnde Unterstützung von Politik und Wirtschaft, aber auch von der Gesellschaft. 42 Prozent verbinden mit dem Mutterwerden konkrete finanzielle Sorgen. Und jede zweite Frau gesteht, dass ihre Partnerschaft in den Hintergrund rückt – viele äußern die Befürchtung, dass ihr Partner sie mehr als Mutter, weniger als Frau wahrnimmt.

Wer Mutter wird, führt von heute auf morgen ein komplett anderes Leben. Die eine kommt damit besser, die andere weniger gut zurecht. Wohnen Eltern oder Verwandte in der Nähe, die auf das Kind aufpassen können? Ist ein Partner da, der unterstützt? Gibt es die Möglichkeit, flexible Arbeitszeiten zu nutzen? Mutterglück hängt von so vielen Faktoren ab, und manche sind schlecht planbar. Viele frischgebackene Mütter steigen «erst mal» aus ihrer Berufstätigkeit aus, wollen sehen, wie sich das Baby entwickelt, wie sich Muttersein so anfühlt. Sie wollen die Nähe zum Kind spüren, das Muttersein genießen, was ja nachvollziehbar ist. Zurück in den Job? Ja, klar, vielleicht in einem Jahr, vielleicht aber auch in zwei, mal sehen.

Womit man nicht rechnet: dass das Baby komplett die Regie über das eigene Leben übernehmen kann.

«Das hat mir niemand verraten, dass sich das hier so verschieden von meinem früheren Leben anfühlt!» Die 36-jährige Rita ist den Tränen nah, als sie das sagt. Vor der Geburt hatte sie einen verantwortungsvollen Posten in einem Marktforschungsinstitut, in einem netten Team, die ideale Kombination von Arbeit und Spaß. Rita ist eine lebenslustige Frau mit vielen Hobbys. Sie spielt leidenschaftlich gern Oboe und hat alles gelesen, was jemals von Updike, Roth und Mailer gedruckt wurde. Ihr Freundeskreis ist groß, und sicher hätte sie sich ohne den sehr einsam gefühlt, als sie, noch gar nicht so lange her, drei Jahre lang Single war. Wenn man Rita früher nach ihren Zukunftsträumen fragte, erwiderte sie: «Mit einem Mann und meinen Kindern unterm Apfelbaum zu sitzen.» Sie lachte immer, wenn sie das sagte, es klang doch zu kitschig. Als sie sich dann wieder verliebte, verhütete sie nicht. Nach einem knappen Jahr wurde sie schwanger. Ihr Freund freute sich ebenso wie sie auf das Kind, beide zogen kurz vor der Geburt zusammen. Heute, zweieinhalb Jahre später, kann sie sich immer noch verlassen auf ihren Freund, er möchte ein guter Vater sein – «Obwohl ich zu einer solch launischen Zicke geworden bin, dass ich mich nicht wundern würde, wenn er eines Tages auszieht», sagt Rita.

Das erste Jahr mit dem Baby empfand sie als «wahnsinnig anstrengend». Ihr Freund, ein selbständiger Tischler, hatte viel auf Messen in ganz Deutschland zu tun, das brachte Geld, deshalb war sie es, die bei dem Baby blieb, manchmal waren sie tagelang nur zu zweit. Die Bedürfnisse des Kindes brachten ihren eigenen Lebensrhythmus vollkommen durcheinander. Sie traute sich kaum, Freundinnen zu treffen, oft fing das Kind urplötzlich an zu schreien, und sie flüchtete wieder in ihre Wohnung. «Mein Leben geriet vollkommen aus dem Tritt», erzählt Rita, «ich fühlte mich vollkommen kontrolliert von diesem kleinen Wesen.» Sehnsuchtsvoll wartete sie auf den Tag, an dem es wieder möglich sein würde, wenigstens zeitweise zu arbeiten, an dem sie wieder ein kleines bisschen in die Normalität zurückkehren konnte. Vielleicht hatte sie sich nicht rechtzeitig für einen Betreuungsplatz beworben, jedenfalls dauerte es über ein Jahr, bis sie einen in der Nähe fand. Sie hatte vage geplant, dann auch wieder für ein paar Stunden täglich in dem Institut zu arbeiten, aber dieses wurde plötzlich geschlossen, und so löste sich ihre berufliche Ambition in Luft auf. Das warf sie erst recht aus der Bahn. Und jetzt? Welcher Arbeitgeber wollte denn eine chaotische, gestresste Mutter beschäftigen, und zwar nur für ein paar Stunden? Obwohl sich ihr Sohn zu einem ganz normalen, fröhlichen Kind entwickelte, wurde sie auch noch von Sorgen gequält: Was, wenn ihm in der Kita etwas zustieße und sie nicht schnell genug bei ihm würde sein können? Nachts wurde sie von Albträumen verfolgt. Es fiel ihr nun immer schwerer, ihr Kind in fremde Hände zu geben. Aber sie musste sich doch einen Job suchen, sonst würde sie ja verblöden! Eine große Ratlosigkeit bemächtigte sich ihrer, und plötzlich überfiel sie auch ein Gefühl, das sie erst recht daran hinderte, andere Menschen zu treffen: Sie empfand Scham. Scham darüber, dass sie in ihren eigenen Augen ihr Leben so verpfuscht hatte, nichts, aber auch gar nichts auf die Reihe bekam. Wo doch alle um sie herum ihr Leben so super meisterten!

Viele Mütter kennen diese Gefühle. Viele halten sie aus, weil sie durchhalten: Das Kind wird ja größer, dann wird alles anders, hoffen sie. Rita wurde krank. Eines Nachts bekam sie plötzlich kaum mehr Luft. Ihr Freund, der Gott sei Dank mal nicht beruflich unterwegs war, raste mit ihr in die Klinik, wo man organische Ursachen ausschloss, aber eine Depression vermutete. Ein Arzt überwies sie dann in eine psychosomatische Klinik. Rita nahm sich eine Auszeit von vier Wochen, ihr Mann delegierte einen Auftrag an einen Kollegen und konnte sich um den Sohn kümmern. «Heute, ein halbes Jahr später, geht es mir besser», sagt Rita, «aber stabil bin ich noch lange nicht.» Sie hat jetzt einen kleinen Nebenjob, für den sie absolut überqualifiziert ist, aber wenigstens kriegt sie so wieder Boden unter den Füßen. «Die Scham darüber, mein Leben nicht hinzukriegen, fühle ich immer noch.»

Die Journalistin Nana Heymann, eine 33-jährige Mutter aus Berlin-Prenzlauer Berg, hat dieses Gefühl, nichts richtig, dafür aber alles falsch machen zu können, in ihrem Buch «Generation Wickeltasche» zum Thema gemacht. Das Buch besteht aus Protokollen von Müttern, die in den Szenevierteln der Großstädte wohnen. Junge, schicke Mütter, die neben dem Bugaboo-Kinderwagen und der ins Haar geschobenen Designersonnenbrille auch ihre kleine Stella, Lilly oder ihren Finn ein klein wenig als Lifestyle-Accessoire betrachten. Diese Mütter – allesamt kreative Architektinnen, Fotografinnen, Projektmanagerinnen, Künstleragentinnen – eint das Bestreben, sich abheben zu wollen. Ihre Hassobjekte sind die durchschnittlichen, eher unauffälligen Mütter, die anderswo im Stechschritt ihre Kinder vor sich herschieben und sich mit Einkaufstüten behängt wacker durch den Alltag kämpfen. Wegen ihrer zur Schau gestellten entspannten Mutter-Kind-Idylle nennt man die Mütter aus Prenzlberg auch gerne «Macchiato-Mütter», zu deren Lifestyle natürlich auch ein bisschen Umweltbewusstsein gehört: Ihr vorrangiges Interesse gilt der biologisch korrekten Zubereitung des Babybreis, schadstofffreien Schnullern und der Fair-Trade-Ausstattung ihrer Kleinen. Heymann versucht, um Verständnis für diese Frauen zu werben: Die Lässigkeit diene nur dazu, Unsicherheiten zu überspielen, verursacht durch Schwangerschaftsstreifen, chronischen Blähungen der Kleinen, intoleranten Ex-Kollegen, Ex-Chefs und kinderlosen Ex-Freundinnen. «Die Frauen sind teilweise schon froh, wenn sie den nächsten Tag heil überstehen.» Man merkt es ihnen nicht an, so groß ist die Verstellung. Leider: So richtig sympathisch werden einem die beschriebenen Szene-Mütter trotz einiger nachvollziehbarer Dilemmata nicht. Manchmal fragt man sich, ob nicht ihre Sorgen so hausgemacht sind, dass die Macchiato-Mütter die bestehenden Vorurteile nur bestätigen. Das Dumme ist, dass sie sich auch untereinander nicht grün sind und sich gegenseitig kritisch beäugen.

Weit über die Hälfte der von rheingold befragten Mütter empfinden «ihre Kinder als Kostbarkeit, die wie eine Art Rohdiamant geschliffen werden muss». Dieser selbstauferlegte Anspruch stresst natürlich. Was außerdem stresst, sind die anderen Mütter: «Es werden sogar regelrechte Feindbilder aufgebaut. Die alten Mütter mit Perfektionszwängen gegen die jungen, spontanen Mütter; die arbeitenden Mütter gegen die Vollzeitmamas. Die jeweils anderen Mütter werden mehr oder minder glaubhaft verurteilt, sie sehen sich in der Not, das eigene, selbstgewählte Bild stets verteidigen und rechtfertigen zu müssen.»

Die Mütter sind verunsichert. Sie sagen sich: Wenn ich schon so zurückstecken muss für mein Kind, wenn ich schon meine besten Jahre in die Erziehung stecke – dann soll aus dem oder der Kleinen auch ein Prachtexemplar werden. Die Länge der Stillzeit, die beste Einschlafmethode, das pädagogisch wertvollere Spielzeug – alles wird gegeneinander abgewogen. Die Erziehung des Kindes wird zum ehrgeizigen Projekt, mit dem man natürlich auch scheitern kann, und das macht Angst. Hinzu kommt, dass die Vollzeitmütter permanent das Gefühl haben, sich verteidigen zu müssen. Da ist doch ein stummer Vorwurf im Blick der eigenen Ehemänner, der berufstätigen Mütter, der Kinderlosen, der besagt: Wir müssen rackern, während du auf der Spielplatzbank deine Zeit vertrödeln kannst!

Ich nehme Kontakt auf zu Beate, die in der Schule neben mir saß und die das Aufeinanderprallen von Lebensläufen bei unserem Klassentreffen ebenso wie mich ins Grübeln gebracht hat. Wenn ich am einen Ende des Spektrums an Lebensentwürfen stehe, dann befindet sich Beate am anderen. Beate wohnt in einem kleinen Städtchen in Schleswig-Holstein: große, weitläufige Gärten, viel Platz zwischen den Häusern, manche reetgedeckt und mit rotem Klinker – das Kontrastprogramm zum Berliner Prenzlberg. Beate, gelernte Reiseverkehrskauffrau, hat nach der Geburt ihres ersten Kindes aufgehört zu arbeiten. Drei Kinder von demselben Mann hat sie großgezogen, die Ehe besteht seit 23 Jahren und ist glücklich, auch das gibt es. Inzwischen sind zwei Kinder aus dem Haus, nur die 13-jährige Tochter wohnt noch bei den Eltern. Beate mag ihr Leben. Sie hat mit großem Engagement ein soziales Projekt auf die Beine gestellt, ist Mitglied einer erfolgreichen Theatergruppe. Die Zeit, als die Kinder klein waren, hat sie allerdings noch in lebhafter Erinnerung, und das Spiel: Wer ist die bessere Mutter?

> «Wir glichen untereinander ab, wann die Kinder laufen können oder durchschlafen, wir stritten uns beim Thema Stillen – ja? Nein? Und wenn ja, wie lange? – und führten einen Wettkampf beim Thema Frühförderung: Soll das Kind schon im Kleinkindalter Englisch lernen? Babyschwimmen? Pädagogisch wertvolles Spielzeug kriegen? Wir gaukelten uns gegenseitig vor, dass es in unseren Familien läuft wie im Werbespot, und alle sind ein Herz und eine Seele! Schade, dass wir nicht ehrlich zueinander sind und dass der offene Umgang mit Problemen des Alltags so selten ist. Wir setzen uns nur gegenseitig unter Druck und grenzen auch noch diejenigen aus, die sich zum Beispiel Frühförderung gar nicht leisten können.»
>
> *Beate, 50, verheiratet, drei Kinder (22, 20 und 13 Jahre alt)*

Wer sein Kind als Rohdiamant sieht, der kann ja gar nicht anders und muss zwangsläufig in ständiger Angst leben, etwas in seinem Wert zu verderben. Es wäre schon viel gewonnen, wenn die Mütter selbst ihr Muttersein nicht so idealisierten und zu einem realistischen Mutterbild finden könnten.

Als wir Schülerinnen waren, unterhielten Beate und ich uns nicht darüber, wie wir uns unser Leben später vorstellten. Wir konnten stundenlang in Beates Mädchenzimmer sitzen, nichts reden und Platten hören (sie hatte einen Plattenspieler, ich nicht). Oder wir gingen in die Stadt, Klamotten gucken. Später war Beate eine der Ersten, die einen Führerschein hatte. Dann schmissen wir uns in den hellblauen VW-Käfer ihrer Mutter und fuhren überfallartig Leute besuchen. Weshalb unsere Leben irgendwann auseinanderdrifteten? Ich war unstet und auf der Suche – aber nach was? Nach dem Abitur machte Beate eine Lehre, und ich schrieb mich, fehlgeleitet durch falsche Berufsberatung, für Soziologie ein und stellte mir etwas ratlos die Frage: Und wie werde ich damit Journalistin? Beate, die Lässige, wollte in die weite Welt. Ich erkannte etwas erschreckt, dass ich bis zum Ende des Studiums in Hamburg festsitzen würde. Witzigerweise war es dann Fernweh-Beate, die kurz nach ihrer Rückkehr aus Venezuela sesshaft wurde. Sie lernte ihren jetzigen Mann kennen, verliebte sich schwer und wurde mit 28 Jahren schwanger. Nach der Geburt ihres Sohnes hörte sie auf zu arbeiten. Während ich endlich mit 27 mein Diplom machte, einem 16 Jahre älteren Galan mit Porsche verfiel und meine zweite Ausbildung auf der Journalistenschule begann. Beate sagt, sie hätte sich in ihrem Leben nie so doll mit sich selbst beschäftigt, mit solchen Fragen wie: Wo bleibe ich dabei? Wie fühlt sich das für mich an? Das ist kein Fehler, natürlich nicht. Es ist eine andere Art, die Dinge zu sehen. Beate hat es die Lebensentscheidungen eher erleichtert. Vor allem die, Kinder zu bekommen. Ich habe mein Leben immer wieder neu ausgerichtet, immer wieder neue Entscheidungen gefällt, in beruflicher Hinsicht. Und jede Entscheidung kostete auch immer wieder Kraft und Überwindung. Das muss man mögen. Hier die Familienmanagerin, dort die kinderlose Journalistin: «Wäre Hausfrau ein Beruf in Deutschland», sagt Beate zu mir, «hätten wir beide eben nur unterschiedliche Berufe und nicht ein soziologisches Problem! Das ist die Frage, die ich mir schon seit Jahrzehnten stelle: Warum ist es eigentlich nicht gelungen, einen Beruf ‹Familienmanagerin› zu etablieren, mit sozialer Anerkennung, Rentenabsicherung, am besten noch mit einem Einkommen. Die Bezeichnung ist 100 Prozent treffend, denn ich habe viele Funktionen: Sozialarbeiterin, Logistikchefin, Budgetverwalterin, Chefköchin, Eventmanagerin etc. ... Wer es facettenreich mag, ist in diesem Job gut aufgehoben, nur eben leider nicht sozial abgesichert und gesellschaftlich anerkannt. Schade!»

Schade, so ist es nicht, und so wird es wohl auch nie sein. Wir beide wissen: Dass unsere Lebensentwürfe aufgegangen sind, hat auch mit Glück zu tun.

«Ich bin total naiv in diese Falle getappt ...»

«Und sie lebten glücklich und zufrieden bis ans Ende ihrer Tage ...» Die jungen Szene-Mütter mit den Fliegenaugen-Sonnenbrillen, die Szene-Väter, die ihre Kleinen huckepack über den Wochenmarkt tragen, sie träumen alle diesen Traum. Jana Albrecht, die eigentlich anders heißt, ist eine von ihnen – eine junge Frau aus Prenzlauer Berg, die sehr unsanft von der Realität eingeholt wurde. In der taz packt die zweifache Mutter, die inzwischen von ihrem Partner getrennt ist, aus. Was sie erzählt, hören ihre Freundinnen bestimmt nicht gerne, es sei denn, sie sind inzwischen auch alleinerziehend. Laut taz leben im Prenzlauer Berg fast vierzig Prozent Alleinerziehende. Plötzlich müssen zwei Wohnungen bezahlt werden, und Mütter wie Jana, die nach ihrem Germanistikstudium nie vollkommen ins Berufsleben eingestiegen ist, sehen sich auch in einer finanziellen Sackgasse. Fast jeder zweiten Frau im Berliner Szeneviertel geht es so. Und damit beginnt der soziale Abstieg der Mütter, die ihren Beruf hintangestellt haben. Jana Albrechts monatliche Ausgabenliste sieht so aus: 800 Euro für ihre Wohnung, die für drei Personen eigentlich zu klein ist. Strom, Telefon, Heizung, Kitagebühren, Hortbeiträge, Versicherungen, Musikschule, Zusatzbeiträge für Krankenkassen kommen dazu, übrig bleiben 125 Euro in der Woche für sich und die Kinder. «Ich bin total naiv in diese postfeministische Falle getappt», so Jana, «ich habe auf Karriere verzichtet, mich mit einem Job fürs Zubrot zufriedengegeben – weil Männer nun mal nicht stillen können.»

Im Grunde erlebt Jana Albrecht das, was die Statistik ohnehin schon widerspiegelt: Im Liebestaumel damit zu rechnen, dass eine Lebensgemeinschaft bis ans Lebensende hält, ist zwar nachvollziehbar, aber naiv. Hätte sie es nicht besser wissen müssen? Vielleicht war ihr Vertrauen ins Glück, in ihren guten Studienabschluss, in die Vereinbarkeit von Karriere und Kind, in die Unterstützung vom Staat zu groß. Sie hat auch nicht damit gerechnet, dass beim Vater ihres Kindes die Geschäfte mal nicht so gut laufen könnten. Wie sagt die Wirtschaftsexpertin Sonja Bischoff? Möglichst früh an die finanzielle Unabhängigkeit zu denken, daran zu arbeiten, auf eigenen Beinen stehen zu können – das ist erst einmal das Wichtigste.

Diesen Rat geben natürlich auch besonders jene, die sich mit der Rechtslage für Unterhaltsansprüche besonders gut auskennen. Ein Notar aus Frankfurt, der nicht genannt werden will, erzählt, er beobachte, dass junge Frauen der gehobenen Mittelschicht in den vergangenen Jahren stärker auf Eheverträgen bestünden: Denen sei sehr bewusst, dass ihnen durch Babypause und Kindererziehung berufliche Nachteile entstünden, die sie finanziell ausgeglichen haben wollten. «Diese Frauen rechnen nicht damit, dass sich das in Deutschland in absehbarer Zeit ändert.» Sie haben bei der Bankenkrise erlebt, wie rapide sich eine ganze Branche verändert und Karrieren zu Bruch gehen können. Die vergangenen Jahre haben sie gelehrt, dass vieles, was wir als stabil wähnten, sich plötzlich als ziemlich fragil herausgestellt hat.

Wenn eine Ehe zu Bruch geht, wird die Ex-Frau in absehbarer Zeit wieder Vollzeit arbeiten müssen. Das reformierte, seit 2008 wirksame Unterhaltsrecht hebt den Unterhaltsanspruch für die Ehefrau nämlich so gut wie auf – damit soll die, wie es juristisch heißt, «nacheheliche Eigenverantwortung gestärkt» werden. Eine geschiedene Frau sollte grundsätzlich selbst für ihr Auskommen sorgen. Der Ex-Mann unterstützt formal seine Ex-Frau nur bis zum dritten Geburtstag eines Kindes, danach nur zum Beispiel bei mangelhafter Kinderbetreuung, Ausbildung und Krankheit. Für Frauen hat das neue Unterhaltsrecht dramatische Auswirkungen: Angenommen, sie hat lange pausiert, um sich der Betreuung der Kinder zu widmen. Nach der Scheidung bleibt ihr aber gar nichts anderes übrig, als wieder arbeiten zu gehen. Den Einstieg in ihren alten Beruf wird sie kaum mehr schaffen – oder nur zu viel schlechteren Bedingungen. Sie wird also viel arbeiten müssen und wenig verdienen, «nebenbei» muss sie vermutlich auch die Kinder betreuen – eine ernüchternde, traurige Perspektive, der sich die wenigsten Frauen bewusst sind. Wer verliebt ist und den Traum vom Familiennest träumt, der vergisst auch, dass besonders Frauen von Altersarmut betroffen sind und nach dem momentanen Stand, den die IG Metall in einer Studie zur Alterssicherung ermittelt hat, die Rente von Frauen etwa nur halb so hoch (!) ist wie die der Männer.[71]

Wer, wie die französische Feministin Elisabeth Badinter, glaubt, dass gerade die junge Frauengeneration sich heute wieder nach dem Aufgehen in der Mutterrolle sehnt, ist angesichts dieser Fakten alarmiert. Denn Frauen können es sich heute schlichtweg nicht mehr leisten, auf Berufstätigkeit zu verzichten. Das bedeutet auch, dass sie die Väter früh in die Pflicht nehmen müssen: Beide müssen ein Modell finden, das ihr die Berufstätigkeit ermöglicht. Noch sieht die Wirklichkeit so aus: In Deutschland lebt die Mehrheit der Paare mit Kindern unter sechs Jahren nach dem klassischen Versorgermodell. Der Mann geht morgens aus dem Haus und kommt abends wieder, die Frau übernimmt den Haushalt und kümmert sich um die Betreuung des Kindes, vielleicht hat sie noch einen Mini-Job, aber sie ist die meiste Zeit mit der Organisation des privaten Bereichs beschäftigt. Es muss sich im Folgenden nicht so abspielen – aber es kann: Die sozialen Kontakte der Mutter werden sich beschränken auf die Frau an der Supermarktkasse und andere Mütter, die sie auf dem Spielplatz oder im Coffee Shop trifft, wo tobende Kinder wenigstens toleriert werden. Abends wird ihr Mann oder Partner auf die Frage «Wie war dein Tag, Schatz?» vom anstrengenden Gespräch mit japanischen Kunden erzählen, bei dem er die ganze Zeit Englisch sprechen musste, gut, dass ihm die Firma neulich den Crash-Kurs in Business-Englisch bezahlt hat. Oder er berichtet von der stundenlangen Telefonkonferenz, das war vielleicht nervig, toll aber, dass der Chef am Ende allen gedankt hat für den erfolgreichen Abschluss des Deals und jedem eine kleine Gewinnbeteiligung in Aussicht gestellt hat, endlich mal eine Anerkennung für die ganze Plackerei! Und war das nett, als man anschließend noch gemeinsam einen Drink genommen hat, der (die?) Meier ist ja viel lockerer, als man so vermutet. Vielleicht kehrt er aber auch mit einer kleinen Tüte vom Flughafen heim, mit ihrem Lieblingsparfüm, und stöhnt über die Sicherheitsvorkehrungen in London-Heathrow. «Wenigstens bist du hier auch mal rausgekommen», wird sie dann vielleicht im Stillen denken.

Das klassische Versorgermodell ist oft nur für eine Übergangszeit gedacht. Aber als provisorisch gedachte Lebensmodelle haben leider die Tendenz, eine Eigendynamik zu entwickeln und sich zu verfestigen. Es ist ja so: Berufstätigkeit hat auch deshalb einen Wert, weil sie dann mit ihm auf Augenhöhe bleibt.

Aber leichter gesagt als getan. Die Wirklichkeit macht es Frauen nicht gerade leicht. Zumal auch Gründe dagegensprechen, wieder arbeiten zu gehen – und ein Paar in richtige Gewissenskonflikte stürzen können. In meiner Nachbarschaft leben Kurt und Petra, beide 36, ein Paar, das vor einer Entscheidung steht, wie sie auch auf andere junge Paare zukommen kann: Er ist Biologe, sie medizinisch-technische Assistentin. Die beiden haben zwei Kinder, das zweite kam ziemlich schnell nach dem ersten, sodass Petra zwischen den Schwangerschaften nur stundenweise in einem Labor aushelfen konnte. Jetzt, da die Kinder beide bis nachmittags im Kindergarten sind, wäre es ihr möglich, sechs bis acht Stunden täglich zu arbeiten, und im Labor wird tatsächlich auch eine Stelle frei, die perfekt auf ihre Fähigkeiten und Bedürfnisse zugeschnitten ist. Es wird aber nicht mehr lange dauern, dann kommt der älteste Sohn in die Schule. Und dann? Für ein Au-pair-Mädchen ist ihre Wohnung zu klein, eine Haushaltshilfe würde so viel kosten, dass nicht mehr viel von Petras Verdienst übrig bliebe. Mit ihrem Mann hat sie bei der Geburt der Kinder fest vereinbart, dass er seine Arbeitszeit einschränkt, wenn die Kinder schulpflichtig werden. Aber wie das so ist in einem ganz normalen Leben, berufliche Chancen sind nicht berechenbar. Kurt bekommt just in dem Moment das langersehnte Angebot, die Leitung eines Forschungsprojekts im Bereich Umweltschutz zu übernehmen, als Petra ihn an sein Versprechen erinnert. Beide stecken in einem Dilemma: Er würde durch seine neue Stelle endlich seine Familie gut absichern können. Sie ist sich sicher, solch eine Gelegenheit, die sie nur durch ihre guten Kontakte hat, nicht mehr zu bekommen; die Stelle wird nur durch den Wegzug einer Kollegin frei, und es gibt schon drei andere Anwärterinnen – im Übrigen alle jünger als Petra. Paartherapeuten sagen: Nichts nagt so sehr an der Liebe wie ein enttäuschtes Versprechen oder zerplatzte Lebensträume. Nichts erhöht so sehr die Wahrscheinlichkeit, sich auseinanderzuentwickeln, wie einseitige Zugeständnisse. Wenn Petra zugunsten der Karriere ihres Mannes – und weil es auch den gemeinsamen Lebensstandard sichert – auf ihr eigenes Fortkommen verzichtet, wird sie ihm das womöglich später immer wieder vorwerfen. Und Kurt muss letztlich auch klar sein, dass er im Wort steht – ob es ihm nun gerade passt oder nicht. Wie wird das Paar entscheiden?

Beide haben eine dritte, unbeteiligte Person – einen Psychologen – hinzugezogen, weil sie aus dem Wirrwarr an Tatsachen und Gefühlen keinen klaren Ausweg mehr gesehen haben. Das war klug, schon, weil dadurch auch ihre Liebe keinen Schaden genommen hat. Und so geht die Geschichte weiter: Kurt hat in dem wissenschaftlichen Institut klarmachen können, dass ihm sehr viel an dem Umweltschutzprojekt liegt, er bestens qualifiziert dafür ist und dass sie mit seinem großen Engagement rechnen können – aber dass er in den nächsten zwei Jahren nur Teilzeit arbeiten kann. Sein Arbeitgeber will ihn nicht verlieren und geht auf die Teilzeitregelung ein, beordert ihn aber in die zweite Reihe. Allerdings mit dem mündlichen Versprechen, ihn bei dem nächsten größeren Projekt zu berücksichtigen. Petra nimmt den Job in dem Labor an, mit etwas schlechtem Gewissen. Einerseits. Andererseits ist sie froh, dass sie mit ihrem Mann so ausführlich über ihre Wünsche und Interessen gesprochen hat. Sie hat sogar den Eindruck, dass es Kurt durch die Gespräche erst so richtig klar geworden ist, wie wichtig ihm seine Familie und die Entwicklung seiner Söhne eigentlich sind. In zwei Jahren, so haben beide vereinbart, werden die Karten wieder neu gemischt. Die Ideallösung ist das allerdings nicht – es sind noch zu viele Ungewissheiten im Spiel: Was, wenn der Arbeitgeber sich nicht an sein Versprechen hält oder Kurt plötzlich ein anderes attraktives Angebot macht? Es wäre klüger gewesen, die Konflikte gar nicht erst entstehen zu lassen. Aber dazu später.

Karrierekiller Teilzeit

Die Erwerbsquote von Frauen in Deutschland ist in den letzten zwanzig Jahren spürbar gestiegen. Aber das bedeutet nicht, dass sich immer mehr Frauen in ihren Berufen verwirklichen. Die Zunahme ergibt sich ausschließlich (!) aufgrund der Zunahme von Teilzeittätigkeit, die sich von 12 Prozent im Jahr 1985 auf 30 Prozent im Jahr 2007 erhöht hat. Demgegenüber ist die Vollzeitbeschäftigung sogar gesunken: im gleichen Zeitraum von 30 auf 28 Prozent. Außerdem bestehen weiterhin enorme Unterschiede in der Beschäftigungssituation: Es arbeiten doppelt so viele Männer wie Frauen in Vollzeit.

Entnehmen kann man diese Zahlen einer Studie zum Wiedereinstieg von nicht erwerbstätigen Frauen (Jutta Allmendinger, «Verschenkte Potenziale? Lebensverläufe nichterwerbstätiger Frauen»). Ihr Ergebnis ist sehr ernüchternd: Die wenigsten Frauen, die Kinder bekommen, können von ihrem eigenen Geld leben. Sie sind, über den Unterhalt hinaus, auf Unterstützung angewiesen. Dass das so ist, hat vor allem strukturelle Gründe: Eine Ursache ist, dass absurderweise gerade die klassischen Frauenberufe, also Pflege- und andere Dienstleistungsberufe, Arbeitszeiten haben, die nicht mit den Öffnungszeiten von Kinderbetreuungsstätten (und schon gar nicht mit denen von Schulen) harmonieren. Es ist ein Geflecht «aus frauentypischen Berufen, niedrigen Arbeitszeiten, geringen Einkommen und langen Unterbrechungen». Am ehesten glückt der Wiedereinstieg jungen, qualifizierten Frauen, die zuvor einen anspruchsvollen Beruf ausgeübt haben. Aber nach längerer Pause haben sie es auch schwer. Grundsätzlich ist es leider so: Wer einmal Teilzeit arbeitet, kommt in der Regel aus dieser Falle nicht mehr heraus. Teilzeit ist der größte Karrierekiller für Frauen.

Das Familienmagazin Nido hat Statistiken zwischen den Ländern Frankreich, Italien, Deutschland und Schweden ausgewertet, die Mütter von Kindern bis sechs Jahre betreffen, und sie miteinander verglichen: Während in Frankreich 42 Prozent Vollzeit arbeiten und in Schweden fast ebenso viele (41 Prozent), sind es in Deutschland nur 23 Prozent. Wir haben die höchste Teilzeitquote unter diesen Ländern, nämlich 39 Prozent! Zu Hause bleiben bei uns 38 Prozent der Mütter – in Italien sind das zwar hohe 47 Prozent, aber hier ist die Teilzeitquote am niedrigsten, hier sind Frauen eher geneigt, sich entweder / oder zu entscheiden. In Schweden verzichten die wenigsten Frauen auf Berufstätigkeit: 24 Prozent. Zur Erinnerung: In Deutschland ist die Geburtenrate mit 1,38 Kindern pro Frau am niedrigsten.[72]

«Kinderkriegen muss wieder normal werden in Deutschland!», fordern die Mütter der rheingold-Studie. Damit ist auch gemeint: Die Mütter wollen nach der Geburt auf dem Arbeitsmarkt nicht automatisch zum Sonderfall werden. Die Teilzeitlösung ist keine Lösung. Im Gegenteil: Sie verstellt den Blick auf Mängel – zum Beispiel die fehlende Ganztagsbetreuung – und gaukelt den Müttern vor, sie würden den Anschluss nicht verlieren. Was die Zahlen widerlegen: Mütter, die ein Jahr und länger Teilzeit arbeiten, werden so gut wie nie wieder auf die Qualifikations- und Gehaltsstufe gelangen, auf der sie mal waren.

Teilzeitväter gibt es nicht

«Fast nirgendwo in Europa lohnt sich für Mütter das Aufstocken im Job so wenig wie in Deutschland», titelte die Süddeutsche Zeitung im November 2010. Der Hauptgrund ist ein finanzieller: In Deutschland werden Verheiratete durch das Ehegattensplitting gemeinsam veranlagt, der geringere Verdienst wird zum höheren addiert, und die Steuerlast berechnet sich nach der Hälfte des Gesamtverdienstes. Ihr Netto-Verdienst hängt also von seinem Brutto-Verdienst ab, und wenn sie Pech hat, bleiben ihr von jedem Euro nur die Hälfte. «Deutschland ist das einzige Land, in dem diese Belastung fast die 50-Prozent-Marke überschreitet», so die zitierte Studie der Bertelsmann-Stiftung. Müttern wird der Übergang in eine reguläre Beschäftigung nicht gerade schmackhaft gemacht: Steigt eine verheiratete Frau von einem Minijob mit 400 Euro Verdienst auf einen Monatslohn von 500 Euro um, verdient sie 15 Euro weniger als vorher. Auch für arbeitslose Alleinerziehende rentiert es sich kaum, einen mäßig bezahlten Job anzunehmen: Ihr Steuer- und Abgabensatz beim Übergang von Arbeitslosigkeit in Beschäftigung beträgt 93 Prozent.[73]

Eine Änderung unseres Einkommensteuergesetzes ist unausweichlich, will man Frauen einen Anreiz geben, wieder schrittweise in die Berufstätigkeit einzusteigen. Frauen müssen sich durch eigene Erwerbstätigkeit finanziell absichern können. Überhaupt sollten sich die Abhängigkeitsverhältnisse in allen Bereichen der Existenzsicherung auflösen. Unser Rentenversicherungssystem, das die Rente nach der Höhe des Arbeitsentgelts während des gesamten Erwerbslebens berechnet, benachteiligt Frauen, ebenso die Mitversicherung in den gesetzlichen oder die höheren Beiträge bei den privaten Krankenversicherungen qua Geschlecht (wobei die Versicherungen nach einem Gerichtsurteil des EuGH ihre Tarife demnächst angleichen müssen). Das alles kann hier nur angerissen werden – aber diese Themen müssen von Politikern unbedingt angepackt und zugunsten von Frauen entschieden werden.

Führen wir uns noch einmal meine Nachbarn Kurt und Petra vor Augen. Das Paar hätte es sich leichter gemacht, hätten sie früher angefangen zu planen und gegenseitige Unterstützung für einen wesentlich früheren Zeitpunkt vereinbart. Eine Möglichkeit hätte für die beiden so aussehen können: Schon vor der Geburt des ersten Kindes vereinbaren beide eine Arbeitsteilung, und Petra muss ihre Tätigkeit im Labor gar nicht erst unterbrechen, sondern nur reduzieren. So verliert sie den Anschluss an ihren Job nicht und kommt auch nicht in die Situation, etwas von Kurt zu fordern, was er auch einfach ablehnen kann. Kurt schlägt seinem Chef schon während der Schwangerschaft von Petra vor, seine Arbeitszeit nach der Geburt des Kindes befristet um 20 Prozent zu reduzieren, zeigt aber, dass seine Leistung nicht darunter leidet. Wichtig ist, dass Männer von vornherein in die Betreuung mit einbezogen werden – nur so lernen übrigens auch Arbeitgeber, dass auch Väter Kinder haben: sichtbare, keine unsichtbaren. «Der moderne Papa nimmt Elternzeit, wickelt, kocht Brei und redet gern darüber wie Cem Özdemir. Aber nach ein paar Wochen ist er wieder verschwunden», lautet das Fazit der Autorin und Mutter Jana Hensel. Da ist das Elterngeld schon drei Jahre eingeführt. Hensel zitiert aus einer Studie, die das Familienministerium in Auftrag gab – und man fragt sich, weshalb die Ergebnisse komplett untergegangen sind. Wie ist es sonst zu erklären, dass Mütter nicht empört Sturm gelaufen sind? Fast 90 Prozent aller Väter nehmen nach der Elternpause ihre alte Arbeit uneingeschränkt wieder auf! Das Leben der Mütter hingegen dreht sich mit dem Tag der Geburt vollständig um: Von denen, die Vollzeit beschäftigt waren, sind es hinterher nur noch 14 Prozent. Den Teilzeitvater gibt es so gut wie nicht, in den öffentlichen Debatten kommt er auch nicht vor.

Kann man Eltern vorschreiben, wie sie leben sollen? Angenommen, Väter hätten nicht mehr die Wahl, sondern die Pflicht, sich anteilig an der Betreuung und Erziehung der Kinder zu beteiligen. Dann würden auch Arbeitgeber umdenken müssen: Das «Risiko Schwangerschaft» ist dann nicht mehr nur mit weiblichen Arbeitskräften verknüpft. Ökonomisch gesehen kann es sich dann kein Arbeitgeber mehr leisten, *nicht* mit flexiblen Arbeitsmodellen zu reagieren oder das Kinderkriegen bequem auszublenden, weil es auf die abwesenden Mütter verlagert werden kann. Arbeitgeber müssten sich dann ernsthaft die Frage stellen, wie sie der Tatsache, dass sich fast alle ihrer Angestellten um Kinder kümmern müssen, unterstützend begegnen. Und auch für die Politiker bestünde dann erhöhter Druck, zu handeln; je besser das Angebot an Betreuungsmöglichkeiten, desto kürzer die Ausfallzeiten (mal davon abgesehen, dass sich dann auch in den politischen Reihen Männer aus Eigeninteresse stärker für diese Problematik interessieren dürften).

Mütter, haltet zusammen!

Zurück zu dem unsanften Aufprall der Macchiato-Mutter in der Realität. Die Schilderung von Janas Schicksal führte zu einer hitzigen und emotionalen Diskussion auf der Webseite der taz. «Nur wenige Ostfrauen kämen auf die Idee, sich über einen Mann und die soziale Absicherung durch ihn zu definieren», erklärte zum Beispiel die taz-Redakteurin Simone Schmollack, alleinerziehende «Ostfrau», ganz genervt von der Opferhaltung der «Westmütter». Indem sie die Männer für die eigene Misere verantwortlich machten, katapultierten sie sich in die Feminismusdebatten der siebziger Jahre zurück. «Diese Macchiato-Mütter haben eine andere Identität» als die Ostfrauen, schreibt Schmollack, nämlich eine viel passivere und auf Abhängigkeit ausgerichtete: «Ich bin Mutter, also bin ich.» So ein Selbstverständnis sei nicht nur altbacken und langweilig, sondern auch zutiefst konservativ und naiv. «Ein modernes Frauenbild sieht anders aus.»[74]

Vergleicht man Frauen aus beiden Teilen Deutschlands, wird deutlich, dass tatsächlich immer noch Unterschiede bestehen, auch bei denen, die beim Fall der Mauer gerade mal in die erste Klasse gingen: Junge ostdeutsche Frauen wünschen sich stärker als westdeutsche ein Kind, finden es aber wichtiger als die westdeutschen Frauen, erwerbstätig zu sein. Knapp zwei Drittel würden ihr Kind bereits im ersten Lebensjahr für ein paar Stunden betreuen lassen – das käme aber nur für ein Drittel der westdeutschen Nachbarinnen in Frage. Ostdeutsche Frauen bemängeln auch stärker das Fehlen einer unterstützenden Infrastruktur –

wohl, weil sie in der ehemaligen DDR damit aufgewachsen sind. Viele werden in einer «werkseigenen» Betreuungseinrichtung gewesen sein, ihre Mütter wurden ja dazu angehalten, ganztags zu arbeiten.[75]

«Ich musste ziemlich kämpfen, um nach meiner Elternzeit meinen Job in einer Werbeagentur halbtags wiederzubekommen. Das lag vor allem daran, dass ich vorher als Teamleiterin gearbeitet hatte, und das wollte ich wieder. Erst versuchte mich meine Chefin davon zu überzeugen, dass ich als Ansprechpartnerin den ganzen Tag zur Verfügung stehen müsste, was aber Quatsch war, die relevanten Meetings sind in der Regel vormittags. Wir diskutierten wochenlang, und ich musste mir meinen Weg zurück richtig erkämpfen. Wir einigten uns dann auf einen Kompromiss. Mein Aufgabenbereich blieb weitgehend derselbe, aber ich wurde in der Hierarchie zwar nicht komplett, aber spürbar runtergestuft. Was mich aber noch mehr gekränkt hat, war die seltsame Reaktion gerade der jüngeren Mitarbeiterinnen. Die fragten mich nämlich ernsthaft, warum ich denn als verheiratete Frau mit zwei Kindern überhaupt wiederkäme? Ich sei doch versorgt! Da war ich baff. Es kam denen gar nicht in den Sinn, dass mir die Arbeit Spaß machte! Für die stellte es sich so dar, dass es mir nur darum ging, nicht meinen Status zu verlieren. Ich kam mir vor wie so eine kleine Raupe Nimmersatt aus dem Kinderbuch. Beides zu wollen, Kinder und Karriere, ist heute wohl noch anmaßend. Und schafft Neid.»
Cordula, 37, Teamleiterin, verheiratet, zwei Kinder, 6 und 3

Von Gleichberechtigung waren die Mütter in Ostdeutschland allerdings auch weit entfernt. Katrin Göring-Eckardt, Vizepräsidentin des Deutschen Bundestags, die vor dem Mauerfall in der kirchlichen Friedensbewegung engagiert war, hat ihre zwei

Söhne noch in der DDR geboren. Das Leitbild der berufstätigen Mutter – das war zu DDR-Zeiten auch eine zwiespältige Angelegenheit, erzählt sie.[76] Gleichberechtigung sehe anders aus: Frauen bekamen in der DDR einen Tag frei im Monat, einen «Haushaltstag», und im Grunde genommen war hier ebenfalls alles Frauensache, Muttersein, Haushalt und Arbeit. Auch in den Führungsetagen seien in der DDR genauso wenig Frauen wie in der alten BRD gewesen. Göring-Eckardt studierte evangelische Theologie und war 23 Jahre alt, als sie mit anderen Bündnis 90 / Demokratie Jetzt gründete. «Ich fand immer, dass ich im Bauklötzeaufschichten nicht besonders gut bin und dass das Leute machen können, die daran Spaß haben, die das gelernt haben, das gut zu tun, und dass ich mit meinen Kindern andere Dinge mache.» Wichtig sei, selbstbestimmt entscheiden zu können, wie man sein Leben als Frau gestaltet. «Richtig!», mögen die Frauen gedacht haben, die dem Radiointerview lauschten, während sie vielleicht gerade das Kinderzimmer aufräumten, das einmal ihr Arbeitszimmer war. Aber: Wie soll man in Deutschland berufstätig sein, wenn die Rahmenbedingungen nicht stimmen? Was so wohltuend an einer Stimme ist, die mal nicht sagt: Ihr sollt!, ist die entspannte Haltung Frauen gegenüber, die Göring-Eckardt vermittelt – wohl auch, weil sie durch ihre Vergangenheit allergisch gegen alles Appellative ist. Sie sagte in dem Interview auch den guten Satz: «Wir können nicht (wieder) alles auf die Frauen schieben.» Richtig! Es geht nicht darum, Frauen zu sagen, wie sie sein sollen. Es geht darum, Frauen die Möglichkeiten zu geben, das zu werden, was sie sein wollen. Und ihnen kein schlechtes Gewissen einzureden.

Wann wird wohl endlich die Auffassung aus der Mode kommen, dass Kinder irreparable Schäden erleiden, wenn sie im Kleinkindalter in Betreuungseinrichtungen «weggegeben» werden? Frauen, die das ständig hören, entwickeln ein dementsprechendes Selbstbild. Dabei sagen seriöse Pädagogen schon seit

Jahren, dass dieser Beweis pauschal noch nie erbracht wurde. Im Gegenteil: Sein Kind in eine Krippe zu geben, trägt sogar zur Förderung der Entwicklung bei. So ist der renommierte Schweizer Kinderarzt Remo H. Largo der Ansicht, dass ein Kind für seine soziale Entwicklung mehrere Bezugspersonen braucht – am besten jeden Tag für mehrere Stunden. Kinder lernen mit anderen Kindern sozial zu kommunizieren, sich empathisch zu verhalten. Die, die in eine gute Krippe gehen, sind mit fünf Jahren sprachlich und sozial weiter. Wir könnten ja die Haltung haben, unseren Kindern etwas Gutes zu tun, wenn wir sie in eine Kita geben. Also: weg mit dem schlechten Gewissen und den ewigen gegenseitigen Anschuldigungen!

Das überhöhte Mutterideal der Deutschen, der ungebrochene Mythos der Mütterlichkeit – die Wissenschaftlerin Prof. Barbara Vinken hat das in ihrem Buch «Die deutsche Mutter» analysiert. Die Literaturwissenschaftlerin provoziert gerne, wünscht sich hierzulande ironisch «mehr Rabenmütter» und ist eine Kritikerin der hiesigen Familienpolitik. Da die gebürtige Hannoveranerin und Mutter eines Sohnes im Teenageralter immer wieder Gastprofessuren in Frankreich und den USA hat, hat sie den unmittelbaren Vergleich und sagt Sätze wie: «In Frankreich glaubt kein Mensch, dass man mit vier Kindern nicht Präsidentschaftskandidatin werden kann.» Den Frauen hierzulande hingegen bescheinigt sie eine typisch deutsche schizophrene Denkweise. So erklärt sie in der Zeitschrift Nido: «Wenn Sie fragen: Sollten Frauen und Männer die gleichen Chancen im Beruf haben?, dann sagen 90 Prozent der Deutschen ja. Und wenn Sie fragen: Leiden Kinder darunter, wenn ihre Mutter während der ersten drei Lebensjahre arbeitet?, sagen wieder fast alle ja. Beides passt aber nicht zusammen – wer dauernd zu Hause auf seine Kinder aufpasst, macht keine Karriere.»

Vinken hat ein sensibles Gespür für Botschaften. Schon das Wort «Doppelbelastung», das wir hier so inflationär verwenden!

Das lässt nicht nur außen vor, dass Arbeit und Kinder zu den Dingen gehören, die uns glücklich machen. Es bedeutet sogar, dass es unglücklich macht. Arbeit eröffnet Perspektiven, auch deshalb, weil es etwas sehr Befriedigendes ist, sich eine Fähigkeit anzueignen und nachher etwas gut zu können. Vinken würde eher von einer «doppelten Lust und einer weiteren Möglichkeit» sprechen. «Was ist aus der Idee geworden, dass Arbeit etwas Erfüllendes ist, das Spaß macht?», fragt sie. Frauen können mehr, als sie sich selbst eingestehen. Aber solange noch das Leitbild der überforderten, berufstätigen Mutter in unseren Köpfen ist, bleiben wir hinter unseren Möglichkeiten zurück.

Frauen sind Feministinnen. Was denn sonst!

«Formal gesehen haben wir die Gleichberechtigung. Jetzt müssen wir die politischen Realitäten in unser persönliches Leben übersetzen. Sonst haben wir die Emanzipation am Ende nämlich doch noch verpulvert.»

Meredith Haaf, Susanne Klingner, Barbara Streidl in «Wir Alphamädchen»

Zwei Frauen in einem Café in München. Die eine trägt dicke, flache Stiefel, einen gemusterten Rock, Strümpfe mit Zopfmuster, pastellfarbene Strickjacke. Die Haare sind zu einem Pferdeschwanz gebunden. Sie ist ein «Alphamädchen», zumindest bezeichnete sie sich vor vier Jahren gemeinsam mit zwei anderen Journalistinnen so, als sie gemeinsam ein Buch über Feminismus schrieben. Die andere Frau ist ähnlich gekleidet, nur dass ihr Rock ein Mini ist, dass sie kurze Haare hat und eine sogenannte Nerd-Brille mit dickem schwarzem Rand trägt. Aber wenig später zieht die mit dem Pferdeschwanz auch eine übergroße Brille aus ihrer Stofftasche. Die mit dem kurzen Rock, das bin ich, und mein Gegenüber könnte fast meine Tochter sein. Ist ja erst mal nichts Schlechtes – zu versuchen, jung auszusehen und sich auch so zu fühlen. Nur dass Frauen es inzwischen verinnerlicht haben, jung aussehen zu müssen: Kaum eine Frauenzeitschrift ohne Anti-Aging-Cremes, ohne Yoga, das den Körper biegsam machen soll, ohne lebensverlängernde Ernährungstipps.

Ich werde bis 67 arbeiten müssen und vielleicht sogar über 80 Jahre alt werden, da ist es ja nur angeraten, wenigstens einigermaßen jung und fit zu bleiben. Es gibt allerdings einen gesellschaftlichen Zwang zur Jugendlichkeit, der uns im Arbeitsleben noch schneller altern und Chefredakteurinnen, die die 45 überschritten haben, unruhig werden lässt. Eine Modekorrespondentin aus Paris vertraute mir einmal an, sie habe ab Mitte 30 angefangen, sich zehn Jahre jünger zu machen – seit sie einmal mitbekam, wie ein Ressortleiter sich lautstark über den «Muff» in seiner Zeitschrift beklagte und dass er den «lästigen Geruch der Wechseljahre» in seiner Abteilung nicht mehr ertragen könnte. Auch in der Frauenzeitschriftenbranche gab es eine Zeitlang den Trend, Führungspositionen lieber mit jugendlich wirkenden, attraktiven Frauen zu besetzen: damit das Heft nicht «zu alt» werde und damit uninteressant für Anzeigenkunden, die eine junge, zahlungskräftige Kundschaft ansprechen wollen. Heute braucht man in dem umkämpften Markt weniger Aushängeschilder, sondern erfahrene Profis, zudem wird die Zielgruppe der «Fiftysomethings» durch die demographische Verschiebung immer interessanter. Bei den meinungsbildenden, großen Magazinen, Tages- und Wochenzeitungen sind die Spitzen übrigens ausnahmslos durch Männer besetzt, bei denen mancher erst die Bühne verlässt, wenn er schon zwei Herzinfarkte hinter sich hat.

Ich habe immer sehr gern für Frauenzeitschriften gearbeitet, über die Gründe habe ich schon an anderer Stelle geschrieben: Das Sinnliche und Spielerische, die Beschäftigung mit dem, was unserem Alltag Glamour verleiht, hat großen Spaß gemacht. Man darf auch nicht vergessen, dass die Frau im Beruf, die Problematik der Vereinbarkeit von Karriere und Familie schon seit jeher zum Themenspektrum von Frauenzeitschriften gehört. Zuletzt habe ich ein Psychologie-Magazin für Frauen gestaltet, in dem es um Persönlichkeitsentwicklung ging. Hier habe ich mitbekommen, dass sehr viele Frauen mehr damit beschäftigt sind, die Erwartungen anderer zu erfüllen, als ihren eigenen Wünschen zu entsprechen. Ja, viele Frauen sind sich nicht mal darüber im Klaren, was sie eigentlich selber wollen – was ihnen guttut und nicht ihren Kindern, ihrem Partner, den pflegebedürftigen Eltern, der besten Freundin, die mal wieder jemanden zum Quasseln braucht. Die Wörter «Nein» und «Ich» kommen vielen Frauen noch schwer über die Lippen.

Frauenzeitschriften haben die Möglichkeit, Frauen zu stärken und zu motivieren. Stattdessen stimmen sie ein in den «Du sollst»-Chor und sind als eine Art Anforderungskatalog zu lesen.

Und wenn die Leserin dann nach der Cellulite-Massage, den Bauch-weg-Sit-ups, der leckeren Kohlsuppen-Diät und dem Blitz-rundum-Styling noch Zeit hat, darf sie sich fragen, ob sie mit irgendeiner neuen «Glücksformel» nicht doch noch etwas an ihrer Lebenszufriedenheit drehen kann. Es ist natürlich nicht so, dass in den Redaktionen von Frauenzeitschriften nur Leute sitzen, die nichts außer Lippenstiften und Handtaschen im Kopf haben. Es arbeiten gute Journalistinnen dort. Auch deshalb finde ich, dass sich die Mode- und Schönheitsdominanz zugunsten anderer Themen, die die Realität von Frauen wirklich betrifft, verschieben muss. Natürlich interessieren sich Frauen für Mode und Kosmetik. Aber eben nicht nur. Und schon gar nicht in dieser Gewichtung. Zumal diese sich dadurch erklärt, dass Anzeigenkunden Umfelder für ihre Produkte brauchen.

«Der Feminismus hat verloren»,[77] sagt die bekannte englische Psychotherapeutin und Feministin Susie Orbach. Orbach prangert seit mehr als dreißig Jahren den weiblichen Schlankheitswahn an. Sie beschäftigt sich besonders mit den psychischen Auswirkungen, Lady Di ließ sich von ihr wegen ihrer Bulimie behandeln. Heute, sagt Orbach, gehe es nur noch darum, «sich selbst zu kreieren, Superwoman zu werden. Das ist aber keine feministische Idee. Der Feminismus wollte die Arbeitsumstände ändern und nicht, dass alle 18 Stunden am Tag arbeiten.» Aus uns sind keine, wie es einmal das Ziel war, autonomen, selbstbestimmten Individuen geworden, sondern wir haben uns den Gesetzen des freien Marktes unterworfen: Siegen wird angeblich die Schönste, Perfekteste, Fleißigste. Es ist an der Zeit, unseren Schönheits- und Körperwahn nicht nur zu hinterfragen, sondern auch zu thematisieren. Machen wir es doch den Engländerinnen nach: Englische Feministinnen – zum Beispiel Natasha Walter und Angela McRobbie – setzen sich gerade sehr ernsthaft mit unserer Populärkultur auseinander, mit Heidi Klums «Germany's Next Top Model», mit dem neuen Fitnesstrend aus Sex-Bars, der sich «Pole Dancing» nennt, oder mit dem «Lillifee»-Hype, der ganze Mädchenzimmer in eine rosa Wolke hüllt. Sie warnen vor einem «Backlash»: einem neuen, alten Sexismus, einem Körperkult, der gerade dabei ist, besonders junge Frauen in ein neues Schönheitsdiktat zu treiben – und somit in psychische Erkrankungen. Nachdem es eine Zeitlang so aussah, als habe der «new feminism» den Sexismus abgeschafft, fordern – übrigens auch junge – Feministinnen ein Comeback der Bewegung.

Ich treffe mich mit der Journalistin Susanne Klingner, der jungen Frau mit dem Pferdeschwanz, weil sie von sich behauptet: «Ich bin Feministin.» Gab es da so etwas wie ein Schlüsselerlebnis? Die meisten Frauen kämen nicht im Traum darauf, sich so zu bezeichnen, weil der Begriff sie – und vor allem Männer – an das Klischee der ungeschminkten Latzhosenträgerin mit Frauenbart erinnert. Sie sei sich früher immer etwas blöd vorgekommen, erzählt die 33-Jährige, wenn sie sich so gar nicht hat wiederfinden können in den Frauenmagazinen: Nie sei sie versessen gewesen auf «Schuhe, Schuhe, Schuhe!», und «shoppen gehen» bedeute für sie den blanken Horror. Es passte einfach nicht zu ihrem weiblichen Selbstbild. Aber dann habe sie herausgefunden, dass sich weibliche Identität auch anders definieren kann. Feminismus ist für Susanne Klingner eine Idee, die sie als Person und das gesamte Leben prägt, auch den Alltag in den eigenen vier

Wänden. So haben es die drei – Klingner, Meredith Haaf und Barbara Streidl – in ihrem Buch «Wir Alphamädchen» auch beschrieben: Die «Alltagstagstauglichkeit des Feminismus zu demonstrieren» sei ihr Anliegen, und eine Umsetzung gemeinsam mit den Männern. Die Alphamädchen gerieten stark ins feministische Kreuzfeuer, auch, weil sie sich in vielen Punkten von Alice Schwarzer absetzten.

Brauchen wir heute überhaupt wieder einen Feminismus? Und wie anders soll er sein?

Für mich und viele andere hatte sich der Feminismus in den Achtzigern in den Klängen von Musik aufgelöst – lieber Punk-Frau sein! Meine Freundinnen und ich, wir hörten Musik von Siouxsie and the Banshees, Blondie und immer wieder von Patti Smith. Die Frontfrauen dieser Bands waren rebellisch, selbstbewusst, sexy. Und eindeutig dominant. Sie gaben im doppelten Sinne den Ton an. Ich färbte mir die Haare blau und lief in selbstbekleckten, zerfetzten T-Shirts herum. Aber irgendwann kapierte ich, dass Punk auch bedeutete, nicht die Gesellschaft zu verändern, sondern sich mit Drogen auszuklinken, und nahm irgendwann Abstand.

Als ich 1993 zum Jugendmagazin jetzt kam, gehörte ich zum ersten Mal nicht mehr zur jüngsten Frauengeneration, sondern stieß auf Mitte Zwanzigjährige – einer jungen, kreativen Avantgarde. Die jungen Frauen dort wollten eine selbstbewusste Frauenbewegung – aber anders. Waren die Feministinnen der Siebziger nicht der Ansicht, dass man sich schon zum «Lustobjekt» degradierte, wenn man sich nur die Lippen schminkte oder etwas Dekolleté trug? Dabei wollten Frauen doch sexy aussehen und sich auch so fühlen! Die Rolle der Verführerin, die machte doch Spaß! War souveräne Verführung nicht auch Ausdruck weiblichen Selbstbewusstseins? Und überhaupt: Spaß. Den wollten sie wiederhaben.

In einer Themenkonferenz machten zwei Mitarbeiterinnen

den Vorschlag, doch eine Ausgabe allein den Mädchen zu widmen, Begründung: «Weil es sich nicht lohnt, ein Junge zu sein.» Ein starkes Bekenntnis zur Weiblichkeit, warum nicht? Wir entschieden uns, eine Ausgabe von jetzt als «Mädchenheft» zu gestalten. «Jungs dürfen nicht weinen. Sie müssen sich jeden Tag rasieren und immer den Helden spielen, um ernstgenommen zu werden», stand im Vorspann. «Mädchen müssen gar nichts, sie dürfen viel und finden: Es ist ein Vergnügen, als Mädchen auf die Welt gekommen zu sein.» Das Interessante war, dass die «Mädchen» die Haltung der Feministinnen umdrehten: Sie wollten sich nicht als Opfer des Systems mit ihren Schwächen thematisieren, sondern sich auf ihre weiblichen Stärken besinnen. Sie betrachteten Weiblichkeit als Privileg. Die «Mädchen» der Neunziger grenzten sich aber auch von dem existierenden klassischen Leitbild des Frauseins ab, das sie spießig fanden: «Frauen werden ernst genommen, müssen dafür aber Verantwortung tragen. Sie haben eine Wohnung mit Einbauküche und einen Fiat Panda, um ihre Einkäufe zu erledigen. Sie haben einen Mann, zwei Hunde und drei Kinder, die sich zum Sonntagsausflug auf die Rückbank quetschen.»[78]

Welche Vorbilder hatten die Mädchen? Lena Meyer-Landrut wäre damals sicher nicht als eine durchgegangen: viel zu süß und unschuldig. Die Mädchen waren keine harmlosen Girlies. Sie trugen ultrakurze Röcke, knappe T-Shirts und Springerstiefel. Sie spielten mit einer lolitahaften Erotik, sie spielten mit den Männern. Und ließen diese am ausgestreckten Arm verhungern. Sie waren egoistisch und gemein. Ihre Inspirationen kamen aus der Subkultur der Post-Punk-Bewegung, ihre Heldinnen hießen Riot Grrrl und Tank Girl – letztere eine Comicfigur in schweren Schuhen und BH, bewaffnet mit einem Baseballschläger, die in einem Panzer mit Surfboard obendrauf lebt. Tank Girl überfiel auch mal einen Biertransport, wenn sie durstig war. Heute würde sie wahrscheinlich Lara Croft oder Lisbeth Salander heißen. Mädchen zu sein war eine Haltung. «Weil ich ein Mädchen bin», sang 1994 im Nachklang der Neuen Deutschen Welle die Berlinerin Luci van Org und lehnte sich dabei locker an einen blassen Typen im Hintergrund. Madonna veröffentlichte ein erotisches Foto-Buch zu ihrer «Girlie Tour», in der es vor allem um eines ging: selbstbestimmten Sex. «Echte Mädchen haben die notorischen Langweilerinnen, die am liebsten über Gleichberechtigung und Frauenfeindlichkeit reden, an der letzten Straßenecke stehen gelassen.» Das stand auch in jetzt. Natürlich fühlten sich davon einige Feministinnen provoziert. Man kann es verstehen: Schließlich hatten sie die ganzen Jahre viel Kraft aufgewendet, den Weg zu ebnen, und dabei auch einige Blessuren davongetragen. Diese Mädchen konnten doch nur deshalb eine so dicke Lippe riskieren, weil sie nicht mehr kämpfen mussten!

«Erst die Feministinnen der zweiten Frauenbewegung und die von ihnen mobilisierten Kräfte erreichten, dass der Gesetzgeber 1977 noch einmal das Familienrecht reformierte», schreibt Alice Schwarzer in «Die Antwort» (im Sinne einer Erwiderung auf zwölf gesellschaftliche Fragen). Erst Ende der Siebziger wurde die «Pflicht zur Haushaltsführung» für Frauen gestrichen und das Recht auf Berufstätigkeit verankert – da gingen die Neunziger-Jahre-Mädchen gerade mal auf die Grundschule. «Doch es sollte noch weitere 20 Jahre dauern, bis ein deutscher Ehemann nicht mehr das Recht hatte, auf der ‹Erfüllung der ehelichen Pflichten› zu bestehen, sondern die Vergewaltigung in der Ehe ebenso strafbar wurde wie die im Park», stellt Alice Schwarzer weiter fest.

Aber das ging die Neunziger-Jahre-Mädchen nichts an. Sie waren nicht politisch. Das hatten sie allerdings auch nie behauptet. «Gefühlt» war für sie eine Gleichberechtigung längst erreicht, sie selbst – Angehörige einer gebildeten Mittelschicht – fühlten sich nicht unterdrückt oder unterprivilegiert. Ihr Blick war ein rein privater, kein gesellschaftlicher. Trotzdem darf man nicht vergessen, dass der Feminismus eine Lücke gelassen hatte, die die Neunziger-Jahre-Mädchen füllen wollten: ein selbstbewusstes Leitbild für junge Frauen zu sein. Mitte der Neunziger wurde die «Mädchen»-Bewegung dann kulturell vereinnahmt und kommerzialisiert. In der Mode entstand der Girlie-Stil: T-Shirts in Rosa und Hellblau mit niedlichen Sprüchen kamen in Mode, Zöpfe und Marienkäferhaarspangen. Die Lolli-lutschenden Girlies hatten die rebellische Note verloren.

Fünfzehn Jahre später. Die neuen «Mädchen» beziehen sich nicht auf die der Neunziger – aber es ist wieder eine selbstbewusste, weibliche Stimme, diesmal allerdings eindeutig politischer. Die «Alpha»- und «Neue deutsche Mädchen» bekommen diesmal die geballte Kritik der Feministinnen zu spüren, denn von Schwarzer hatten sich die Autorinnen in ihren Büchern ausdrücklich distanziert: Die «Neuen deutschen Mädchen» – die Autorin Jana Hensel und die Journalistin Elisabeth Raether – schrieben spitz, dass sie sich über die Selbstinszenierung des Emma-Feminismus ärgerten, der so alt sei wie sie selbst. Die «Alphamädchen», die für einen neuen Feminismus plädierten, der auch Männer integriert, bemängelten: «In Deutschland tauchte der Feminismus bislang fast ausschließlich in Gestalt von Alice Schwarzer auf.» Ein heutiger Feminismus, fanden sie, bräuchte keine Galionsfigur, und schon gar keine, die polarisiert.

Gerade hatte Schwarzer noch in einem Interview gesagt: «Wir brauchen keinen neuen Feminismus. Was wir brauchen, ist ein neuer Elan für den bestehenden Feminismus. Und Frauen, die öffentlich sagen: Ich bin stolz, eine Feministin zu sein.»[79] Aber offensichtlich hatte sie sich die jungen Feministinnen anders vorgestellt. Schade ist der herablassende Ton Schwarzers und der anderer Kritikerinnen in ihrem Gefolge, der leider bis heute anhält. Sie werfen den Autorinnen – von Rezensentinnen überheblich wahlweise «Girlies» oder «Spätzchen» genannt –

das Fehlen eines konkreten Programms und die reine Beschreibung von Befindlichkeiten vor. Es fehle ein Über- und Unterbau, der Plauderton sei naiv, und überhaupt sei dieser Feminismus rückschrittlich und reiche nicht über die eigenen vier Wände hinaus.

Ich habe den Eindruck, dass hier ein paar Mütter enttäuscht mit ihren Zeigefingern wedeln, um den Töchtern zu signalisieren: Wir hätten von euch wenigstens Dankbarkeit erwartet!

«Was ich wirklich nicht leiden kann», sagte Alice Schwarzer kürzlich in der Zeit,[80] «sind junge Frauen, die beispielsweise ein Buch über ihr Leben schreiben und als Erstes damit anfangen, warum sie mich nicht leiden können.» Man fragt sich, was genau Schwarzer so emotional getroffen hat, dass der Stachel heute noch so tief sitzt. Die Kritik, Schwarzer habe sich zur Alleinrepräsentantin des Feminismus gemacht, wurde ja nicht erst von den «Alphamädchen» geäußert. Interessant das Bild, das wir von ihr ein paar Zeilen später geliefert bekommen: Schwarzer wünscht sich, dass heute junge Frauen nicht wieder bei null anfangen, sondern «auf unseren Schultern stehen und von dort aus ihr Ding machen. Sie müssen nicht alles neu erfinden.» Da ist er also, der wunde Punkt: Abnabeln geht nicht. Und sie bestimmt die Perspektive.

Ich mochte an den Büchern der «Mädchen» gerade deren entspannte Erzählweise, den subjektiven Stil. Ich wollte gar nicht gleich mit einem Programm erschlagen werden. Sie beschrieben persönliche Erfahrungen und Beobachtungen, dass Frauen immer noch an Grenzen stoßen und benachteiligt werden – und dass sich das schon in den eigenen vier Wänden ändern muss. Gut so! Ich finde es nur logisch, den Feminismus auch in unseren Alltag und vor allem in die Partnerschaft hineinzutragen. Denn hier fallen wir am schnellsten in unsere alten Rollenmuster zurück.

Kurze Zeit später, 2009, erschien Lisa Ortgies' «Heimspiel», bei der es ganz konkret um die Arbeitsteilung zu Hause ging. (Nur zur Erinnerung: Die Journalistin Lisa Ortgies war Anfang 2008 von Alice Schwarzer als Nachfolgerin zu Emma geholt worden – und verließ das Blatt auch gleich wieder. Alice Schwarzer übernahm wieder das Ruder.) Also lagen die «Alphamädchen» mit ihrem Feminismus, der in den eigenen vier Wänden seinen Anfang nimmt, gar nicht so falsch. Man könnte sogar sagen, sie haben den Trend gesetzt.

Auf jeden Fall muss man sich erst mal ein dickes Fell zulegen, wenn man sich nicht nur «Alphamädchen», sondern auch noch Feministin nennt: Die wütenden Reaktionen auf ihr Buch hätten sie und ihre beiden Mitautorinnen sehr überrascht, sagt Susanne Klingner: «Vor allem, weil wir in den Vorbereitungen zu unserem Buch auf viel Zustimmung stießen: So viele Frauen waren der Meinung, dass der Feminismus neuen Schwung und vor allem einen Imagewechsel braucht.» Die Autorinnen bekamen Kommentare zu hören wie «Aber du wirkst ja ganz normal», «Aber du machst gar nicht so einen radikalen Eindruck.» Oder «Aber du siehst doch gar nicht so schlecht aus!» – als Feministin. Heute, vier Jahre später, hat sich das Diskussionsklima spürbar verändert, wenigstens wird sie seltener beschimpft, sagt Klingner. Sicher haben auch die Bücher in der Folge dazu beigetragen, etwas moderater mit dem Thema umzugehen.

Das Café, in dem ich mit Susanne Klingner sitze, passt insofern für ein Gespräch über Zukunft, als dass wir uns hier in einem zeitlichen Nirgendwo, in einem unbestimmten Raum befinden. Mit seinen goldenen Tapeten, den vielen braunen Tischen und samtüberzogenen Bänken, der dunklen Deckenverkleidung hat es den abgerockten Charme eines ehemals prunkvollen Ostblock-Restaurants. Klingner gehört zu der Generation der Um-die-30-Jährigen, die unsere Gesellschaft verändern wird – so hoffen es jedenfalls Soziologen. Andere wiederum – wie die Journalistin Bascha Mika in ihrem Buch «Die Feigheit der Frauen» – vermuten eher, dass es wieder nichts wird mit der Veränderung, weil Frauen es sich lieber in ihrer Komfortzone bequem machen und «vermausen», statt an den Strukturen zu rütteln.

Susanne wohnt mit ihrem Freund, ebenfalls ein Journalist, zusammen, und natürlich diskutieren sie wie jedes Paar die gleichen Wer-trägt-eigentlich-den-Müll-runter-Fragen. «Aber das ist wirklich selten.» Die Weichen werden sich dann stellen, wenn aus ihrer Zweierbeziehung, bei der man jetzt noch viel improvisieren kann, eine Familie wird. Denn Susanne bekommt ein Baby: Unübersehbar wölbt sich eine kleine Schwangerschaftskugel unter ihrem Pulli. Der Plan: Nach der Geburt wird sie ein halbes Jahr pausieren, dann er. Sie wird seinen Erziehungsurlaub dazu nutzen, beruflich wieder aufzuholen und Aufträge zu akquirieren. Derzeit bloggt sie zum Beispiel auf der feministischen Website Mädchenmannschaft.net und schreibt eine Kolumne in der taz, «Die Farbe Lila», in der sie monatlich vom Alltag einer Feministin erzählt.

Will sie Kind und Karriere, oder redet sie sich lieber raus, wie Bascha Mika behauptet? «Karriere», sagt Susanne Klingner, «das bedeutet in unserer Gesellschaft, 16 Stunden am Tag zu arbeiten. Das schließt ein Familienleben ja praktisch aus.» Aber was wäre denn die Alternative? «Es spricht nichts dagegen – vor allem keine einzige Studie –, dass Karriere nicht auch mit einer geteilten Stelle möglich ist. Ich wünsche mir mehr Flexibilität. In der Wirtschaft und in der Politik, vor allem aber in unseren Köpfen.» Da ist sie wieder: die «andere» Karrierevorstellung von Frauen. Die Verweigerung einem Arbeitsalltag gegenüber, der unser Leben zweiteilt: in Arbeitszeit, in der die Familie nicht vorkommt. Und in zusammengeschnurrte Familienzeit, in der die Arbeit ruhig vorkommen darf: wenn am Frühstückstisch schon Mails beantwortet werden oder statt Kinobesuch Aktenordner das Unterhaltungsprogramm sind.

Hätten junge Frauen alle Möglichkeiten – wie würden sie denn leben wollen? «Ein ganz und gar selbstbestimmtes Leben führen zu können, das wäre es.» Wobei Kompromisse immer denkbar sind. Aber es gibt in Deutschland kaum einen Mittelweg, sondern nur entweder/oder: Entweder mit Kind ganz zu Hause bleiben. Oder Teilzeit arbeiten. Oder mit hängender Zunge Vollzeit und Haushalt. Leider gibt es auch keine Vorbilder, die einem ein gleichberechtigtes Leben vorleben – wie denn auch. «Also muss sich die junge Generation sozusagen selbst neu erfinden und selbst Vorbild werden!» Susanne Klingners und mein Blick fällt zur Tür, wo sich gerade eine Mutter abmüht, mit ihrem Kinderwagen und zahlreichen Tüten durch die Tür zu kommen. Selbst Vorbild werden – wie soll das denn gehen? «Wichtig ist vor allem, diesen verdammten Perfektionszwang abzulegen, den sich viele – oder sogar die meisten – Frauen selbst auferlegen. Um uns herum sind so viele, die unter der Last der tausend Ansprüche, die an sie gestellt werden und die sie selbst an sich stellen, zerbrechen! Wir könnten versuchen, lässiger zu werden. Auch in unserem Urteil über andere. Vielleicht lassen sich mit einer solchen Lässigkeit dann auch doch noch Vorbilder finden.» Es gibt sie ja wenigstens, die Puzzleteile für einen Zukunftsentwurf, findet Klingner: «Der einen ihre Souveränität im Job nachmachen, der nächsten ihren Umgang mit Mann und Kind, der dritten im politischen Engagement nacheifern. Und wenn wir scheitern, wieder etwas Neues ausprobieren.» Nicht wieder den Fehler machen, ein perfektes Lebensmodell zu kreieren – das klingt entspannt. Vielleicht sogar zu sehr. Kann man denn mit diesen Haltungen überhaupt etwas verändern? Die Literaturwissenschaftlerin und Feministin Silvia Bovenschen wundert sich,[81] weshalb junge Frauen heute so wenig wütend sind: Sie seien zwar empört, hier und da, aber die großen Emotionen, die fehlten. Und eine Bewegung, die bräuchte nun mal Wut. Was aber, wenn wir es hier mit einer etwas stilleren Revolution zu tun haben. Wenn sich die Jungen dem einfach verweigerten, wie wir, die Älteren, sie gerne hätten: sich mit feministischen Parolen an die Spitze kämpfend, während zu Hause eine Nanny auf die Kinder aufpasst. Vielleicht stehen sie stattdessen einfach nicht mehr zur Verfügung?

«Spätzchen», könnte ich jetzt mit süßer Stimme zu dem Alphamädchen sagen, das mit seinem kleinen Babybauch neben mir auf der Plüschcouch sitzt. «Spätzchen, machst du hier nicht einen auf Wellness-Urlaub? Das mit dem Kind, das hast du dir wohl gar nicht so richtig überlegt. Mit deiner Ausbildung! Feminismus in den eigenen vier Wänden probieren, das ist ja schön und gut. Aber wir wollen doch gesellschaftlich was verändern, und das kann man nur, wenn man oben auch mitmischt. Ich glaube, du hast den Feminismus komplett missverstanden.» Ich sage das natürlich nicht, weil ich immer mehr darauf komme, dass diese Argumentation an den Bedürfnissen der jungen Generation ziemlich vorbeigeht. Und weil ich finde, dass man das heute nicht mehr machen kann: Frauen vorwerfen, dass sie ihr Leben leben. Von überall her hören wir schon seit Jahren, wir seien ja selbst schuld: Selbst schuld, nicht in den Führungsetagen zu sitzen. Selbst schuld, unser Privatleben mit Kindern nicht geregelt zu kriegen, sodass es nur für einen Teilzeitjob reicht. Selbst schuld, keinen Mann abzubekommen; wer sich dermaßen in die Karriere stürzt, der darf sich da nicht wundern!

«Spätzchen» würde mir außerdem sowieso zu verstehen geben, dass sie echt keinen Bock mehr hätte, wie ein kleines Mädchen zurechtgewiesen zu werden. Sie würde entspannt aufstehen, meinen Kaffee gleich mitbezahlen und zu Hause in ihre Kolumne schreiben, dass sie es satthat, dass Frauen immer müssen. Und dass sie selbstverständlich auch dann, wenn das Kind erst mal da ist, weiterhin versuchen würde, finanziell auf eigenen Beinen zu stehen. So weit es eben geht. Vielleicht hätten ja bald mehr Zeitungen und Zeitschriften Bedarf an feministischen Texten?

Neben mir liegt eine Ausgabe des Spiegel: «Warum Deutschland die Frauenquote braucht», steht da auf dem Cover, «Eine Streitschrift». An der Spitze von Deutschlands größtem Nachrichtenmagazin stehen 2 Chefredakteure, 1 Stellvertreter, 1 Textchef, 28 männliche Ressortleiter, 2 Ressortleiterinnen. «Zusammengezählt heißt das: 32 zu 2», berichten die beiden Autorinnen der Titelgeschichte. Ein Verhältnis von Männlein zu Weiblein, das bei den großen Tageszeitungen hierzulande kaum anders aussieht. Und woraus auch folgt: Wir sehen die Welt aus Männeraugen. Das meiste, was wir über Politik, unsere Gesellschaft, die Wirtschaft erfahren, wird von Männern bestimmt. Sie wählen die Themen aus, bewerten sie, betrachten sie aus ihrem Blickwinkel. Das hat per se noch nichts Frauenfeindliches an sich. Und ist nicht mal bewusste Manipulation. Aber es ist eine Tatsache, die die Frage aufwirft, ob Frauen die Welt nicht manchmal doch anders sehen würden.

In einer Montagskonferenz des Spiegel, kurz nach Erscheinen der Titelgeschichte, machten die Redakteurinnen dann Rabatz: Braucht nicht auch dieses Magazin eine Frauenquote? Eineinhalb Stunden sei diskutiert worden, so leidenschaftlich wie lange nicht. Die beiden Chefredakteure versprachen am Ende zumindest, ein Konzept zur Frauenförderung zu erarbeiten. Aber vielleicht gibt es ja auch viel zu wenige hungrige Journalistinnen? «Es bewerben sich ja so wenig gute!», lag mir kürzlich die Chefredakteurin in den Ohren, während wir beide unseren Salat zerkleinerten. Wir überlegten, ob das mit den Bildern zu tun hat, die wir im Kopf haben: Wieso soll ich mich, wenn ich nicht über «Va Va Voom»-Sex (Titelzeile auf der Cosmopolitan), Mode oder «Beauty» schreiben will, bei einer Frauenzeitschrift bewerben? Dann doch lieber beim Nachrichtenmagazin, bei einer Tageszeitung? Aber wir denken: Männervereine. Da haben Frauen doch eh kaum Chancen (aus eigener Erfahrung und der meiner Kolleginnen: Stimmt ja auch). Es ist für das Selbstbewusstsein entscheidend, wie Frauen Männer in ihrer beruflichen Laufbahn erleben: Fördernd? Zurechtweisend? Mit den männlichen Ritualen der Macht machen Frauen ja schon in der Ausbildung Bekanntschaft. Es ist wichtig, dass die wenigen Frauen an der Spitze auch Talente aktiv suchen und gezielt andere Frauen fördern. Ich hatte das Glück, einen (männlichen) Mentor zu haben – und weiß aus Erfahrung, dass es einen ungeheuer anspornen kann, wenn einem viel zugetraut wird.

Zuweilen unterrichte ich an der Journalistenschule – die letzte Klasse, die ich bei ihrer Abschlussarbeit betreut habe, bestand aus zwei Dritteln junger Journalistinnen. Kritische, talentierte, engagierte Frauen, die sich bis auf wenige Ausnahmen für ihre Praktika in den Ressorts Politik und Gesellschaft beworben haben – so viel zum Mythos, Frauen wollten nicht Karriere machen. «Zu manchem muss ich mich manchmal zwingen: nicht nur gut zu arbeiten, sondern auch meine Arbeit gut zu verkaufen», erzählt mir Karin, eine Journalistenschülerin aus meiner Unterrichtsklasse. «Ein Nein nicht als Niederlage, sondern als Ansporn zu nehmen. Selbst die Hand zu heben, anstatt immer den anderen den Vortritt zu lassen. Das kostet Energie, aber es lohnt sich.» Offensichtlich ergeht es ihr etwas besser als mir bei meinem ersten journalistischen Praktikum bei einem Radiosender: Ich musste für meinen Chef aus Tageszeitungen Karikaturen ausschneiden, weil er die sammelte. Irgendwann ist es mir dann doch gelungen, dank der Unterstützung eines anderen Ressortleiters, einige Beiträge zu verfassen. Aber das war im Zeugnis kaum der Rede wert. Fast väterlich stolz war mein Chef auf jenen von ihm hineingefummelten Satz: «Man hat sie nie anders als lächelnd gesehen.» Ob er das wohl auch bei einem Praktikanten so herausgehoben hätte?

Bis sich die Machtverhältnisse in den Medienunternehmen verändern, dauert es sicher noch Jahre. Auch wenn kluge Frauen, wie zum Beispiel Maria Furtwängler, sich für eine zeitweise Frauenquote einsetzen. Auf die Frage, ob sie schon versucht hätte, ihren Mann, den Verleger Hubert Burda, zu einer Quote im Vorstand zu überreden, antwortet sie: «Ich halte das Thema wach, man kann niemanden zwingen. Bei Burda arbeiten 60 Prozent Frauen, auch unter den Chefredakteurinnen sind noch 27 Prozent Frauen. Aber es gibt nicht eine einzige Frau im Vorstand, mit echter Budgetkompetenz. Sind wir Frauen wirklich so dämlich, dass wir mit Geld nicht umgehen können?»[82]

Bin ich für die Frauenquote? Selbstverständlich. Am liebsten in allen Aufsichtsräten und Vorständen der Wirtschaft. Von mir aus könnten wir sogar überall und auf jeder Ebene eine Quote haben, dann hätten wir nämlich auch bald mehr Männer in den klassischen, minderbezahlten Frauenberufen. Und es wäre unausweichlich, eine flächendeckende Ganztags-Kinder- und Schülerbetreuung bereitzustellen. Aber das ist natürlich nach den Sternen gegriffen und in der Tischlerei oder der Kfz-Werkstatt um die Ecke nicht so leicht umzusetzen.

Ich behaupte nicht, Frauen würden mit einer knallharten Strategie davon abgehalten, die Spitze zu erstürmen. Männer könnten sogar guten Willens sein, die Verführung für sie wäre dennoch groß, alles beim Alten zu lassen (und die freiwillige Vereinbarung mit der Privatwirtschaft, Frauen in die Spitzen zu fördern, zeigt es ja: Diese besteht seit zehn Jahren, aber verändert hat sich dadurch nichts). Die für dieses Buch zusammengetragenen Untersuchungen bestätigen, dass bei Bewerbungen selektiv wahrgenommen wird. Dass Gruppen Angehörige ihrer eigenen Gruppen bevorzugen. Dass jeder sich unter seinesgleichen sicherer und wohler fühlt, und jene besser beurteilt, die einem ähnlich sind. Systeme haben die Tendenz, sich selbst zu erhalten. Das soll natürlich nichts entschuldigen, aber Denkmuster kann man verändern, wenn einem etwas daran liegt. Ich meine: Ohne massiven Druck kommen wir nicht weiter. Es gibt Vorurteile in den Köpfen männlicher Entscheider, die sind einbetoniert. Die «gläserne Decke» ist kein Märchen. Das vielzitierte Beispiel des Landes Norwegen, das 2003 die 40-Prozent-Quote für Aufsichtsräte einführte und in dem sich auch in den Unternehmen der Frauenanteil stark positiv verändert hat, die nicht von der Quote betroffen sind, belegen die psychologischen Phänomene: Unser Denken muss sich verändern. Guter Wille allein genügt da nicht.

Selbst bei jungen Männern wirken die klassischen Rollenbilder noch: Dass Frauen erfolgreicher sind, bringt ihr Versorger-Selbstbild ins Wanken. Und wie reagieren ihre besser verdienenden Lebenspartnerinnen? Sie reden sich klein, flüstern was von «hatte da wohl Glück gehabt» und stellen ihr Licht unter den Scheffel, um ihn ja nicht zu kränken. Das muss natürlich aufhören. Mehr Lässigkeit, meine Herren – aber auch meine Damen! Die fiele uns sicher auch leichter, wenn die Medien nicht mehr diese bemitleidenswerten Bilder von der «einsamen Spitze» produzieren würden: die der überarbeiteten Managerin, der der Typ wegläuft, weil sie ihre Peitsche auch mit nach Hause nimmt. Oder die der erfolgreichen Supersingles, vor denen die Männer Reißaus nehmen, weil sie es mit der Angst zu tun bekommen. Auch Managerinnen sind beziehungsfähig und in der Lage, sich glücklich zu verlieben – weil sich Männer von intelligenten, selbständigen Frauen (auch aus Eigennutz) angezogen fühlen.

Und wenn uns der Weg dann frei steht an die Spitze? Dann sollten wir das kleine Mädchen in uns, das immer dann zum Vorschein kommt, wenn wir es mit der Angst zu tun bekommen, endgültig verabschieden. Wir brauchen uns nicht davor zu fürchten, da allein zu sitzen, denn wir werden viele sein. Kleine Mädchen haben auch Angst davor, nicht mehr gemocht zu werden. Dabei ist, wer von allen gemocht wird, auch langweilig, und Lieblinge werden oft von einem Tag auf den anderen ersetzt. Das kleine Mädchen, es beraubt uns des Vergnügens, unsere Stärken zu entdecken.

Die Voraussetzungen sind gerade jetzt auch bestens, in der

Partnerschaft die Karten neu zu mischen. Denn die Männer spüren, dass sie sich verändern müssen: Sei es, weil die Arbeitswelt heute ein paar andere Fähigkeiten von ihnen verlangt als bisher. Sei es, weil sie selbst den 12-Stunden-Tag gesundheitlich nicht mehr packen. Oder weil sie ihre Kinder nicht nur morgens sehen wollen. Auch die Männer sind von der Rolle. Das sollten wir ausnutzen. Es wäre doch jetzt ein guter Zeitpunkt, gemeinsame Sache zu machen!

Besser jedenfalls, als zu jammern. Wir erinnern uns an das Beispiel der sogenannten Macchiato-Mütter und ihr Wehklagen, «total naiv in die postfeministische Falle getappt» zu sein. Aus Kurzsichtigkeit nach einer Trennung ins Hartz-IV-Loch oder an die Armutsgrenze zu geraten, das sollte keiner passieren. Leider geht das schneller, als manche noch denkt: 40 Prozent der alleinerziehenden Väter und Mütter sind Hartz-IV-Empfänger[83] (oder 600 000 alleinerziehende Mütter gegenüber 34 000 Männern). Die eigene finanzielle Unabhängigkeit – sie ist auch im Licht des neuen Unterhaltsrechts lebenswichtig. Die Ehe ist kein Versorgungsmodell mehr. Auch wenn unsere Renten allein nicht dazu taugen, uns später ein Auskommen zu sichern – die Rente der Frauen ist heute nur halb so hoch wie die der Männer, weil sie nicht regelmäßig einzahlen. Schon deshalb ist es nur folgerichtig, dem Beruf so viel Attraktivität wie möglich abzugewinnen und eine berufliche Selbstentfaltung – wenn man schon einer gebildeten Mittelschicht angehört und die Möglichkeiten dazu hat – um Himmels willen auch zu nutzen. Beruflich erfolgreiche Frauen sind einfach besser dran.

Womit wir natürlich auch schnell bei der Kinderfrage sind: «Kinder sind die Falle», stellt Silvia Bovenschen fest. Schon, weil sich nun mal Frauen der Betreuung einfach stärker verpflichtet fühlen als Männer. Und weil öffentliche Betreuung nicht nur ungenügend vorhanden ist, sondern immer noch schlechtgeredet wird.

Man kann es nicht oft genug sagen: Wir werden nie eine Gleichberechtigung von Männern und Frauen, wie sie Artikel 3 des Grundgesetzes vorsieht, haben, bevor die Betreuungsfrage nicht gelöst ist. Auch Männer haben Kinder. Das müssen auch die Unternehmen kapieren und dem Rechnung tragen. Unser Arbeitsmodell ist immer noch auf den Single-Mann zugeschnitten, und nicht auf den Vater. Oder es ist auf die Frau zugeschnitten, die mit dem Single-Mann mithalten kann. Neulich traf ich zu später Stunde meine Nachbarin im Fahrstuhl, bleich von der vielen Arbeit: Das mit den Überstunden ginge jetzt schon seit Wochen so, stöhnte sie, während sie sich erschöpft gegen die Fahrstuhlwand lehnte. Früher hätte sie nur die Arbeit von Kolleginnen mitmachen müssen, die in den Mutterschaftsurlaub gegangen sind. Jetzt käme noch die von den Männern dazu, die sich in die Vätermonate verabschieden. «Und dann entweder ein hübsches Büchlein drüber schreiben. Oder mit ihrer Familie auf Weltreise gehen.»

Jeder Mann ist ein potenzieller Vater. Und deshalb müssen Väter und Nichtväter ebenfalls zum Adressat der Politik und Wirtschaft werden. Im Moment richten sich alle Appelle an die Frauen. Auch Männer sind für das Funktionieren unserer Gesellschaft verantwortlich. Wir brauchen eine Strukturänderung auch in der Arbeitswelt, wir brauchen mehr Flexibilität. Arbeitslast kann nicht nur umgeschichtet und auf weniger Leute verteilt werden.

Ich habe, wie gesagt, für meinen Beruf auf Kinder verzichtet. Und das war für mich in Ordnung. Weil man meiner Generation nicht eingeredet hat, es ginge beides, wir müssten uns nur am Riemen reißen. Ich kannte kaum jemanden, der diese Zerreißprobe hingekriegt hat: zwischen dem Gefühl, eine schlechte Mutter zu sein, weil man um 17 Uhr noch im Büro sitzt. Und dem Gefühl, im Job nicht sein Bestes zu geben, weil man um 17 Uhr schon auf dem Weg zu seinem Kind ist. Diese Widersprüche gab es vor zehn, vor zwanzig Jahren. Es gibt sie heute unverändert noch immer. Manche Frau macht es deshalb umgekehrt wie ich und verzichtet auf einen Beruf. Auch das muss man akzeptieren, denn wir leben in einer freien Gesellschaft: Es gehört zum Recht auf Selbstbestimmung dazu, sich sein Leben selbst zimmern zu können. Aber jede Frau muss sich über die Konsequenzen im Klaren sein. Und hier müssen wir den Tatsachen entsprechend informiert werden. Es darf nicht so getan werden, als sei es allein eine Frage der Eigenverantwortlichkeit, für sich selbst zu sorgen. Kinder verändern hierzulande das Leben einer Frau immer noch zum Nachteil.

Oft wird bemängelt, wir hätten einfach zu wenige Vorbilder. Zu wenige Frauen, die uns auf nachvollziehbare Weise zeigten, wie es denn gehen kann, im Leben seine Möglichkeiten als Frau auszuschöpfen. Vorbilder, die nicht perfekt sind, weil wir es auch nicht sind. Es stimmt, es gibt wenige – wieso sollte es auch viele geben können. Schauen wir uns einmal unter Frauen um, die schon ein Gutteil ihres Lebens hinter sich haben und denen die verpassten Chancen keinen verkniffenen Zug um den Mund gemacht hat, weil diese Frauen ihre Möglichkeiten ausgelotet haben. Die auf Botox und Lippensilikon verzichtet haben, weil ihr Strahlen in den Augen verrät, dass sie sehr zufrieden damit sind, so wie es gelaufen ist. Sie haben Erfüllung gefunden: in der Liebe und im Beruf.

Man findet solche Frauen. Die 94-jährige große Psychoanalytikerin und Publizistin Margarete Mitscherlich ist so eine. Ich hatte das Glück und die Ehre, sie einmal für ein Interview in ihrer Frankfurter Wohnung treffen zu dürfen. Gibt es richtige und falsche Leben?, habe ich sie gefragt. Ihre Antwort war: «Ein richtiges Leben ist, wenn man auf seine Gefühle achtet, sie langsam kennenlernt und diese Gefühle, die mit Echtheit, Aufrichtigkeit und Wahrheit zu tun haben, in das Leben mit einbringt. Ein Leben, das permanent oberflächlich erscheint und gar nicht wirklich an einen herankommt, würde ich als falsches Leben bezeichnen.» Eine heitere Frau, die keinen Hehl daraus macht, wie schmerzhaft ein selbstbestimmtes Leben manchmal sein kann. Die ihren Sohn von dem damals noch verheirateten Analytiker und Gesellschaftskritiker Alexander Mitscherlich in der Nachkriegszeit erst mal alleine großzog und deren geliebter Mann und intellektueller Sparringspartner schon vor dreißig Jahren starb. Man kann sich viel von ihr abgucken. Vor allem ihr Vertrauen in sich selbst, weil sie – als Psychoanalytikerin – gelernt hat, was ihre echten Bedürfnisse sind und ihnen zu folgen.

Mir fällt auch die Schauspielerin Senta Berger ein. Eine erfolgreiche Frau von fast siebzig Jahren, mit zwei Söhnen von dem Mann, mit dem sie immer noch verheiratet ist. Eine gelassene Frau – einen Film über sie könnte man so nennen. In dem müsste auch unbedingt folgende Szene vorkommen, die sie einmal geschildert hat: Als ihr erstes Kind ein Jahr alt war, haderte sie mit sich. Sie hatte ein Angebot für einen Film in Rom, das hätte für eine Zeit Abschied von ihrem Baby bedeutet, und das konnte sie sich nicht vorstellen. Da traf sie, als sie das Kind im Kinderwagen spazieren fuhr, den damaligen Intendanten des Münchner Residenztheaters, Kurt Meisel. Der riet ihr: «Das Kind wird dich als Mutter früher entlassen, als du denkst. Und dann hast du, wenn du jetzt weitermachst, noch einen Beruf, der dich erfüllt.» Ein überzeugender Satz. Berger nahm das Filmangebot an und nahm ihre Mutter mit nach Rom, die mit ihr auf den Kleinen aufpasste. Irgendwie hat sie es dann immer so hingebogen, dass es ging, Kind, Karriere, Liebe. Senta Berger hat nie versucht, perfekt zu sein. Sie war generös sich selbst gegenüber. Heute gehört sie zu den wenigen Schauspielerinnen, denen man immer noch gerne zuschaut – auch, weil sie glaubwürdig ist.

Es wäre schon viel damit gewonnen, wenn wir uns gegenseitig

unterstützen würden: Mütter ihre Töchter und umgekehrt, Kolleginnen untereinander, Chefinnen und Mütter in spe, Mütter und Nichtmütter, Feministinnen der Sechziger und Siebziger und der jungen Generation. Gut für uns, dass die Wirtschaft Frauen so braucht wie lange nicht mehr. Man kann auf uns nicht verzichten. Und deshalb: Klar wollen wir Macht. Macht macht Spaß. Wer Macht hat, hat Einfluss und verdient Geld. Aber wir wollen Macht zu unseren Bedingungen: Wir sind zu klug, um das von Männern geprägte System eins zu eins übernehmen zu wollen. Ein bisschen haben das (die jungen) Männer, die Väter sind oder werden wollen auch schon kapiert: Wir brauchen (und wollen) eine andere Arbeitswelt.

Nachwort

Beate, die Vollzeitmutter, meine Klassenkameradin vom anderen Ende des Spektrums der Lebensentwürfe, mailt mir «Gedankengänge aus einer anderen Welt»: «Bettina, wie wäre es denn, wenn wir ein Buch gemeinsam schrieben? Einfach die Fragen des Lebens und des Berufsalltags aus Sicht der ‹Karrierefrau› und der ‹Familienmanagerin›. Wir werden wahrscheinlich staunen, wie viele Gemeinsamkeiten wir finden!» Und wenn wir uns dann einig sind, führen wir den Dialog mit den Männern. Damit es in zehn Jahren heißt: Vorn ist, wo die Frauen sind.

Ich bedanke mich sehr bei …

… Carla Mülhens für den Beistand von der ersten bis zur letzten Zeile und das Freundinsein, Thomas Vašek für das Davor und Danach, Monika Fendt für den entscheidenden Anschubser, Karin Christmann für ihre Sorgfalt, Markus Schönmann für die Ratschläge und das coolste Büro, Gabriela Herpell für Gespräche bis zum Morgengrauen, Philip Reichardt für die Frühstücke am Schreibtisch, Iselin Crass fürs Mutmachen, Kasia Mol für unser gemeinsames Lebensmotto, Susanne Klingner für kluge Nachmittage und die Idee mit dem Mood-Board, Henriette Kuhrt für Inspirationen aus einer anderen Welt, Beate Kälbert für das Vertrauen trotz dreißig Jahre Funkstille, Hiltrud Zobel für den Soundtrack, Annette und Stefanie für tiefe Geschwisterliebe, meinen Eltern für das Immer-Dasein, für Wein und Lebensfreude, Hille Heins für ewige Verbundenheit, Renate Rosenthal für Weisheit in allen Lebensfragen, Dr. Claudia Croos-Müller und Dr. Ralph Lafrenz für wertvolle psychologische Erkenntnisse. Und schließlich und ganz ausdrücklich meiner Lektorin Susanne Frank für ihre Begeisterung und die richtigen Worte zur richtigen Zeit. Außerdem bedanke ich mich bei Axel Baur, Michaela Daubert, Michael Ebert, Krystyna und Wolfgang Gode, Gabriele Gutmair, Melanie Kunze, Barbara Laugwitz, Sabine Nedelchev, Jan Schlieter, Vera Schroeder, Anne Siemens, Meike Winnemuth und all den Frauen, die sich für mich so viel Zeit genommen haben.

Ein großes Dankeschön gebührt Thomas Hölzl fürs Zuhören, Mutmachen und Richtunggeben. Ohne ihn wäre dieses Buch so nicht entstanden.

Literatur

Allmendinger, Jutta: Frauen auf dem Sprung. Wie junge Frauen heute leben wollen. Die Brigitte-Studie. München 2009

Allmendinger, Jutta: Verschenkte Potenziale? Lebensverläufe nicht erwerbstätiger Frauen. Frankfurt am Main 2010

Badinter, Elisabeth: Der Konflikt. Die Frau und die Mutter. München 2010

Beauvoir, Simone de: Das andere Geschlecht. Sitte und Sexus der Frau. Reinbek bei Hamburg 2000

Behnke, Cornelia; Meuser, Michael: Vereinbarkeitsmanagement. Zuständigkeiten und Karrierechancen bei Doppelkarrierepaaren. In: Heike Solga / Christine Wimbauer (Hrsg.): Wenn zwei das Gleiche tun. Ideal und Realität sozialer (Un)Gleichheit in Dual Career Couples. Opladen 2005

Bierach, Barbara: Warum es kaum Frauen im Management gibt. Über das dämliche Geschlecht. München 2004

Bierach, Barbara; Thorborg, Heiner: Oben ohne. Warum es keine Frauen in unseren Chefetagen gibt. Berlin 2006

Bischoff, Sonja: Wer führt in (die) Zukunft? Männer und Frauen in Führungspositionen der Wirtschaft in Deutschland – die 5. Studie. Bielefeld 2010

Butler, Judith: Das Unbehagen der Geschlechter. Gender Studies. Frankfurt am Main 1991

Csikszentmihalyi, Mihaly: Flow. Das Geheimnis des Glücks. Stuttgart 2010

Dinklage, Meike: Der Zeugungsstreik. Warum die Kinderfrage Männersache ist. München 2005

Dorn, Thea: Die neue F-Klasse. Wie die Zukunft von Frauen gemacht wird. München 2006

Dowling, Colette: Der Cinderella-Komplex. Die heimliche Angst der Frauen vor der Unabhängigkeit. Frankfurt am Main 1984

Fritzen, Florentine: PlusMinus 30 oder Die Suche nach dem perfekten Leben. Mannheim 2009

Gaschke, Susanne: Die Emanzipationsfalle. Erfolgreich, einsam, kinderlos. München 2005

Gesterkamp, Thomas: Die Krise der Kerle. Männlicher Lebensstil und der Wandel der Arbeitsgesellschaft. Berlin 2007

Gesterkamp, Thomas: Die neuen Väter zwischen Kind und Karriere. Opladen und Farmington Hills 2010

Gilbert, Daniel: Ins Glück stolpern. Suche dein Glück nicht, dann findet es dich von selbst. München 2008

Grammer, Karl: Signale der Liebe. Die biologischen Gesetze der Partnerschaft. Hamburg 1993

Haaf, Meredith; Klingner, Susanne; Streidl, Barbara: Wir Alphamädchen. Warum Feminismus das Leben schöner macht. München 2009

Habeck, Robert: Verwirrte Väter. Oder: Wann ist der Mann ein Mann? Gütersloh 2008

Hollstein, Walter: Was vom Manne übrig blieb. Krise und Zukunft des starken Geschlechts. Berlin 2008

Heilmann, Julia; Lindemann, Thomas: Kinderkacke. Das ehrliche Elternbuch. Hamburg 2010

Hensel, Jana; Raether, Elisabeth: Neue deutsche Mädchen. Reinbek bei Hamburg 2008

Heymann, Nana: Generation Wickeltasche. Die neue Lust am Muttersein. Begegnungen mit jungen Frauen. Berlin 2010

Hillenkamp, Sven: Das Ende der Liebe. Gefühle im Zeitalter unendlicher Freiheit. Stuttgart 2009

Illner, Maybrit (Hrsg.): Frauen an der Macht. 21 einflussreiche Frauen berichten aus der Wirklichkeit. München 2005

Karnick, Julia: Wer sonst, wenn nicht wir? Die besten Brigitte-Kolumnen. München 2008

Keil, Günter; Bruschek, Gisela: Generation Kinderlos. Jenseits von Zeugungsstreik und Gebärzwang. München 2008

Kleinert, Corinna u.a.: Frauen an der Spitze. Arbeitsbedingungen und Lebenslagen weiblicher Führungskräfte. Frankfurt am Main 2007

Knaths, Marion: Spiele mit der Macht. Wie Frauen sich durchsetzen. München 2009

Krell, Gertraude: Führungspositionen. In: Achatz, Juliane u.a. Geschlechterungleichheiten im Betrieb. Arbeit, Entlohnung und Gleichstellung in der Privatwirtschaft. Berlin 2010

Maier, Corinne: No Kid. 40 Gründe, keine Kinder zu haben. Reinbek bei Hamburg 2008

McRobbie, Angela: Top Girls. Feminismus und der Aufstieg des neoliberalen Geschlechterregimes. Wiesbaden 2010

Mika, Bascha: Die Feigheit der Frauen. Rollenfallen und Geiselmentalität. Eine Streitschrift wider den Selbstbetrug. München 2011

Mitscherlich, Margarete: Die Radikalität des Alters. Einsichten einer Psychoanalytikerin. Frankfurt am Main 2010

Orbach, Susie: Bodies. Schlachtfelder der Schönheit. Zürich 2010

Ortgies, Lisa: Heimspiel. Plädoyer für die emanzipierte Familie. München 2009

Pinker, Susan: Begabte Mädchen, schwierige Jungs. Der wahre Unterschied zwischen Männern und Frauen. München 2008

Radisch, Iris: Die Schule der Frauen. Wie wir die Familie neu erfinden. München 2008

Scheub, Ute: Heldendämmerung. Die Krise der Männer und warum sie auch für Frauen gefährlich ist. München 2010
Schwarzer, Alice: Die Antwort. München 2008
Storch, Maja: Die Sehnsucht der starken Frau nach dem starken Mann. München 2002
Sveland, Maria: Bitterfotze. Köln 2009
Vinken, Barbara: Die deutsche Mutter. Der lange Schatten eines Mythos. Frankfurt 2007
Waldman, Ayelet: Böse Mütter. Meine mütterlichen Sünden, großen und kleinen Katastrophen und Momente des Glücks. Stuttgart 2010
Walter, Natasha: Living Dolls. Warum junge Frauen heute lieber schön als schlau sein wollen. Frankfurt am Main 2011
Walter, Natasha: The new feminism. London 1999
Willi, Jürg: Psychologie der Liebe. Persönliche Entwicklung durch Partnerbeziehungen. Reinbek bei Hamburg 2008
Woinoff, Stefan: Überlisten Sie Ihr Beuteschema. Warum immer mehr Frauen keinen Partner finden und was sie dagegen tun können. München 2007

Quellen

1 In: Maybrit Illner, Frauen an der Macht
2 Stat. Bundesamt, Mikrozensus 2008; Kleinert, Frauen an der Spitze; Studie: Frauen in Führungspositionen. Barrieren und Brücken. Sinus Sociovision, Heidelberg 2010
3 Stat. Bundesamt, 2008
4 SZ, 28.08.10.
5 Stat. Landesamt Baden Württemberg
6 Bundeszentrale für Politische Bildung
7 Allmendinger, Verschenkte Potenziale?
8 Allmendinger, Verschenkte Potenziale?
9 Der Spiegel, 03.07.06
10 Zeit Magazin, 19.11.09
11 Choosing Childlessness, in: Sociological Inquiry, August 2005
12 SZ, 17.10.09
13 Studie des Deutschen Jugendinstituts 2008
14 Studie des Deutschen Jugendinstituts 2008
15 Die Welt, 05.03.10
16 www.bildungsspiegel.de.
17 Pressemitteilung des DIW Berlin vom 26.03.2010
18 SZ, 2.10.2010
19 faz.net, 07.10.10
20 DIW, 2009
21 Begabte Mädchen, schwierige Jungs

22 Der Spiegel, 11.10.10
23 Sinus Sociovision, Frauen in Führungspositionen. Barrieren und Brücken, Heidelberg 2010
24 Nachzulesen zum Beispiel bei Prof. Dr. Gertraude Krell in Juliane Achatz u.a., «Geschlechterungleichheiten im Betrieb», 2010
25 Brigitte, 07.09.09
26 gew.de, 03.03.10
27 Statistisches Bundesamt
28 FAS, 14.02.10
29 Stern, 22.06.10
30 FAS, 15.11.10
31 faz.net, 07.09.09
32 In: ZDF Nachtstudio, 01.08.10
33 Statistisches Bundesamt
34 Zeit Magazin, 13/2009
35 Stat. Bundesamt Wiesbaden für 2009
36 manager magazin, 01/2006
37 Welt online, 14.08.09
38 ipsos, August 2010
39 FAZ, 03.09.09
40 SZ Magazin, 15.10.10
41 Zeit Magazin, 08.10.2009
42 FAS, 14.02.10
43 emotion, 10/09
44 Cornelia Behnke, Michael Meuser: Vereinbarkeitsmanagement. Zuständigkeiten und Karrierechancen bei Doppelkarrierepaaren, 2005
45 FAZ, 27.03.10
46 FAS, 10.01.10
47 Familienbericht der Bundesregierung, Juni 2010
48 Welt online, 02.08.10
49 SZ, 03.11.10
50 KKH Allianz
51 Die Zeit, 14.10.10
52 Zitiert aus MensHealth.de, 31.08.2007
53 Der Spiegel, 15.03.10
54 Welt online, 03.11.10
55 Vorwerk Familienstudie 2010
56 Untersuchung von Innofact, Mai 2010
57 Electrolux 2010
58 Das Grüne Männer-Manifest ist zu finden unter blog.gruene-nrw.de
59 Merkur, Juli 2010
60 Rhein-Zeitung.de, 02.11.10
61 Emma, Mai/Juni 2009
62 Familienreport 2010 des Bundesfamilienministeriums

63 Zeit Magazin, 30.12.09
64 SZ, 17.09.10
65 Stern, 30.09.10
66 DIW Führungskräfte-Monitor 2010
67 Ermittelt von Demoskopie Allensbach, FAS, 29.09.10.
68 «Generation 30», FAS, 23.05.10
69 FAS, 13.09.2009
70 rheingold-Studie «Die deutsche Angst vorm Kinderkriegen», November 2010
71 sueddeutsche.de, 02.09.10
72 Eurostat, SCB Statistics Sweden. Die Zahlen sind von 2008
73 SZ, 26.11.2010
74 taz.de, 03.08.2010
75 Zahlen aus: «Frauen auf dem Sprung»
76 Deutschlandradio Kultur, 08.09.10
77 SZ, 25.06.10
78 jetzt, 22.09.94
79 FAZ, 05.05.2007
80 Die Zeit, 13.12.10
81 Der Spiegel 02/2011
82 Nido, 2-2011
83 Verein für soziales Leben e.V., 2010

MIX
Papier aus verantwortungsvollen Quellen
FSC® C083411

Das für dieses Buch verwendete FSC®-zertifizierte Papier *Munkenprint Cream* liefert Arctic Paper Munkedals, Schweden.